日帰りで登る

九州の山

吉川 満
Yoshikawa Mitsuru

弦書房

目次

はじめに 10 ＊九州の山・位置図 8

福岡県

山域1 風師山・矢筈山……11
コース1 JR門司港駅→清滝公園登山口→企救自然歩道入口→風師岩峰→風師山→奥田峠→小森江分岐→矢筈山→JR小森江駅

山域2 皿倉山・権現山・帆柱山・花尾山……14
コース2 帆柱ケーブル山麓駅→皿倉平→皿倉山→権現山→帆柱山→花尾山→帆柱ケーブル山麓駅

山域3 鷹取山・福智山……17
コース3 内ヶ磯福智ダム→上野越→鷹取山往復→福智山→からす落とし→大塔滝→内ヶ磯福智ダム

山域4 井原山・雷山……20
コース4 井原山→アンの滝→自然歩道→井原山→雷山→上宮→清賀の滝→雷山観音

山域5 十坊山……23
コース5 白木峠登山口→防火帯→十坊山

佐賀県

山域6 虚空蔵山……25
コース6 不動山バス停→虚空蔵山登山口→地蔵堂→木場・川棚分岐→川内山分岐→虚空蔵山

長崎県

山域7 小八郎岳・八郎岳……27
コース7 平山バス停→市民農園駐車場→お堂水場→千々峠→小八郎岳→八郎岳→竿浦分岐→市民農園駐車場→平山バス停

大分県

山域8 内山・大平山……30
コース8 鍋山登山口→うさぎ落とし→塚原越→内山→シャクナゲ尾根→大平山・内山渓谷分岐→大平山往復→内山渓谷→鍋山登山口

山域9 由布岳 西ノ峰・東ノ峰・剣ヶ峰……33
コース9 猪瀬戸→日向越→剣ヶ峰→東ノ峰→またえ→西ノ峰→剣ヶ峰→日向越→猪瀬戸

山域10 鶴見岳・鞍ヶ戸二峰・鞍ヶ戸一峰……36
コース10 猪瀬戸→南平台分岐→馬ノ背→鶴見岳往復→馬ノ背→鞍ヶ戸（二峰・一峰）往復→馬ノ背→猪瀬戸

山域11 **九重　平治岳** …… 38
コース11　林道ゲート↓平治北尾根取付↓大窓↓展望岩↓平治岳↓大戸越↓林道近道↓大船林道↓林道ゲート

山域12 **九重　大船山・北大船山** …… 41
コース12　今水↓前セリ↓大船山東尾根↓大船山↓北大船山↓風穴↓前セリ↓今水

山域13 **九重　指山・三俣山大鍋火口壁・東の峰・中の峰・南の峰・西の峰** …… 44
コース13‐①　長者原↓指山↓大鍋小鍋↓東の峰↓中の峰↓南の峰↓西の峰↓すがもり越↓長者原
コース13‐②　大鍋↓中の峰↓雨ヶ池↓長者原

山域14 **九重　星生山** …… 48
コース14　大曲り↓星生新道↓星生山↓久住分岐↓北千里浜↓すがもり越↓大曲り

山域15 **九重　稲星山・白口岳** …… 51
コース15　展望台↓稲星越↓稲星山↓白口岳↓鉾立峠↓佐渡窪↓くたみ分れ↓展望台

山域16 **古祖母山・障子岳** …… 54
コース16　尾平越トンネル↓尾平越↓古祖母山↓障子岳

山域17 **傾山** …… 56
コース17　九折登山口↓林道↓九折越↓傾山↓三ツ尾↓九折登山口

山域18 **津波戸山** …… 59
コース18　西屋敷駅↓登山口↓大師像↓水月寺奥院↓峠↓津波戸山

山域19 **彦岳** …… 61
コース19　彦岳トンネル林道分岐広場↓尾根取付↓床木出合↓展望台↓彦岳↓展望台↓トンネル前広場

山域20 **鎮南山・小烏帽子山（大岩）** …… 64
コース20‐①　登山口↓水飲地蔵↓塔尾山↓鎮南山↓山麓寺↓水飲地蔵↓登山口
コース20‐②　JR臼杵駅↓海添登山口↓凋谷↓小烏帽子山↓登山口↓JR臼杵駅

山域21 **檜原山** …… 68
コース21　正平寺↓針ノ耳↓檜原山

山域22 **中摩殿畑山** …… 70
コース22　中摩岩伏↓市平奥畑林道↓大野々林道↓中摩殿畑山

山域23 **八面山** …… 72
コース23　八面山登山口↓イチイガシ林↓北峰↓小池↓しょうけの鼻↓小池・車道分岐↓登山口

山域24 **鹿嵐山** …… 75
コース24　第一登山口↓雌岳↓鞍部・中央登山口分岐↓鹿嵐山↓田ノ平・地蔵峠分岐↓田ノ平↓第二登山口↓第一登山口

熊本県

山域39 **二ノ岳・三ノ岳**……114
コース39 野出バス停→二ノ岳→林道→三ノ岳→三ノ岳公民館→農協河内支所バス停→野出バス停

山域40 **金峰山**……117
コース40 峠の茶屋バス停→大将陣→さるすべり入口→金峰山〜車道→松尾平山→霊厳洞→平バス停

山域41 **丸山・観音岳・小岱山＝筒ヶ岳**……120
コース41 蛇ヶ谷登山口→丸山→観音岳→筒ヶ岳往復→蛇ヶ谷登山口

山域42 **八竜山**……123
コース42 今泉駐車場登山口→あずま屋→八竜山往復

山域43 **八丁山・八峰山**……125
コース43 宮地戸崎の河原登山口→八丁山→送電塔・上宮越→上宮→林道・川床分岐→八峰山→上宮→上宮越→林道→子安観音→戸崎の河原登山口

山域44 **竜峰山・鞍ヶ峰・竜ケ峰**……128
コース44 石段登山口→一九〇メートルピーク→謝鳥峠→送電塔→竜峰山南肩公園→竜峰山→辻峠→鞍ヶ峰→電波反射板跡地→竜ヶ峰→宮原分岐→林道→豊の内バス停

山域45 **上福根山**……131
コース45 横平林道入口→横平上福根登山口→北尾根出合→一四二八メートルピーク→瘦尾根→上福根山

山域46 **三角岳**……134
コース46 三角岳登山口→三角岳・天翔台分岐→天翔台→分岐→雲竜台→三角岳

山域47 **念珠岳・烏帽子岳・龍ヶ岳**……137
コース47 二弁当峠バス停→自然歩道入口→地蔵峠→念珠岳→展望休憩所→大作山林道→龍ヶ岳→林道・四阿屋→山の神→龍ヶ岳登山口バス停

宮崎県

山域48 **平田山**……140
コース48 エントランスガーデン→トロピカルバレー→恵みの丘→ロックマウンテン→ジャカランダの森→峠の駐車場→平田山→トロピカルドーム→ジャカランダの森→エントランスガーデン

山域49 **硫黄山・白鳥山**……143
コース49 えびの高原→硫黄山→六観音池→白鳥山→白紫池→えびの高原

山域50 **矢岳高原**……145
コース50 JR矢岳駅→登山口→車道出合→ベルトンオートキャンプ地展望台→矢岳高原標高七二〇メートル広場→車道出合→登山口→矢岳駅

山域51 **石堂山**……148
コース51 井戸内峠→五合目登山口→六合目・上米良道出合→林道→石堂山→井戸内峠

鹿児島県

＊本文中の〔**山道案内**〕の下に**5**、**6**……と記した番号は山道のコース番号です。目次と地図中に記したものと共通です。
＊地図中の赤い点線が、本書で案内したコースを示しています。
＊地図中のコース番号の下にある「八幡」「小倉」「久住」などの表記は、二万五千分の一地形図の名称を示しています。
＊地図中の記号のうち、Ⓟは駐車場、㊌は水場、▲は山頂または三角点、・は標高点を示しています。また、青い番号⑤-1、⑤-2……と記したものは本文中の写真に付した番号と一致しています。
＊地図は特に方位表記のない限り、上方を北としています。

装丁＝毛利一枝
〔表紙写真〕万年山
〔本扉写真〕帆柱山散策

福岡県
佐賀県
長崎県
熊本県
大分県
北九州市
福岡市
佐賀市
佐世保市
長崎市
熊本市
大分市
延岡市
皿倉山2
花尾山2
風師山1
矢筈山1
帆柱山2
権現山2
福智山3
鷹取山3
井原山4
雷山4
十坊山5
虚空蔵山6
八郎岳7
小八郎岳7
両子山27
御許山25
津波戸山18
八面山23
檜原山21
田原山26
中摩殿畑山22
鹿嵐山24
万年山30
内山8
由布岳9
大平山8
渡神岳32
平治岳11
三俣山13
指山13
倉木山29
星生山14
鞍ヶ戸一峰・鞍ヶ戸二峰10
鶴見岳10
高崎山28
酒呑童子山31
白口岳15
稲星山15
大船山・北大船山12
城ヶ岳29
鎮南山20
小鳥帽子山20
彦岳19
小鈴山31
往生岳34
杵島岳34
中岳35
北向山38
高岳35
根子岳東峰36
俵山37
皿山35
二ノ岳・三ノ岳39
越敷岳33
緩木山33
傾山17
小岱山41
観音岳41
丸山41
金峰山40
赤川浦岳56
障子岳16
古祖母山16
二上山男岳・二上山女岳58
桑原山53
木山内岳54
鹿納山・大崩山52
可愛岳55
黒岳57
三角岳46
竜ヶ峰・鞍ヶ峰44・竜峰山
八竜山42
八丁山・八峰山43
上福根山45
念珠岳47
烏帽子岳47
龍ヶ岳47

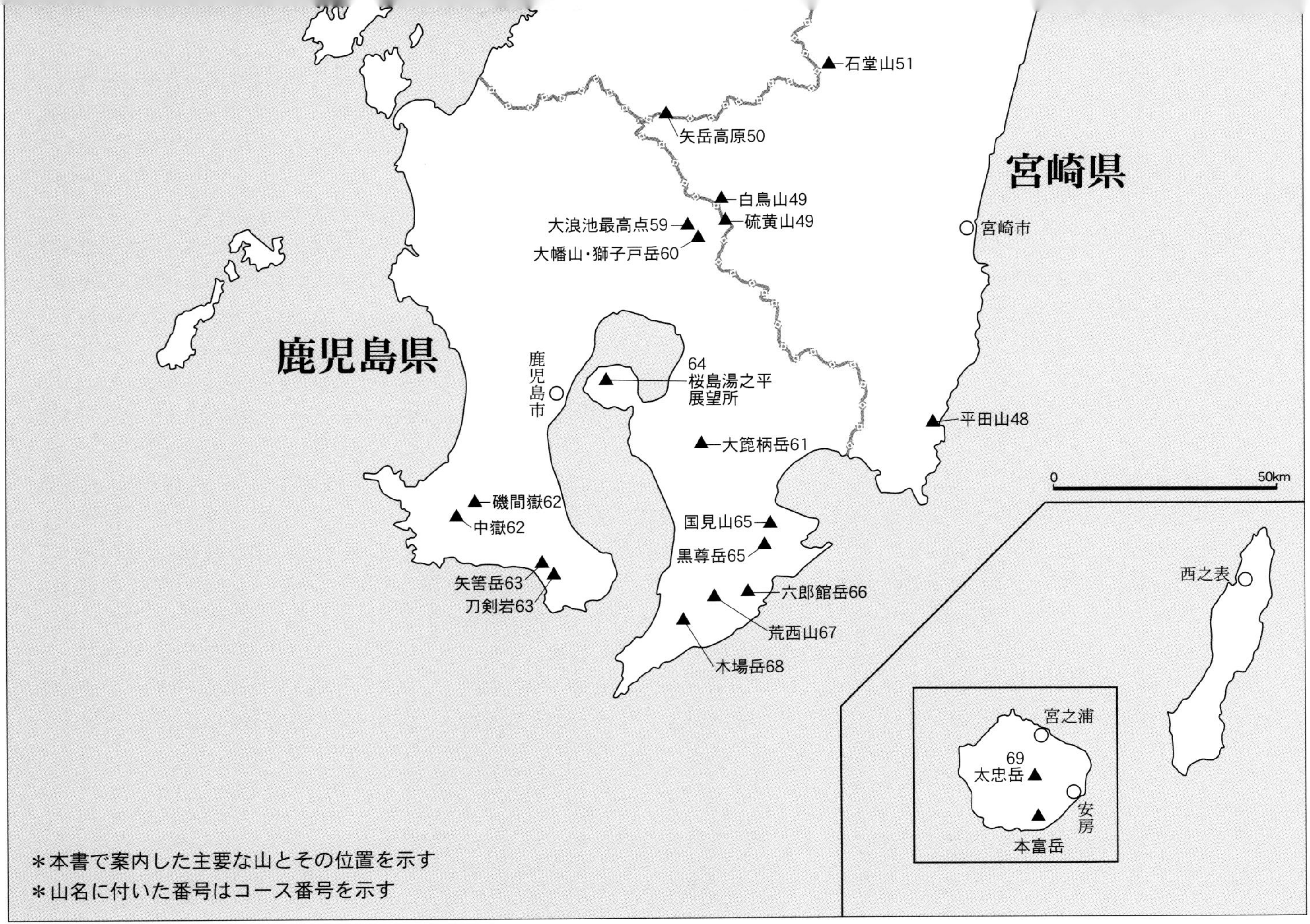

＊本書で案内した主要な山とその位置を示す
＊山名に付いた番号はコース番号を示す

はじめに

　前著の『決定版・九州の山歩き』では、山が楽しく登れ、九州では価値ある代表的な山岳約三三〇座中、三五エリア一二〇山を案内した。私は現在出版されている「九州の山」「各県ガイド本」も含めてほとんど登って記録した。

　登った山が、あまりに多いので一冊に収録出来ない事が、まったく惜しい気がしている。前著を補完する目的で新しい情報と、初心者、高齢者でも時間に余裕を持って登る事が可能な山とコースを選定した。

　前著と重複する山名もあるが、一山でも登山口は数ヶ所ある。体力、技術力、時間等、心配せず登れる山、標高一〇〇〇メートル前後の山、時間は二〜八時間と日帰り出来る山に限った。

　九州南北間の距離は三〇〇キロと、車で高速道を使ってもアプローチに苦労する。一泊登山で週末を楽しむ場合は旅の安全に充分注意を払い、登山口の暖かい人情に触れ合う登山を期待したい。

　近年、登山による健康指向が高まり、地方の里山で毎日登山が流行している。何千回登山や毎日連続一万回登山など、目標が面白くて良い事ではないか。

　ただし、山は恐い場所で遭難事故も二〇一一年には二千件を突破したと伝えられている。二〇一四年九月、長野県御嶽山火山噴火で登山者が多数被害にあった。日本は火山国。九州の山も桜島、霧島山、阿蘇山、九重山と活火山は多い。登山情報は各火山のビジターセンターかインターネット上で知ることができる。

　自分の能力を知り、計画を立てて入山する事が、登山の基本である。家族も知らない登山は問題だ。事故が起こると、できるだけ早くまず家族が探索の手配をしなければ救助が遅れてしまうからである。

　登山口では入山者が記帳する「登山届箱」がある。現地で私が記帳している側を多勢の登山者が平気で通り過ぎて行く。「登山届は書かないのですか」と呼びかける事がなかなかできない。だからというわけではないが、「登山届は必ず記入して下さい」と、この場をかりてお願いしたい。

　本著で、登りたい山の全体像をつかむことができれば幸いである。山の全体像がわかれば安全に登山ができる。地図・写真から山容が確認できるよう充実させたつもりである。安全で楽しい登山ができるよう、本書を利用していただけたら幸いである。

福岡県
山域1

風師山《かざしやま》（362・2m）　矢筈山《やはずやま》（266m）

企救半島東端山頂一帯は台地をなし、北九州市街の展望雄大、矢筈山は常緑広葉樹林が茂り都会で森林浴を楽しめる。交通の便がよく山から海を眺められるファミリーハイクの山。

〔山域の魅力〕風師山は北九州市門司区にある山で、企救山地に属し企救自然歩道の出発点でもある。風頭山《かざがしら》とも言われ西側は急斜面だが、山頂一帯は台地状をなしている。

山頂は三つに分かれ、北に風師岩峰、中央に風師山、南に南峰とあり、岩峰は一番人気で吉井勇や槇有恒の歌碑がある。関門海峡方面の展望が雄大で、特に夜の展望が最高である。本峰と南峰は草、カヤが茂る頂で常に草が刈られており、のんびりと弁当を開くのに楽しい場所だ。

登山口はJR門司港駅下車、門司税務署から山手に向うと清滝公園を突切り、車道伝いに九合目まで歩くと、企救自然歩道の出発点となる広場に達する。

広場から自然歩道は山頂を通り矢筈山に向う。矢筈山にかけては常緑広葉樹が茂り、市街地からも近く手軽に森林浴を楽しめる。早朝・夕刻をとわず、頂は山好きな同志でにぎわっている。

〔山道案内〕 1

▽歩行時間＝三時間四〇分

JR門司港駅→清滝公園登山口→企救自然歩道入口→風師岩峰→風師山→奥田峠→小森江分岐→矢筈山→JR小森江駅

▽二万五千図＝下関、小倉

レトロの門司港駅から門司税務署を右に見て山手に向うと清滝公園に出る。公園は山の斜面に開かれたもので、石段登りで園内を突切って車道へ出る。

車道から民家を通り豊川稲荷の鳥居を過ぎる。大きくカーブする車道は近道の歩道があり（❶-1）、展望台を越えると車道に出て終点駐車広場に出る。

車道終点が企救自然歩道入口。大きな案内板に風師山頂〇・九キロ、矢筈山二・三キロとある。車止めから幅広遊歩道を行く。標高三〇四メートルからコンクリート丸太の階段を下り鞍部に立つ。

あたりはササと雑木林でカラスウリなどつる性の植物で覆われている。ヤマハゼ、ヤシャブシ、クヌギ、エノキ、ネズミモチなどが目立つ。ゆるい登りで細長

❶-1 車道と別れて遊歩道を歩くと車道終点近くの遊歩道展望所に着く

❶–2 風師岩峰の露岩から関門海峡と小倉・八幡方面が一気に開ける。中央奥が皿倉山

❶–3 草原の風師山の頂は休むのによい場所だ

❶–4 矢筈山の頂は運動場となり小倉方面が見える静かな広場だ

い広場に達すると、丸木のベンチがある。左手にかんざしトイレとかんざし小屋、離れて電波塔がある。

　電波塔先から山頂へは左、正面わずかで岩峰である(❶－2)。広場中央に方位盤があり、西端岩塊に「この頂に立つ幸福の輝きは、これをとらうる街を知りし山人たちの力によるものなり　昭和三二年一〇月　槇有恒」の碑と東の巨石には吉井勇の歌碑が立つ。

　展望はよく、海峡を行く船の音や汽笛がのどかに聞こえてくる。西には小倉の街に矢筈山、戸上山、足立山、皿倉山方面が指呼の間である。

　展望を楽しみ、分岐まで戻り東へ向う。鞍部右には小森江方面道標、わずかな登りで風師山の草付頂上である(❶－3)。さらに東へ、わずかなアップダウンでNHK電波塔の立つ南峰である。周防灘方面の展望がよい。南峰から南へ下ると奥田峠に達し、企救自然歩道と分れて右折、南に向けて急激に下る。標高が低くなると常緑樹林となり緑のトンネルが心地よい。道脇には旧陸軍省の標石などがある。

　鞍部に達すると右下へ小森江方面の道を分ける。すぐ下まで車道があり、分岐から矢筈山への斜面に取りつき、枕木とブロックで作られた階段を登って行くと車道に飛び出す。一望平である。

　登ると立派なトイレ・水場がある広場で、奥はキャンプ場となる。手前から左手に取ると矢筈山の広場に達する(❶－4)。

　広場西端から海峡の展望がよい。鞍部の小森江分岐まで戻り、左折して車道を下る。ゲートから右下に子供公園を見て、海側へ向かってJR小森江駅へ下山する。

▽**参考コースタイム**＝JR門司港駅（30分）清滝公園（40分）企救自然歩道（20分）岩峰（10分）風師山（10分）奥田峠（20分）小森江分岐（30分）矢筈山（1時間）JR小森江駅

【問合せ先】 北九州市役所観光課☎093・582・2054、門司区役所☎093・331・1881、JR九州案内センター☎093・551・7711、西鉄バス北九州市テレホンセンター☎093・551・1181

福岡県

山域2

皿倉山《さらくらやま》（622・2m）　権現山《ごんげんやま》（617・2m）
帆柱山《ほばしらやま》（488m）　花尾山《はなおやま》（351m）

北九州自然休養林、帆柱山自然公園、市街と海峡の昼・夜景の展望雄大、交通至便でレクリエーション諸施設があり、四季を通して楽しくすごせる市民憩いのフィールドだ。

〔山域の魅力〕この四つの山は、八幡の南にある山で福智山地北端に位置する。

皿倉山の山頂一帯は人工の構築物で占められているが、山頂からの展望もほとんどビルその他の構築物が、海、山と共に配され、その人工物が実に美しい。

東に下関から企救半島の山々、海峡、貫山地、福智山地から西の孔大寺山まで三六〇度の展望が開ける。皿倉山の中腹から権現山、帆柱山にかけては常緑広葉樹林の見事な自然が残り、都市近郊でありながら、巨木・老木の森を楽しむことができる。

登山口は帆柱ケーブル山麓駅が一般的で皿倉山へ登る。権現山は九州自然歩道北の出発地点でもある。帆柱山への道筋

❷-1 森にはツバキが多く早春は野鳥が集まり頭上がにぎやかだ

❷-2 車道脇に桜の季節に見られる見事な大木が花を咲かせる

❷-3 権現の辻には巨大な皇后杉が林立する。帆柱の辻への分岐だ

❷-4 帆柱の辻から少し西進すると照葉樹の立派な森の中を歩く

❷-5 花尾山の城跡から南に帆柱山を眺める

❷-6 権現の泉の水場は枯れることはない

で権現の辻には皇后杉が林立している。山名は、この杉を切って帆柱にしたという伝承による。なお常緑広葉樹林も見事である。花尾山は山城の跡で、あたりの山の展望もよい。

〔山道案内〕2

▽歩行時間＝四時間五分

帆柱ケーブル山麓駅→皿倉平→皿倉山→権現山→帆柱山→花尾山→帆柱ケーブル山麓駅　▽二万五千図＝八幡

駅下の駐車場右手車道を取る。車道はカーブしながら登るので、遊歩道を直登する。一部車道歩きは車に注意する。

しばらくで背後に市街地が開け、煌彩の森コースの道標がある。法輪禅寺を右に見てふれあいの家前広場に達する。広場左手から山中の遊歩道となる。アオキが目立つ道は玄界灘を見ながら見返《かえり》坂に達し、直登コースとジグザクコースに分かれる。体力に応じたコースを行こう。

直登コースにはベンチのある皿倉の泉の水場がある。樹林はヤブニッケイ、シロダモ、クマノミズキ、ホソバタブ、ヤブツバキなどが見られる(❷-1)。巨樹の間から右上に電波塔が見えると、道は平坦となり橋を渡ると行手が開けて皿倉平である。

車道を左へ取り、突切る。国民宿舎跡を左に見て遊技場から皿倉山の広い山頂に出る。展望を楽しんだら皿倉平まで戻る。

権現山へは車道を直進。左の道は、尺岳方面への九州自然歩道を左下に分けて、権現の辻へ向う(❷-2)。権現山から皿倉山の展望が開け、電波塔が立つ。

権現の辻にはベンチがあり鷹見神社分岐に四阿《あずまや》もある(❷-3)。巨杉は皇后杉と呼ばれている。左下への道を下ると、杉に変わりアカガシなどの自然林となり帆柱の辻三差路に達する。左のわずかな登りで(❷-4)帆柱山に登る。

帆柱の辻に戻り道を左下に取る。尾根を下り皿倉山登山道からの道が出合い、花尾ノ辻に達する。先の三差路から左上すると城跡の花尾山に登り着く(❷-5)。

城跡からは山や街の展望がよい。車道まで戻り左を取り権現の泉の水場から(❷-6)、皿倉山への車道に出合い、左に取ると登山口に下山する。

▽参考コースタイム＝帆柱ケーブル山麓駅(20分)ふれあいの家(50分)皿倉平(20分)皿倉山(10分)皿倉平(20分)権現山(15分)権現

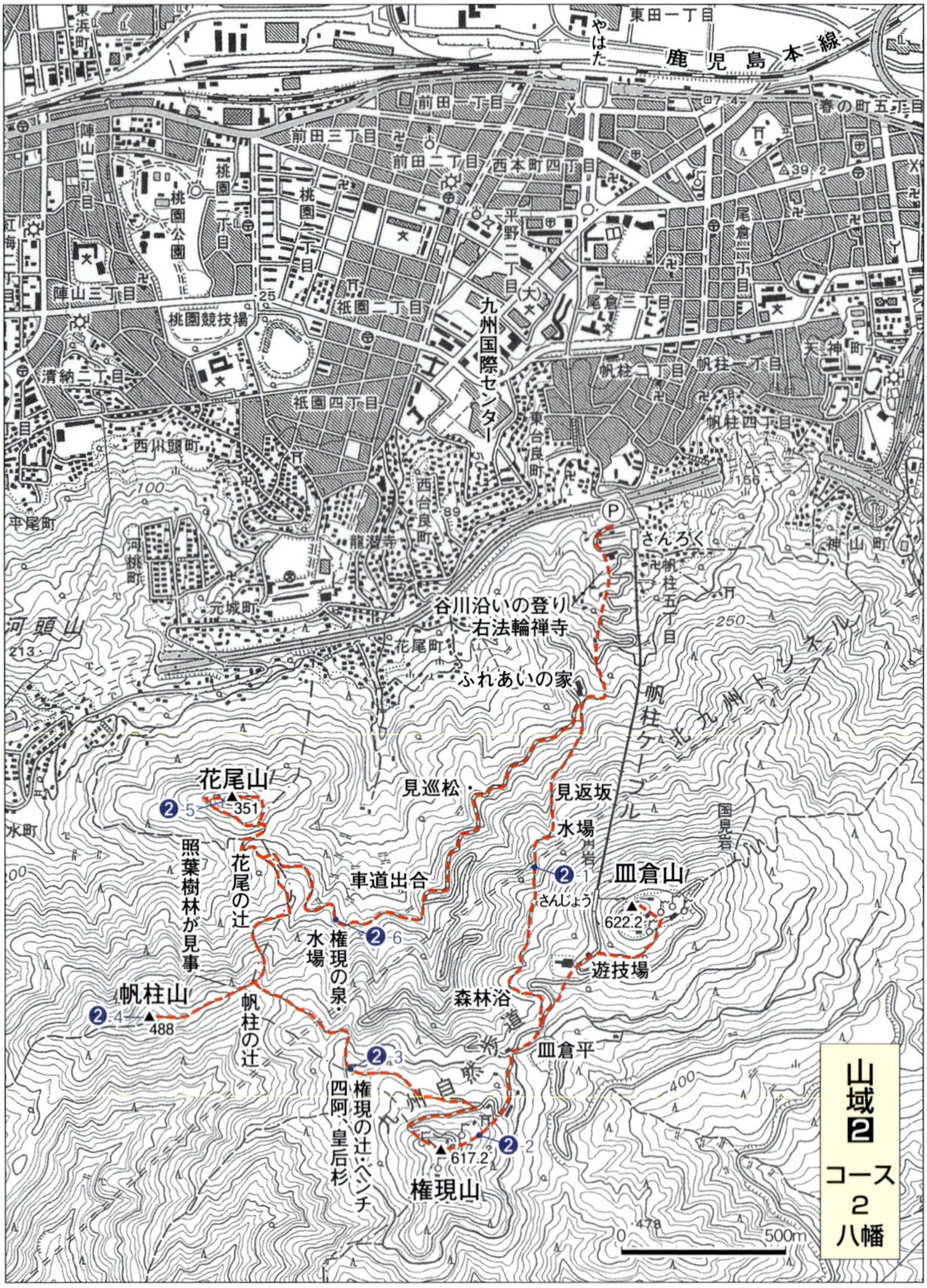

の辻（35分）帆柱山（35分）花尾山（10分）権現の水（10分）見巡松《めぐりまつ》（20分）帆柱ケーブル山麓駅

〔問合せ先〕北九州市役所観光課☎093・582・2054、八幡東区役所☎093・671・0801、JR九州案内センター☎093・551・7711、帆柱ケーブル☎093・671・4761

福岡県
山域3

鷹取山《たかとりやま》（633m）　福智山《ふくちやま》（900・6m）

春は新緑、夏は渓谷探勝、秋は紅葉、冬は冬枯れと樹氷。四季折々に姿を変える自然に身をおき、都会のストレスを解消するのに十分な場所だ。

〔山域の魅力〕福智山は北の皿倉山から南の香春岳に至る福智山地最高峰で、山頂一帯はクマザサやススキに覆われ草原をなしている。国見岩をはじめ多くの巨石が点在し、岩上からの展望は三六〇度。

眼下に遠賀川流域から玄界灘、三郡山地、英彦山山塊、平尾台や皿倉山を一望できる。

山頂近くの二つの祠に石仏が安置され、かつて彦山修験道の末山の一つとして、山伏の行場の痕跡をとどめている。

❸-1 鷹取山の山頂は城跡で草付の広場は展望雄大だ

❸-2 鷹取山の草付広場は野の花も見られる

❸-3 鷹取山の広場から東方には福智山が見渡せる

稜線は、九州自然歩道が整備され、筑紫平野を流れる遠賀川水系と小倉を流れる紫川水系の分水嶺をなしている。西側は断層による急斜が渓谷美を造り、竜王峡、上野峡、内ヶ磯など峡谷が点在する。東側は菅生の滝、七重の滝があり登山の出発地となっている。

標高九〇〇㍍の山ではあるが山頂一帯の草原、中腹の自然林、渓谷など登山の魅力が多く入山者の数は多い。

〔山道案内〕3

▽**歩行時間＝四時間二五分**

内ヶ磯福智ダム→上野越→鷹取山往復→福智山→からす落とし→大塔滝→内ヶ磯福智ダム

▽**二万五千図＝徳力、金田**

直方方面からバス便があり内ヶ磯が終点。ダム上流まで三〇分。自家用車は国道二〇〇号から福智ダムを目指し、ダムは一方通行なので左回りで駐車場へ。

登山口は瀬々里橋右側から上流を目指し、すぐ福智川を左に

❸-4 福智山から平尾台方面の眺め

❸-5 山頂の露岩の席でくつろぐ登山者

❸-6 山頂直下の荒宿荘は一泊してみたい避難小屋だ。夜景が美しい

渡る。屈曲する車道を数回近道すると、大塔滝方面への道が左上に分れるが、車道を直進する。橋を渡り車道歩きで薙野に達し右上の登山道に入る。

登山道には四阿屋があり、植林をぐんぐん登ると、福智山から鷹取山へ続く吊尾根鞍部に達する。ここが上野越、十字路で直進すると上野、右は鷹取山、左が福智山方面。鷹取山へは植林のわずかな登りで達し(❸-1)、城跡の頂は背の低い草地で台地状(❸-2)、展望は雄大で壮快な場所だ(❸-3)。子供の遊び場にはちょうどよい。

上野越に戻り東への尾根を辿る。自然林となり斜面が急になり汗も出るが、行手が開け山頂方面のカヤに埋もれた大岩が見えてくる。背後眼下には鷹取山の城跡が見える。左下から筑豊新道が出合い、行手がササ混りのカヤ野となり、ジグザグを切って登ると広大な福智山の頂に出る(❸-4、❸-5)。

巨石上で展望を楽しみ休憩と食事を取ったら北へと下る。しばらくで荒宿荘に出ると(❸-6)右下が狸水だ。幅広尾根の灌木帯から広場に出るとからす落としである。直進すると尺岳方面縦走コース、右は小倉区頂吉《かぐめよし》へ。左が目指す大塔滝コースだ。

自然林の中を下り、谷源頭の水場を左に横切り、自然豊かな森を谷の左手沿いに下って行く。右下から谷音が聞こえてくると、斜滝が連続する大塔滝を見る。滝下に出て谷左を変わらず伝い、谷右に至ると作業小屋に達する。わずかで大塔滝分岐に出る。あとは車道を数回横切り福智ダムに下山する。

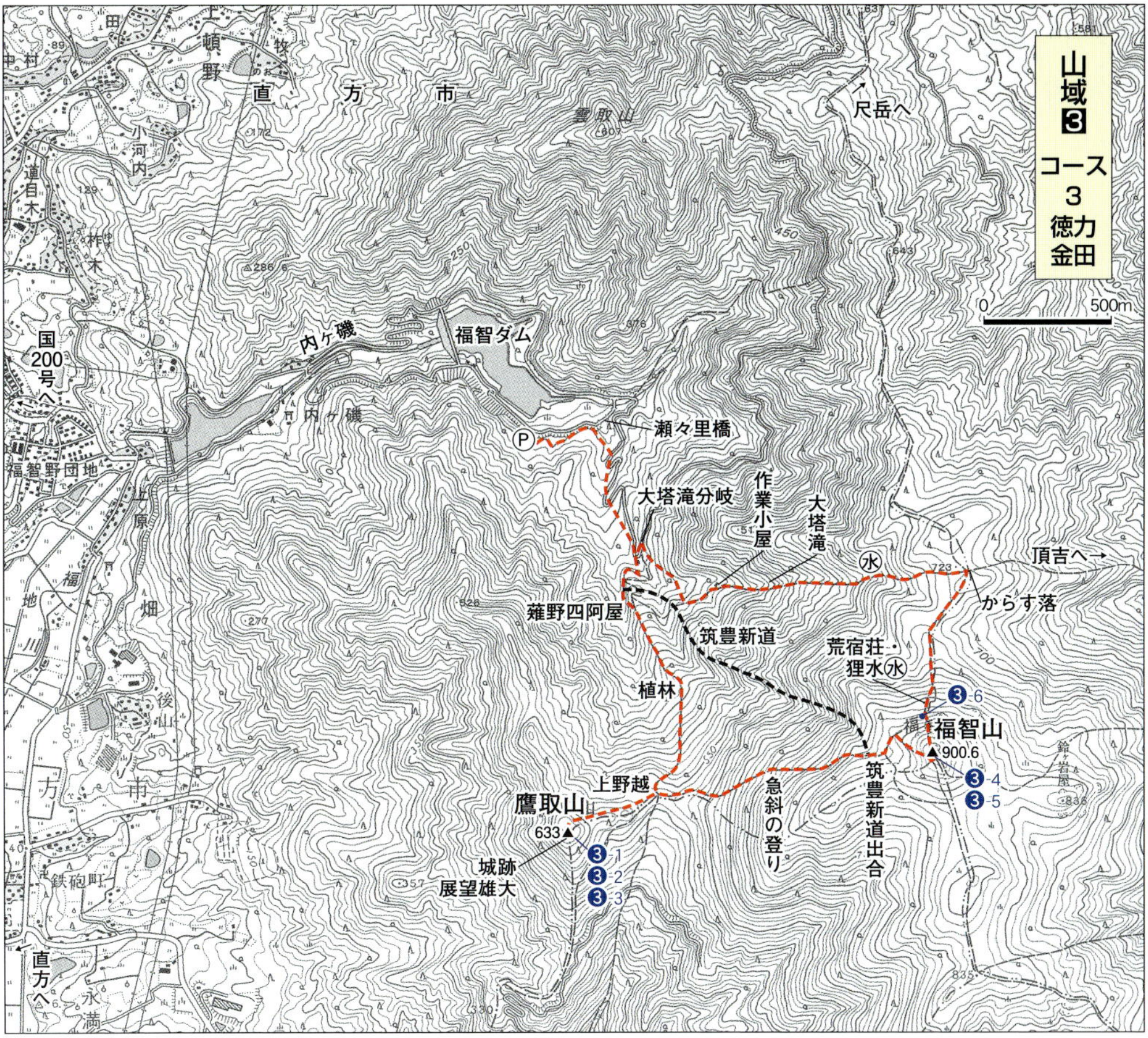

▽**参考コースタイム**＝内ヶ磯福智ダム（30分）大塔滝分岐（1時間）上野越（25分）鷹取山往復（1時間）福智山（20分）からす落とし（50分）大塔滝分岐（20分）内ヶ磯福智ダム

〔問合せ先〕直方市役所商工観光課☎0949・25・2000、北九州市役所☎093・582・2525、北九州市観光課☎093・582・2054、赤池町産業振興課☎0947・28・2004、西鉄バス北九州テレホンセンター☎093・551・1181、直方バスセンター☎0949・22・0731

福岡県
山域4

井原山《いわらやま》（983m）　雷山《らいざん》（955・3m）

井原山、雷山ともに山頂に樹木はなく展望雄大。北斜面自然林の新緑紅葉と渓谷の探勝、そして両山を結ぶ稜線歩きはミヤコササの波とミツバツツジのトンネルを楽しめる。

〔山域の魅力〕福岡は脊振雷山、佐賀は脊振北山と両県の県立公園の一角を占め、井原山は脊振山地西部の最高峰である。佐賀県側はおだやかな山容で植林が大半をなすが、福岡県側は急傾斜をなしている。ブナを始め落葉樹の自然が豊かで、新緑紅葉を頭上に仰ぎながら登山を楽しめる。この渓谷は沢登りのゲレンデとして知られており洗谷、ダルメキ谷、雷山川源流など夏場は遡行者もある。

山頂から稜線にはミツバツツジの群落があり、初夏はピンクの花一色となる。また、ミヤコザサに覆われたゆるやかな斜面を眺めての登山は「楽しい」の一言につきる。

アプローチも比較的よく前原市から井原、雷山観音とタクシーがある。雷山には水火雷電神を祀る雷神社には天然記念物や国史跡が多い。千如寺は雷山観音として信仰を集め、下山後の見学によい。

❹-1 尾根から井原山が近くなると樹林も秋色に染まる

❹-2 井原山の頂は花崗岩の風化砂で展望抜群だ

❹-3 山頂から西方向の眺め。雷山、羽金山が見える

❹-4 夏は洗谷の沢溯行も楽しい

❹-6 道脇が灌木帯となると、正面に巨石が現れ雷山に着く

❹-5 縦走路には初夏にミツバツツジやブナが茂る場所もある

❹-7 下ると清賀の滝に降りる

〔山道案内〕 4

▽歩行時間＝五時間一五分

井原山→アンの滝→自然歩道→井原山→雷山→上宮→清賀の滝→雷山観音

▽二万五千図＝雷山、脊振山

旧井原山バス停から車道歩きで、橋を渡って鍾乳洞へ行く道と離れて直進する。植林の砂利道となり、右に急カーブする林道を離れ直進すると谷を渡る。舗装林道を突切り谷沿いを登る。

登山道は右左と数回谷を渡ると二俣となり、左俣にアンの滝がある。右俣をしばらく歩くと谷と離れ、左尾根への急登となる。自然豊かな樹林をジグザグに登ると南北に走る主尾根に出る(❹-1)。左は水無分岐である。尾根は頭上に樹林を眺めながらの楽しい登りで、傾斜が緩むと樹木も低くなり縦走路に出る。左にわずか登ると風化花崗岩の散在する井原山の頂に出る(❹-2)。三六〇度の展望は脊振山から天山、彦岳、目的の雷山方面(❹-3)、北は前原市から玄界灘まで見渡せる。

井原山登山道を見送り、笹や灌木の茂る緩やかな上下の稜線には、初夏はミツバツツジの花が目を楽しませてくれる。短い登りと下降を繰り返して洗谷分岐を(❹-4)右に見ながら西進する。

登山道は九五〇メートルピークで大きく北へ折れる。わずかに下ると左にゆるくカーブして、短い急登で九四四メートルピークに達し笹の茂る稜線を行く。そのまま西進するとあたりはナラの樹林帯で快適な森林浴ができる(❹-5)。わずかに下ると鞍部で佐賀県側からの登山道が出合い、灌木帯から草原に出て(❹-6)、巨石が二個転がる雷山山頂に着く。ここも展望雄大だ。

北に向って樹林を急激に下ると上宮広場に達し、道を右に取り雷山川三つの源頭を横切る。山頂から北にのびる顕著な尾根を下ると清賀の滝に降りる(❹-7)。

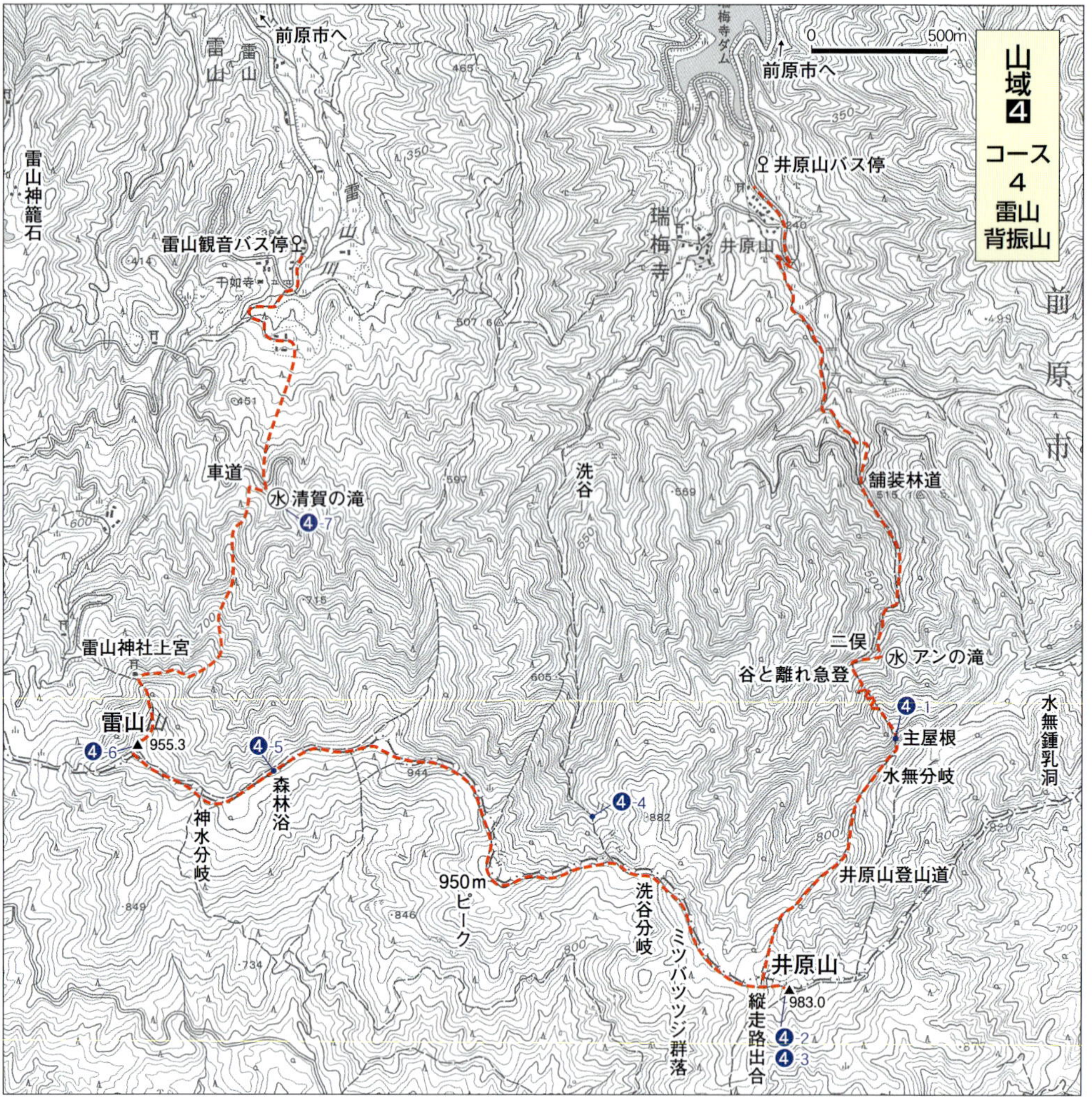

谷沿いに林道を突切り谷筋を下ると民家の上手に達し、車道に出て雷山観音に下山する。

▽**参考コースタイム**＝井原バス停（1時間）アンの滝（50分）水無分岐（40分）井原山（1時間30分）雷山（25分）上宮（30分）清賀の滝（20分）雷山観音バス停

〔問合せ先〕前原市役所☎092・323・1111、昭和バス前原営業所☎092・322・2561、富士町役場☎0952・58・2111、昭和バス佐賀営業所☎0952・24・5210

福岡県
山域５

十坊山《とんぼやま》（５３５・４m）

峠から防火帯歩きで容易に山頂広場へ。山頂巨石上からの展望を楽しみ、巨石を取り巻く草原でのんびり弁当を開く。子供にとって格好の遊び場を提供してくれる。

〔山域の魅力〕糸島郡二丈町と佐賀県七山村の境界にある山。脊振山地の最西端を占める丘状の山。頂には高さ四㍍ほどの巨岩がある。岩上に登ると展望もよく唐津湾、玄界灘が一望でき、東に白木峠を挟んで筑紫富士の名で知られる浮岳、脊振山系西面の山々、南に黒髪山、作礼山、天山、西に国見山、八天岳が見渡せる。

十坊山、浮岳共に修験道の山として古くから地元の信仰を集める。山名は、清賀上人が建立した怡土郡七大寺のひとつで勅願寺でもあった久安寺の属坊が、山麓に十坊あったことに由来するという。登山はＪＲ筑肥線福吉駅、鹿家駅からミカン畑をぬう自然歩道や、一般登山道から歩くか、白木峠まで車を使うと県境の尾根道が近くてファミリー向のコースである。

山頂一帯、巨石にマツ、カシなど照葉樹林に草原が広がり、春・秋の一日のん

❺-1 稜を西進すると行手に十坊山が姿を現す

❺-2 早春には道脇にはヤブツバキの花が満開となる

❺-3 北の玄界灘方面の眺め

❺-4 巨石にはクサリを伝って登ると展望が開ける。東に脊振方面、北に玄界灘、西に唐津方面が見渡せる

❺-5 巨石上から東の眺め。浮岳、二丈岳、女岳と続く

びりするにはよい山だ。なお健脚者は浮岳に足を伸ばしてもよい。浮岳北面二丈町胡麻田の浮岳神社上宮が山頂杉巨木の中に静かに祀られている。

〔山道案内〕 5

▽**歩行時間＝一時間一〇分**

白木峠登山口→防火帯→十坊山

▽**二万五千図＝浜崎**

登山口は白木峠西面植林からある。植林の中を稜上に着くと防火帯になり一本の踏分け道があり迷うことはない。カヤの茂る季節は一本の踏分けが西進する（❺-1）。草伐り跡は幅広の帯でどこでも歩ける（❺-2）。

わずかな登りで小ピークを乗越し、下ると鞍部に達し、注意していると踏分けがクロスする。短いが急登で台地に出て背後に浮岳の秀麗な三角錐が目立つ。

カヤ野をぐんぐん登るとピークに達し、右に玄界灘の展望が開け（❺-3）、再度鞍部へ下る。巨石が点在し、北側はマツや照葉樹林が茂り、南は植林となり山頂広場に飛び出す。中央には二つに割れた巨石があり（❺-4）、クサリを伝って巨石上に立つ（❺-5）。

展望は四周よく、巨石を取り巻く草原で弁当を開くのもよい。時間の許すかぎり自然の中で遊ぼう。下山は往路を下る。

▽**参考コースタイム**＝白木峠登山口（10分）稜線防火帯（30分）十坊山（30分）白木峠登山口

〔**問合せ先**〕二丈町役場産業振興課☎092・325・1111、まむし温泉☎092・329・3008

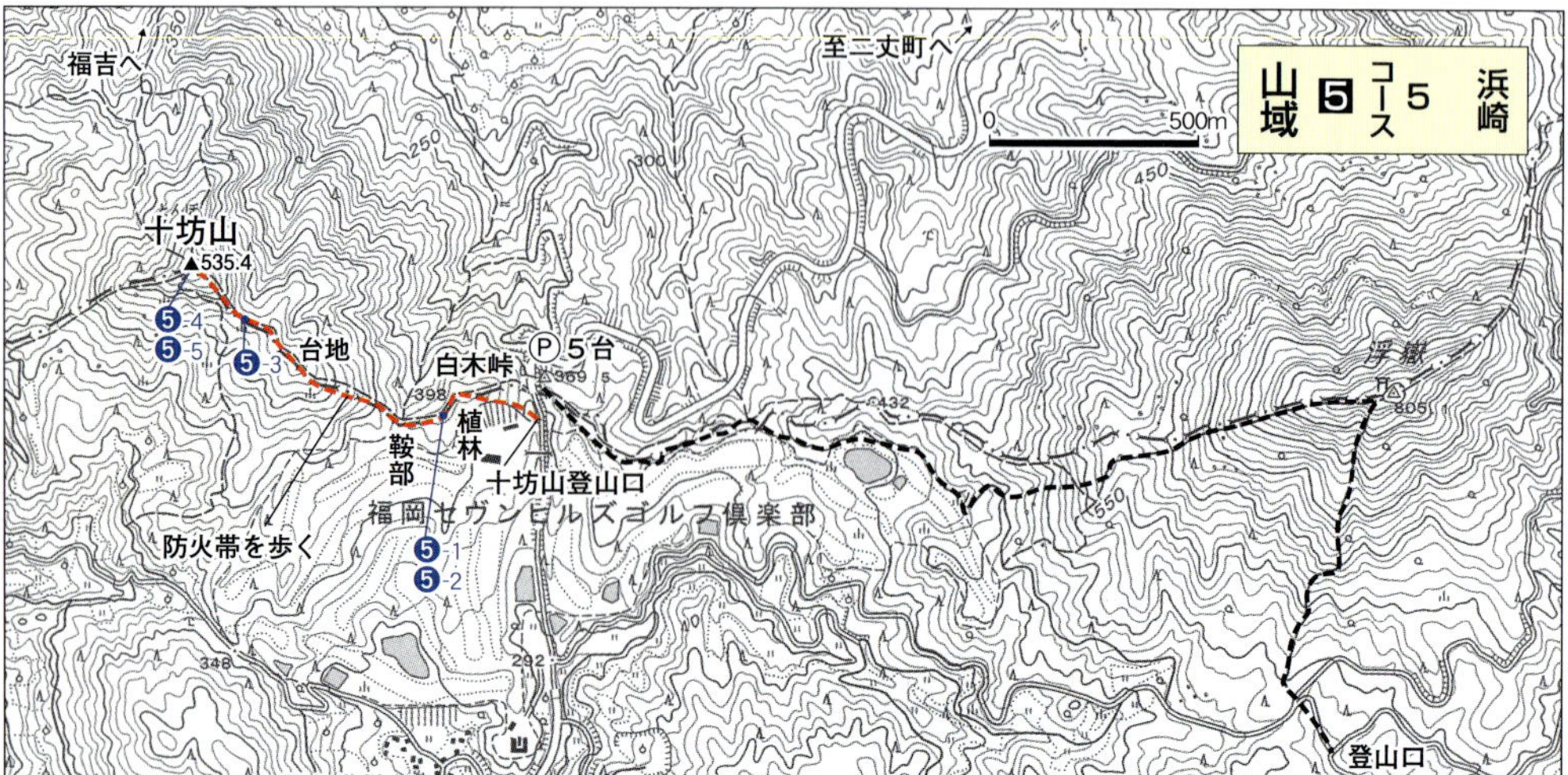

佐賀県 山域6

虚空蔵山《こくぞうさん》（608・5m）

嬉野茶で知られた茶畑を見て峻険な岩稜を登り、東洋のマッターホルンと呼ばれる山頂にて初夏のミツバツツジの花見と展望がすばらしい。下山後は温泉が待っている。

〔山域の魅力〕佐賀県嬉野町と長崎県川棚町との境にある山で甲後岳とも呼ばれた。白山火山帯の西端に位置し、山体は大部分は輝石安山岩からなり、侵食が進み険しい山容をなす。東西から見ると鋭角三角形の岩峰で、その姿が、あたかもマッターホルンに似ているため、東洋のマッターホルン、佐賀県のマッターホルンと異名を持つ山で登山人気も高い。

古来、山岳信仰の対象地となり、山頂中央部に虚空蔵菩薩を祀っている。伝説によればかんばつ時、石祠の壁に味噌を塗ると、菩薩がのどが渇くので雨を降らせるといわれ、雨乞いの山でもある。

山頂は岩峰で展望は抜群。雄大で西に大村湾方面、南は多良山系から雲仙方面が見渡せる。春には山麓一帯アオモジの花が咲き春を告げ、初夏には山頂一帯がミツバツツジの花で飾られ見事である。

登山口は佐賀県側嬉野町不動山、長崎県側川内山林道川内登山口、川棚町木場登山口からがよい。

両県登山口には温泉が近くにあり、登山後の汗を流すのもよく一泊登山を勧める。

〔山道案内〕6

▽歩行時間＝二時間二〇分

不動山バス停→虚空蔵山登山口→地蔵堂→木場・川棚分岐→川内山分岐→虚空蔵山

▽二万五千図＝嬉野

不動山バス停から左の集落の道を登る。（❻－1）左下に小川が平行し、正面に岩峰を眺めながら茶畑の道を終点まで登ると、数台駐車可能な広場が車道終点である。

駐車道から谷川沿いに登り、植林から茶畑の急斜面をゆっくり登ると、正面に地蔵堂が現われる。一息入れるのによい場所だ。

杉植林をジグザグに切って登ると、右上に凝灰岩の壁を見て、しばらくで山頂から北に伸びた稜の乗越に達する。川棚分岐の北側には洞穴があり、悪天候時の休憩場所によい（❻－2）。

左へ尾根を行くと自然林に変わり、登

❻－1 不動山登山口から虚空蔵山を眺める

❻-3 山頂北面から岩棚を伝って西進、左折して階段登りで山頂へ飛び出す

❻-2 川棚分岐の峠には凝灰岩の洞窟があり悪天時の避難場所となる

❻-5 山頂東面から多良、雲仙、晴天時は有明海まで望まれる

❻-4 山頂は東西に長く展望抜群。初夏にはミツバツツジの花で彩られる

山道も岩場となる(❻-3)。急斜面にはロープがつけられ、ぐんぐん登ると、突然テラス状となり川内山からの道と出合い、岩壁の棚状の登山道を右に取る。階段を登り、急坂から東西に細長い山頂の台座に飛び出す(❻-4)。初夏にはミツバツツジが迎えてくれる。三角点は西側にあり、露岩上から大村湾方面の展望がよい。南に多良雲仙方面(❻-5)、東に移動すると、両側に灌木が茂り四周壁に囲まれ、気をゆるめることはできない。

下山は往路をもどる。木場・川棚分岐までは転落注意である。不動山バス停わずか上手には天然記念物大茶木があり、せっかくだから見学するとよい。

▽**参考コースタイム**＝不動山バス停(20分)駐車場(20分)地蔵堂(30分)木場・川棚分岐(20分)虚空蔵山(50分)不動山バス停

問合せ 嬉野市役所☎0954・43・1111、JR九州バス嬉野支店☎0954・43・0079

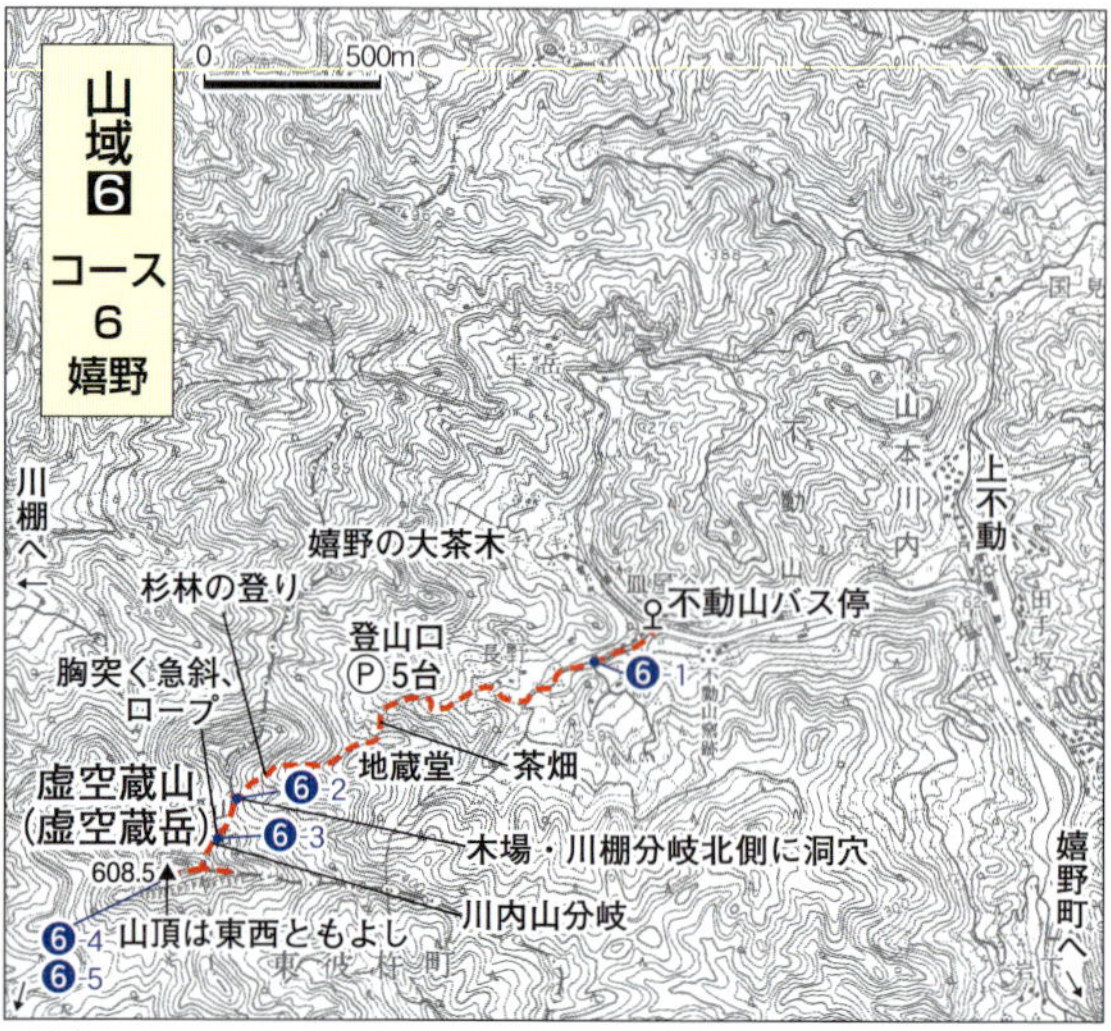

長崎県
山域7

小八郎岳《こはちろうだけ》（564m）　八郎岳《はちろうだけ》（589・8m）

長崎の海と山の展望を一望にする一等三角点の山。新緑紅葉、季節のアオモジ、ヤマザクラ、ドングリ、ツツジ、ガクアジサイと都市近郊の山にあって自然豊かな憩いの場所。

〔山域の魅力〕長崎市から南に突き出る長崎半島の一角を占める八郎岳は、長崎市の南部に位置し、東に橘湾、天草灘、西に長崎湾、東シナ海が迫り、航行するフェリーや漁船を眺めての、のどかな登山となる。

八郎岳の名は平安時代末期、九州で勢力を振るった鎮西八郎の名に由来するといわれている。長崎市最高峰で、山麓は植林、山頂一帯は常緑広葉樹に覆われ、都市近郊にありながら自然が豊かだ。山頂までの登山口は竿浦町、平山町、為石など各地からあり、容易に登ることができる。

小八郎岳はカヤ野に転石があり、四周展望が開け静かな山頂で休むのに良い場所だ。

八郎岳山頂は草山で、中央に戦時中に作られた六角形コンクリート製三角点があり、一等三角点の山はそれなりに展望も雄大である。

眼下に三菱造船所香焼工場が、港入口に幅広く突き出し、右手奥には稲佐山から市街地が広がり、南に小八郎岳から寺岳へと尾根が続き、長崎半島を一望できる。

ここでは平山バス停から千々峠に登り、小八郎岳、八郎岳と縦走して平山バス停へ下山するコースを紹介する。新緑、ハ

❼-1 お堂水場は飲料にはならない。出発地で水は準備する

❼-2 草付の小八郎岳山頂

❼-3 小八郎岳から西面に八郎岳を見る

❼-5 眼前に香焼島を眺めて一息いれる

❼-4 八郎岳山頂は広い草付で、六角形のコンクリート柱の三角点が目立つ。長崎港の展望台だ

❼-6 八郎岳から長崎港の眺め

ゼの紅葉、山頂直下の植林に咲くガクアジサイ、千々峠のツツジ、山麓のヤマザクラの花も楽しむことができる。

〔山道案内〕 7 ▽歩行時間＝四時間五分
平山バス停→市民農園駐車場→お堂水場→千々峠→小八郎岳→八郎岳→竿浦分岐→市民農園駐車場→平山バス停
▽二万五千図＝長崎西南部、肥前高島

バス停から東側の山麓が登山口となる。山側へ歩くと尾根末端に墓地があり、南側の車道を行くと右に市民農園、左に駐車場を見る。林道を山手に歩くと右下に砂防堤、左上に石垣を見てクスの森となりすぐ谷を渡る(❼-1)。お堂水場から登山道に入り、小谷から尾根の斜面を取り左下に谷音を聞きながら、広い斜面のジグザグ登りで、立派な常緑樹林のシイ、タブノキから桧の植林を通り千々峠に登り着く。

峠は草地で稜の境界にはツツジも初夏には楽しめる。稜線を左に取って登ると荒れた林道に出る。しばらくで山腹の西を巻き登る道と分かれて、直登すると急登から解放され、草付の細長い小八郎岳の山頂に達し(❼-2)、左手に八郎岳が望まれる(❼-3)。

山頂から東へわずかに進むとT字路に出て右は千々バス停、左の防火帯で小八郎岳山頂を巻き、先の荒れた林道と出合い、右手の方向に林道を歩く。

北進すると八郎岳を発した尾根に出合い、林道と分かれて左折、尾根に出て西にわずかに登ると円形の丘に登り着き(❼-4)、正面に香焼と湾が目に飛び込んでくる。展望のよい八郎岳山頂だ(❼-5、❼-6)。眼下に竿浦町、平山町、城山がある。

展望を楽しんだら山頂からわずか左の樹林を通り西に向けて急下降すると、植林となり初夏には林床はガクアジサイの花で埋まる。芳香と白一色の中をジグザグ下降する。広い斜面の尾根が、次第に尾根らしくなると竿浦分岐に達し、平山は左である。樹林の間から松尾岳、千々峠方面を眺めながら下る。

植林から自然林となると、しばらくで傾斜もゆるみ、左手に市民農園駐車場分岐の小さい案内板を見て道を左下に取る。直進すると道は墓地に出てバス停へ向かう。

左下の道は立派なものではなく、わずかな踏分けを探して小谷へ下り、小谷沿いに駐車場へ出るが、この谷歩きはマムシにも注意が必要だ。特に夏場である。

駐車場から道を右に取り林道歩きで、バス停は信号に出て右手である。

▽**参考コースタイム**＝平山バス停（45分）お堂水場（40分）千々峠（50分）小八郎岳（40分）八郎岳（40分）竿浦分岐（15分）駐車場分岐（5分）駐車場（10分）平山バス停

〔問合せ先〕 長崎市役所☎095・825・5151、長崎バス総合サービスセンター☎095・826・1112

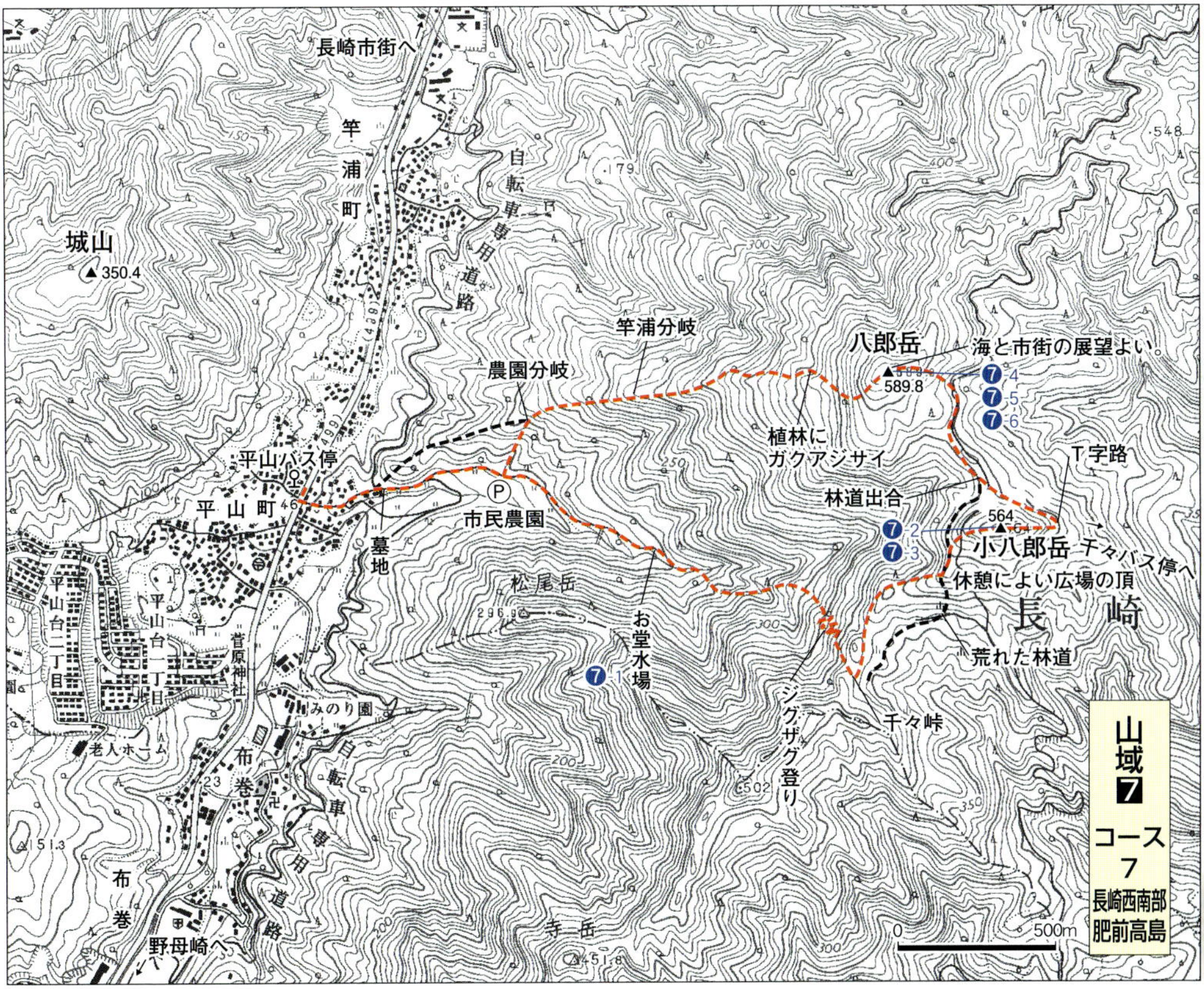

大分県
山域8

内山
うちやま（1275・4m）

大平山
おおひらやま（810m）

内山は鐘状火山で急峻、地形は複雑で変化に富み、ルートを読みながら悪場を越える緊張感が充実した登山を約束してくれる。出合うツツジ・シャクナゲの花に心がなごむ。

〔山域の魅力〕内山は南の鶴見岳と鞍ヶ戸を挟んで稜線通しで、北は塚原越に至る。山体の西側はゆるく湯布院方面に裾野を広げるが、東側は爆裂火口が春木川を作っている。そのため塚原越東斜面、通称うさぎ落しの急斜や、内山渓谷を分ける南の通称シャクナゲ尾根は痩せ尾根で、鋸切状をなし大平山へと続いている。

大平山は別府市街地に迫り、緩斜面で草原をなす。南側は鶴見岳との間が境川の上流。北西側は春木川上流部で両方共急崖をなしている。東側から眺めるこの大平山は、扇をさかさにした山容から扇山と呼ぶ。

内山は急峻な山で全山東面から稜線にかけて落葉樹の自然林で、新緑紅葉が楽しめる。山頂はカヤ野である。大平山への尾根はシャクナゲの季節は一見の価値あり。山麓は植林である。鍋山登山口には温泉が自噴し、からす湯と呼ばれる。内山渓谷は新緑紅葉、夏場の渓谷探勝によい。

❽-1 胸突く急斜が一段落すると道の左側には平らな岩があり一息入れるのによい場所だ

❽-2 内山から鶴見岳、鞍ヶ戸の眺めがよい

❽-3 内山から眺める由布岳。中央茶色は大崩

〔山道案内〕**8** ▽**歩行時間＝六時間五分**

鍋山登山口→うさぎ落し→塚原越→内山→シャクナゲ尾根→大平山・内山渓谷分岐→大平山往復→内山渓谷→鍋山登山口

▽**二万五千図＝別府西部**

鍋山登山口へは国道五〇〇号明礬温泉

❽-5 大平山（扇山）の山頂は三角点とは別の場所だ

❽-4 岩間から鶴見岳の眺め

から左上する車道に入る。採石場入口に数台の駐車スペースがある。採石場を右に見て直進、からす湯を目指して歩き、湯溜の脇を横切り、左の谷に入る。

谷中から谷沿いしばらくで、左の植林尾根に出て尾根通しに登ると、右に緩く曲り、自然林の広い斜面を立木、根にすがって進む。うさぎ落しの名のごとく、古くは冬期の滑落死亡もあったほどである。標高を一〇〇メートルも上げるとわずかに左に行き、谷源頭浅い凹(窪)地から稜上の踏分けに出る。塚原越である。直進は温泉・ガラン岳方面目指す。内山は左へ行く。

数回短く上下する痩尾根は標高一〇三九メートルからぐんぐん登る。降雨時には火山灰土はよく滑る。一直線の登りを我慢すると傾斜はゆるみ、左脇に休むのによい平な岩がある(❽-1)。しばらくはのんびり歩き、再度短い急斜を登り終えると左に大平山分岐を見て、カヤの茂るなか露岩の内山山頂に出る。北を除いて展望はよい(❽-2、❽-3)。

大平山分岐から右下の尾根に入る。ケヤキやナラの巨木帯を急下降すると、次第に尾根は痩せ、境谷、内山渓谷とも眼下に深い。シャクナゲが現われると痩尾根は東へ向を変え、岩稜となる。岩の露出部は左右を短く巻きへつって越え(❽-4)、岩間を渡り、乗越し進む。乗越し、急下降と二ヶ所のポイントを過ぎると、尾根はわずかに登り急激に下る。

ドウダンツツジの目立つ場所から最低鞍部へ。九六二メートルへ登り返し東北へ向を変え、幅広尾根を一五〇メートルも高度を下げる。鞍部から更に登ると内山渓谷分岐、大平山(❽-5)往復で内山渓谷へ植林中を下る。

林道へ出て渓谷を左に見て下り、鍋山への車道に出合い、振り出しに戻る。

▽**参考コースタイム**＝鍋山登山口(1時間)うさぎ落し(40分)塚原越(1時間)平な岩(40分)内山(1時間10分)最低鞍部(35分)内山渓谷分岐(30分)大平山往復(10分)林道(50分)鍋山登山口

〔問合せ先〕別府市役所☎0977・21・1111、湯布院町役場☎0977・84・3111、亀の井バス本社☎0977・23・0141

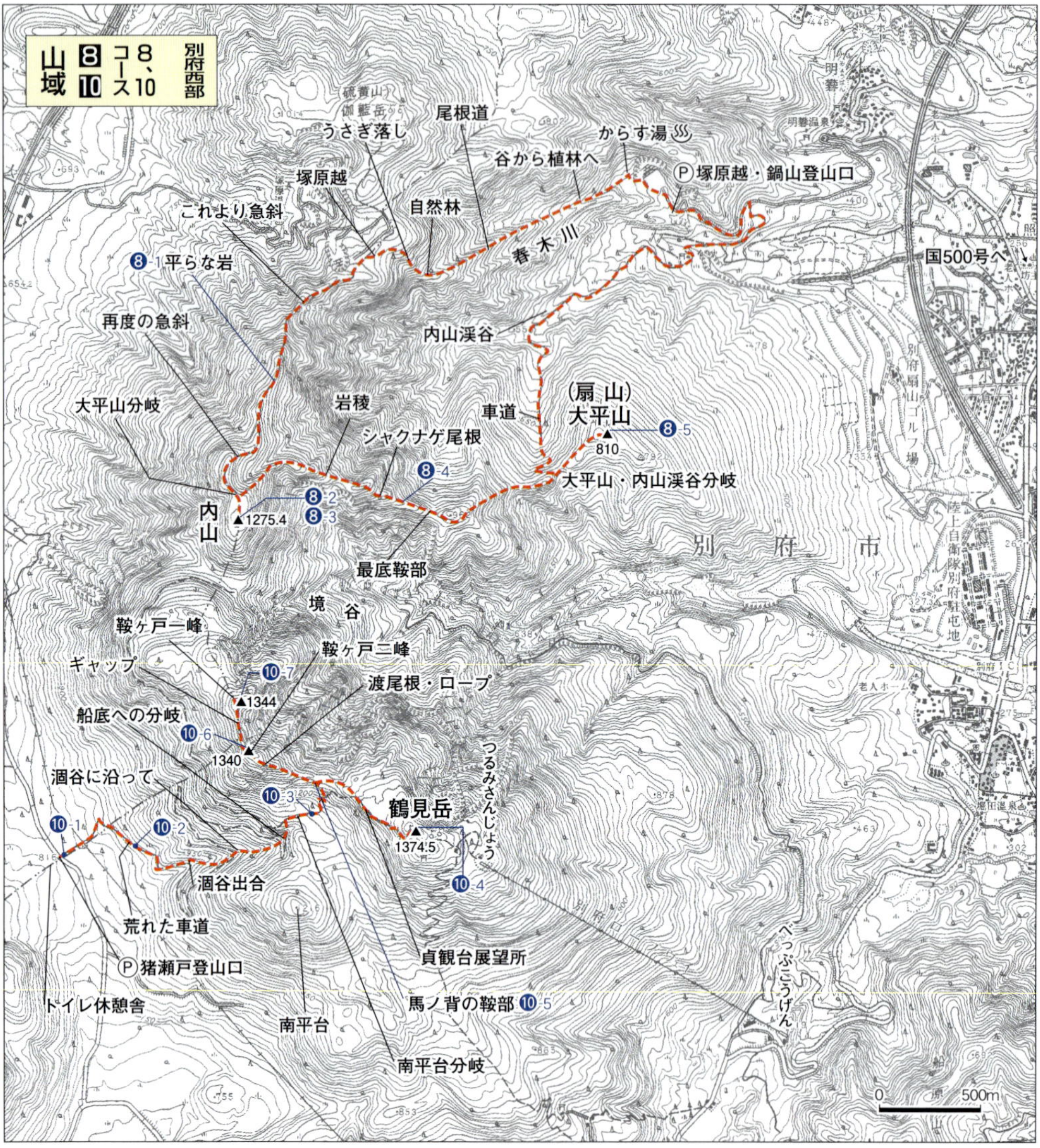
山域 8 10
コース 8、10
別府西部
硫黄山
伽藍岳
うさぎ落し
尾根道
からす湯
塚原越
谷から植林へ
Ⓟ塚原越・鍋山登山口
これより急斜
自然林
春木川
8-1 平らな岩
国500号へ
再度の急斜
内山渓谷
大平山分岐
岩稜
車道
(扇山)
大平山
8-5
810
シャクナゲ尾根
8-4
大平山・内山渓谷分岐
8-2
8-3
内山
1275.4
最底鞍部
別府市
境谷
鞍ヶ戸一峰
鞍ヶ戸二峰
ギャップ
10-7
1344
渡尾根・ロープ
船底への分岐
10-6
1340
つるみさんじょう
凋谷に沿って
10-3
鶴見岳
10-1
10-2
1374.5
凋谷出合
10-4
荒れた車道
Ⓟ猪瀬戸登山口
貞観台展望所
トイレ休憩舎
馬ノ背の鞍部 10-5
南平台
べっぷこうげん
南平台分岐
明礬
陸上自衛隊別府駐屯地
別府扇山ゴルフ場
0
500m

大分県

山域9

由布岳《ゆふだけ》

西ノ峰《にしのみね》（1583・3m）　東ノ峰《ひがしのみね》（1580m）　剣ケ峰《つるぎがみね》（1550m）

豊後の秀峰で別名豊後富士の呼称で親しまれている由布岳は湯布院盆地の借景としてなくてはならない存在。由布岳は四季のうつろいを暦のごとく人々に伝える。野焼、新緑、紅葉、霧氷がすばらしい。

〔山域の魅力〕豊後の秀峰で知られる由布岳は豊後富士の称がある。鐘状火山で山頂は東西二峰に分かれる。その間をウバコウジといい、三つの火口跡があり、ミヤマキリシマなどの灌木が茂る。山腹は飯盛山、いもりが城、日向岳などの側火山がある。

古くから詩歌にも詠まれ、新しくは「大夕立来るらし由布のかさ曇り」高浜虚子の句がある。山頂からの展望はよい。

野の花も多く、早春はキスミレ・ハルリンドウ、初夏はエヒメアヤメ、マイズルソウ、イワカガミ、六月上旬はミヤマキリシマが斜面を咲き登る。、湿原にノハナシヨウブ、八月はシコクフウロの群落、秋は灌木の紅葉、斜面の草紅葉、冬

❾-1 南登山口付近から眺めた由布岳

❾-2 樹林に覆われた平地が日向越。左手は日向山、直進は自然探勝路から南登山口、右が東ノ峰だ

❾-3 本格的な岩場となるがロープの場所でも心配するほどではない

❾-4 ガリーを抜けて右手の登りは体が空中に飛び出し緊張する場所。高度感があり最高の場所だ

❾−6 東ノ峰からまたえへ下降途中、正面に馬ノ背と障子戸の岩場を見る

❾−5 東ノ峰から眺めた三角点の西ノ峰

❾−8 またえ手前から眺めた東ノ峰

❾−7 東ノ峰と比較しておだやかな西ノ峰の山頂、展望は雄大

は山頂一帯霧氷の花が咲く。四季折々の姿が登山者の目を楽しませてくれる。

なお湯布院町には観光によい場所も多く、登山者には下山後の汗を流す温泉があるのも有難い。一泊登山が最高である。

〔山道案内〕9

▽歩行時間＝六時間一〇分

猪瀬戸→日向越→剣ヶ峰→東ノ峰→またえ→西ノ峰→剣ヶ峰→日向越→猪瀬戸

▽二万五千図＝別府西部

県道一一号から塚原方面わずかで猪瀬戸登山口である。数台の駐車スペースあり。由布岳登山口は左、右は鶴見岳である。

よく踏まれた登山道には右手にトイレ、休憩舎がある。一本道を登ると広葉樹林で緑に包まれる。傾斜が出ると植林となり、左に曲がり道脇に熔岩塊を見る。浅い谷で右に登り、日向越を目指す。広い鞍部は左は日向岳、直進すると南登山口（❾−1）、剣ヶ峰は右へ（❾−2）。

緩斜の道はすぐ傾斜が出て大きくジグザグを切る。火山砂の道は急斜となり、ハシゴ、ロープが現れ直登一辺倒だ（❾−3）。岩の露出部にはロープがある。灌木帯となり短いジグザグで頭上に岩壁が迫る。ミヤマキリシマが現れ、二ヶ所のクサリ場は体が空間に飛び出て緊張する（❾−4）。さらにロープがあり、やがて東側火口壁に出る。

右剣ヶ峰、左に安山岩を乗り越えながら灌木帯をしばらく行くと、巨岩の露出した東ノ峰に登る（❾−5）。展望は良好。初心者のみのパーティは東ノ峰までとする。

熔岩塊を縫って下るとまたえに降りて正面に登山道が出合い（❾−6、❾−8）、そのまま火口壁から西に向う。障子戸の壁を登って西ノ峰に出ると展望は四周(⑨ー7)。お鉢巡りは北に痩せた壁から左下に飯盛山と池代火口跡を見て草原に達し、東に火山礫で滑る道を下ると、右が火口底、左は大崩となる。視界が悪い時は迷い込まぬよう注意。

剣ヶ峰へは薄い火口壁のゴジラの背のような場所を乗越し、トラバースとルートを読んで進む。基部からは岩や灌木帯を登り返して剣ヶ峰の巨石ブロック帯に出る。巨石歩きは転落に注意して過ぎると灌木帯からわずかで猪瀬戸への分岐に出る。

下山はクサリやロープの場所は特に慎重に手足を使って下り、日向越に出て猪瀬戸へ下山する。

▽**参考コースタイム**＝猪瀬戸登山口(50分)日向越(1時間50分)東火口壁(20分)東ノ峰(10分)またえ(20分)西ノ峰(1時間)剣ヶ峰(1時間)日向越(40分)猪瀬戸登山口

〔問い合せ先〕 別府市役所☎0977・21・1111、湯布院町役場☎0977・84・3111、亀の井バス本社☎0977・23・0141

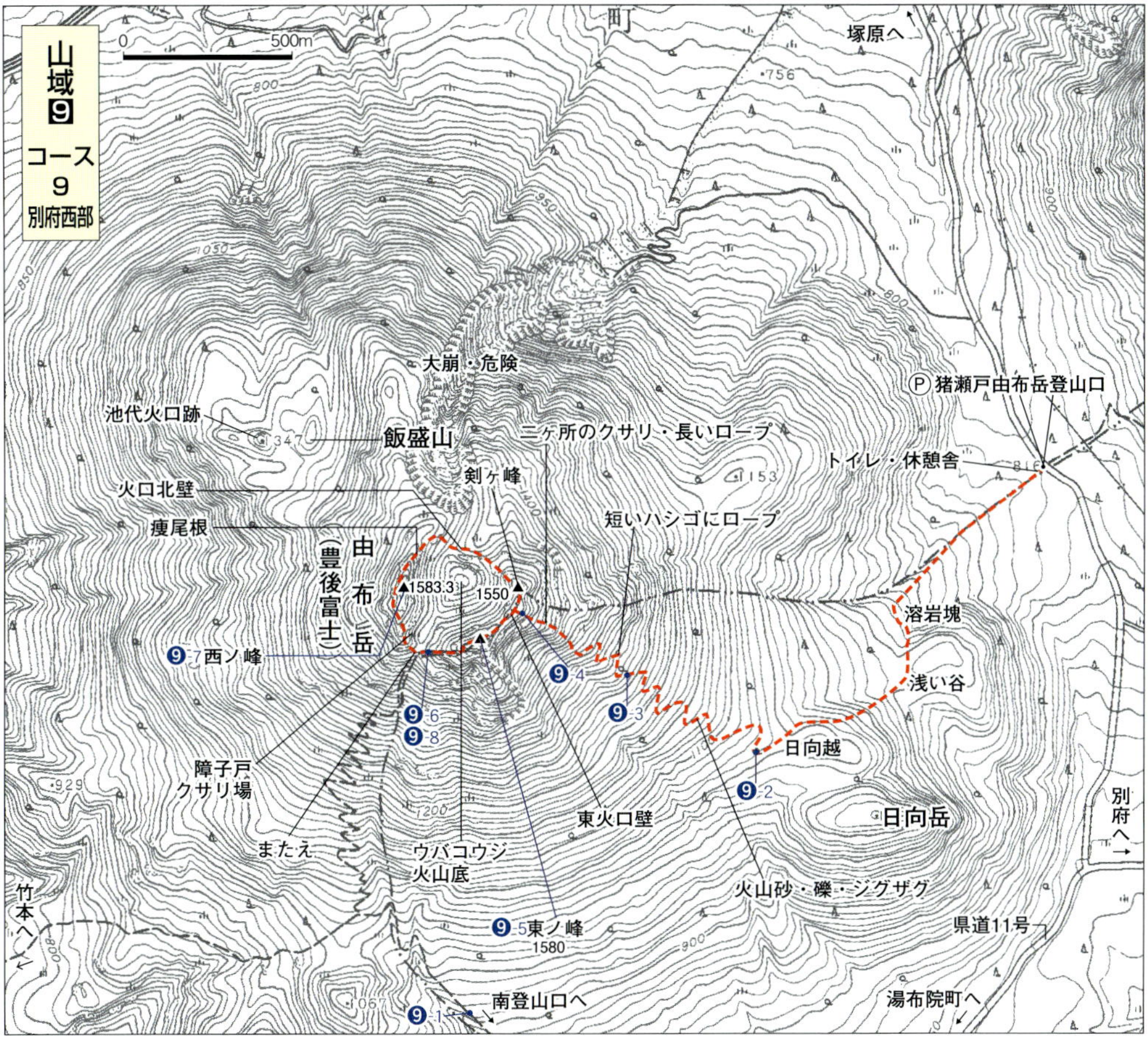

大分県
山域10

鶴見岳《つるみだけ》（1374・5m）　鞍ヶ戸二峰《くらがどにほう》（1340m）　鞍ヶ戸一峰《くらがどいっぽう》（1344m）

※地図は32頁に掲載

鶴見岳山頂一帯は遊歩道が完備されている。山頂からは別府湾と大分・別府市街の展望が圧巻だ。新緑紅葉のほかミヤマキリシマを筆頭に野の花が豊富。また霧氷は見ごたえが十分だ。

〔山域の魅力〕鶴見岳は鐘状火山で湯の町別府の西に大きくそびえ、借景として欠くことができない。かつて由布岳より標高が高いといわれたが、数回の爆裂によって東面一帯が崩壊し、鶴見渓谷、内山渓谷を作った。鶴見岳から北の尾根は鞍ヶ戸、内山、伽藍岳へと続く。山頂北東部には赤池と呼ばれる噴気孔があり、今も蒸気を噴出させている。

鶴見岳の登山口は南の鳥居と、西の猪瀬戸がある。山頂にはロープウェーもあり、台地状で遊歩道もある。鞍ヶ戸は二峰からなる痩せた稜の一角で、本峰は北側の猪瀬戸から馬ノ背に上り、二峰を越えて達する。展望はよく、ミヤマキリシマも咲く。

⑩-1 猪瀬戸から見上げた鶴見岳の紅葉

⑩-2 荒れた林道歩きで南平台方面涸谷に入る

⑩-3 馬ノ背への登りは丸木段の道で歩きやすい

⑩-4 電波塔脇から鶴見岳山頂に出る

⑩-6 鶴見岳東斜面には蒸気を噴出する赤池の噴気孔がある。鞍ヶ戸への途中から眺めた赤池

⑩-5 馬ノ背から鞍ヶ戸方面を望む

⑩-7 鞍ヶ戸本峰は広い山頂。東を除いた三方の展望は雄大。ミヤマキリシマの群落があり花期の６月上旬は特に華やぐ

〔山道案内〕10

▽歩行時間＝四時間五五分
猪瀬戸→南平台分岐→馬ノ背→鶴見岳往復→馬ノ背→鞍ヶ戸（二峰・一峰）往復→馬ノ背→猪瀬戸

▽二万五千図＝別府西部

(⑩-1)猪瀬戸登山口から山腹へ荒れた林道を直進し、右に折れて表土が流れて川原と見まがう林道を涸れ谷で右に曲がる(⑩-2)。谷沿いは急斜となり、谷左から右に出て登ると再度左に出て、鞍ヶ戸の山腹から船底へ続く道を分け、谷を離れて自然林を左上する。傾斜が緩むと南平台分岐に達する。左上するとジグザグを切って西に由布岳、南にカヤ野の南平台を間近に見ると(⑩-3)、やがて鶴見岳と鞍ヶ戸の鞍部馬ノ背に出る。まず鶴見岳を往復する。

道脇にカヤや灌木が茂る瘦尾根もすぐ幅を広げ、気分のよいカヤ野は貞観台展望所。鞍ヶ戸、内山、伽藍岳、国東半島、中津方面の山が開けている。灌木帯をジグザグと切ると、電波塔脇に出て広い鶴見岳山頂である(⑩-4)。遊歩道があり散歩ができる広さで、展望は別府湾をはじめ雄大だ。

馬ノ背まで戻り瘦尾根を北へ(⑩-5)。岩稜は急斜の上下、ロープを伝って鞍ヶ戸二峰に立ち(⑩-6)、さらに一峰とのギャップに下り、登り返すと東が灌木、西側がカヤ野の休憩によい鞍ヶ戸本峰に達する。

北の展望は英彦山方面、西は由布岳、特に大崩《おおくずれ》方面がよい。すぐ北の台地はミヤマキリシマの群落がある。下山は鞍ヶ戸一、二峰は慎重に伝い、馬ノ背に出て、あとはのんびりと猪瀬戸へ下山する。

▽参考コースタイム＝猪瀬戸(25分)涸谷出合(30分)船底分岐(30分)南平台分岐(30分)馬ノ背(30分)鶴見岳(20分)馬ノ背(30分)鞍ヶ戸二峰(20分)鞍ヶ戸一峰(10分)鞍ヶ戸二峰(30分)馬ノ背(15分)南平台分岐(15分)船底分岐(30分)猪瀬戸

〔問い合せ先〕別府市役所☎0977・21・1111、亀の井バス本社☎0977・23・0141

大分県
山域11

九重
平治岳《ひいじだけ》（1642・8m）

山腹西面と東面の自然林がすばらしい。六月上旬には中腹以上はミヤマキリシマの群落、東斜面にはシャクナゲが美しく咲きほこり、多くの登山者でにぎわう。

〔山域の魅力〕平治岳頂上部は二つに分かれ、古くは「かりまた」とよんでいたという。山名がよくないので大戸越の草原ヒイジ野の名をとって山名とし、平治の字を当てたという。西は坊ガツル、東は黒岳、南は大船山と接し大戸越が間にある。

山頂には火口跡があり、北峰と南峰がこれを囲んでいる。中腹以上はミヤマキリシマの群落帯となり、花季には登山者で溢れ、花期の害虫発生もあって年によっては半分も花をつけない。自然保護の立場からも良いことではないと思う。思いきって一〇年ほど登山を控えて遠くから眺めるという手段はいかがなものか。花期を過ぎるとほとんど登山者の姿は見ない。

登山口は男池、坊ガツル、大船林道にある。山麓西側のナラ林、大船林道からの登山道は自然林が濃く、大窓、小窓や

⑪-1 林道歩き 100 mで左手平治岳北尾根取付への樹林の踏分け道へと入る。自然の深い森の道だ

⑪-2 大窓の鞍部で支線林道からの道が右に出合い、平治岳北斜面に取り付く

⑪-3 狭いが展望のよい岩上から北の 1328 mピークと千町無田方面の眺め

⑪-4 広い台地に出るとカヤ野の奥に平治岳の姿を望む

⓫-6 初夏の大戸越

⓫-5 平治岳山頂はミヤマキリシマ開花期を除いて登山者の姿はほとんど見られない

⓫-8 坊がつる方面の登山道は度重なる雨による浸食で土砂が流出。下部は巨石累々の河原と化して歩きづらい

⓫-7 南峰のミヤマキリシマ

北斜面岩壁上の展望岩からの眺めは一味違った九重の景色が開けている。

〔山道案内〕 11

▽歩行時間＝六時間一〇分

林道ゲート→平治北尾根取付→大窓→展望岩→平治岳→大戸越→林道近道→大船林道→林道ゲート

▽二万五千図＝

大船山

暮雨滝登山口すぐ奥にゲートがあり一般車通行止。鳴子川の橋を渡り右手踏分け道に入ると、すぐ道は二分し、左上する。道は涸谷を横切り、植林との境から林道支線を突っ切り、自然林を歩くと右下から踏分けを合わせる。

これは踏分け道入口から川沿いに直進した道である。谷と別れて左上すると大船林道に出て、一〇〇㍍で左手（平治岳北尾根取付）に入る（⓫－1）。自然林からカラマツ林へ。北へゆるく登り一二二二㍍手前でヘアピン状に東へ折れる。

植林の幅広尾根北側に出て大船林道が真下に、吉部、千町無田、崩平山を眺めて東進する。一二九〇㍍の左手を過ぎると南へ曲がり、一三二八㍍の右手ササと樹林の雰囲気のよい道から、大窓の鞍部に至る（⓫－2）。

林道支線から来た道が右から出合い、左上すると岩壁があり、二個の梯子とロープで岩上へ抜ける。左上には狭いが展望のよい岩がある（⓫－3）。

灌木帯を一直線に登り、広い台地に達するとカヤ、ササ混じりの道となり平治方面を望む（⓫－4）。窪地へ出て浅い谷状に夏は草が茂る一本道を登ると、草は消えて灌木帯にミヤマキリシマが現れ、平治岳山頂に飛び出す（⓫－5）。

すっかり人臭い場所となり、浸食され

た裸地が目立っている。展望は九重山群東面が一気に開ける。

シーズン中は上下一方通行となる登山道が南峰から大戸越にかけてあるが（⑪—6、⑪—7）、ここも浸食が深く道脇の崩落が危惧される。

大戸越から坊ガツル方面へ浸食で荒れた登山道は、川原歩きよりひどく、林道分岐点は浸食地右手沿いを歩かないと見落とす恐れがある（⑪—8）。分岐からササにナラ林を歩き、林道終点に出て、先の自然林入口（平治岳北尾根取付）から二分する道（谷沿いの道）を選択してゲートに下山する。

▽**参考コースタイム**＝林道ゲート（1時間）平治岳北尾根取付（1時間）大窓（20分）展望岩（30分）台地窪地（35分）平治岳（30分）大戸越（30分）林道分岐（50分）大船林道（15分）平治岳北尾根取付（40分）林道ゲート

〔問い合せ先〕 九重町役場☎0973・76・2111、長者原ビジターセンター☎0973・79・2154、竹田市役所久住総合支所☎0974・76・1111、亀の井バス本社☎0977・23・0141、日田バス☎0973・23・3105、九州横断定期観光観光バス（九産交）☎096・354・4845

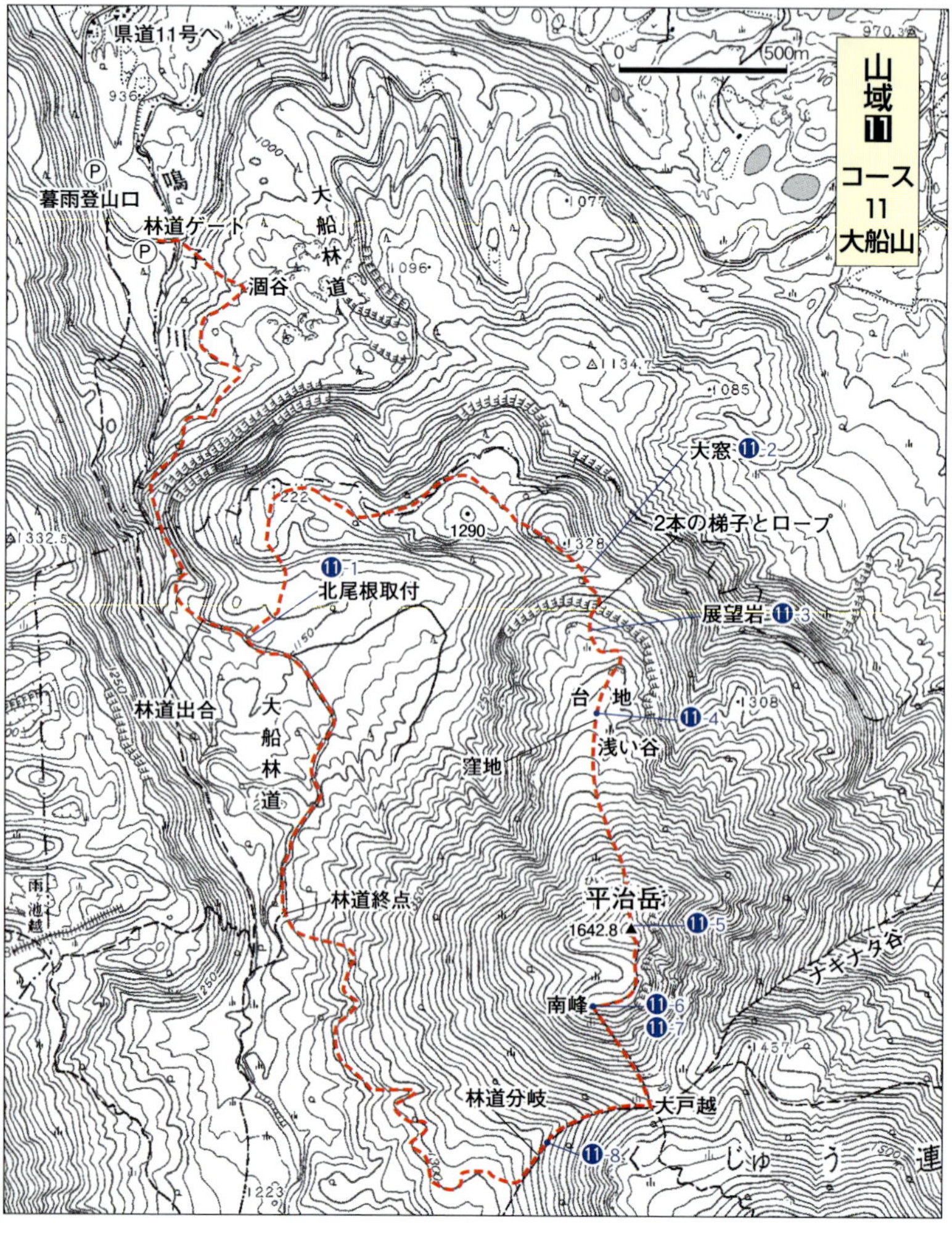

大分県
山域12

九重 大船山《たいせんざん》（1786・2m） 北大船山《きたたいせんざん》（1706m）

山頂御池火口湖に浮かぶ倒影や米窪、段原火口跡は地形の変化がおもしろい。九重山群一のミヤマキリシマ群落が見られ、自然の造形美は天下一品である。

〔山域の魅力〕九重火山群中唯一のコニーデ型である。山群の東にあり、黒岳と接している。坊ガツルから眺める姿はアルペン的である。草山の多い山群にあって黒岳と接する東面は落葉広葉樹に覆われ、山頂近くに三個の火口跡がある。

山頂東の御池は火口湖である。さらに北側に米窪《よねくぼ》と呼ばれる深い立派な火口があり、西側の段原と呼ばれる火口は複式火口をなしている。これら火口と山頂一帯にかけてのミヤマキリシマの大群落は九重一番。開花期は見事につきる。

火口湖の水面に新緑紅葉が写り、季節の姿が浮かぶ。段原の浅い火口の湿地はミヤマキリシマを写し、登山道沿いにウツギ、ドウダン、足元にマイズルソウやイワカガミ、クサボケの花が季節を色彩り、登山者の目を楽しませてくれる。

展望もよく由布・鶴見から、祖母・傾・阿蘇、晴天早朝は四国石鎚山も見える。

⓬−1 大船御池が近づくと行手に立派な大株のミヤマキリシマが点在する

⓬−2 御池の東側熔岩塊上から御池を見る

⓬−3 御池の岸で遊ぶ登山者。東の熔岩塊上から見る

⑫-4 熔岩塊上から北大船山、右奥には平治岳がミヤマキリシマの衣で飾られている

⑫-5 段原から北大船山の眺め

⑫-6 段原のミヤマキリシマ群落から大船山を望む

⑫-7 段原の浅い火口に留った水。奥は大船山

〔山道案内〕12

▽歩行時間＝**六時間五〇分**

今水→前セリ→大船山東尾根→大船山→北大船山→風穴→前セリ→今水

▽**二万五千図＝大船山、久住**

国道四四二号久住花公園から山麓方面農免道で有氏・岳麓寺中間点の十字路を山側へ、更に二分する牧野道を右に取り一キロ弱で登山口標識がある。

クヌギ林からすぐ登りとなり、自然林一帯をジグザグに高度差一五〇メートルも登ると、右手に浅い涸谷が現われ、前ゼリ方面へと伸びている。頭上は緑一色。行手が平坦となると森林浴が楽しい。道脇に巨石が点在するようになると、左にガラン台方面からの道が出合う。

ヤブレガサが茂る道はすぐ前セリに達し、直進は風穴方面へ。大船山から東へ一直線に伸びる尾根末端に取り付き登る。樹林帯から灌木帯、カヤ野に出ると、背後に大きな黒岳の山体が見える。

尾根は次第に痩せ樹間から南下に鳥居窪方面が見える。ドウダン、シャクナゲ、ヨウラクツツジ、クサボケに混りミヤマキリシマも点在し、足元はイワカガミの群落が広がるなか、先行者の足裏が見えるほどの急斜を登りに登ると、傾斜は緩み灌木が行手を阻む。窪地、岩塊を避けて行くと（⑫—1）、ミヤマキリシマの大株が綺麗な平地となり、イタドリの群落から御池北側から大船山頂に飛び出す（⑫—2、⑫—3）。

近年めっきり表土が流れて岩が目立つ山頂を後に北へ下る（⑫—4）。米窪火口西に出て、避難小屋を右に見ると段原である（⑫—5）。左下坊ガツル、直進は北大船から大戸越。大戸越下山口から右の段原火口原の湿地へ出て(⑫−6、⑫−7)、東へ巻き米窪火口壁へ至る。ここも火口壁を東へ廻り込み、自然林の滑落しそうな急斜を、花期はドウダン・シャクナゲを眺め、高差三〇〇《メートル》も下ると風穴に達する。左奥ゼリ、右前ゼリ、平坦な谷筋から白水鉱泉の分岐を見て歩くと東尾根分岐に達し、往路を下山する。

▽**参考コースタイム**＝今水登山口(1時間10分)前セリ・東尾根分岐(2時間30分)大船山(30分)北大船山(40分)米窪風穴下降点(1時間)風穴(1時間)今水登山口

〔問い合せ先〕 竹田市役所久住総合支所☎0974・76・1111、竹田交通バス☎0974・63・3151、他は平治岳の項を参考にする。

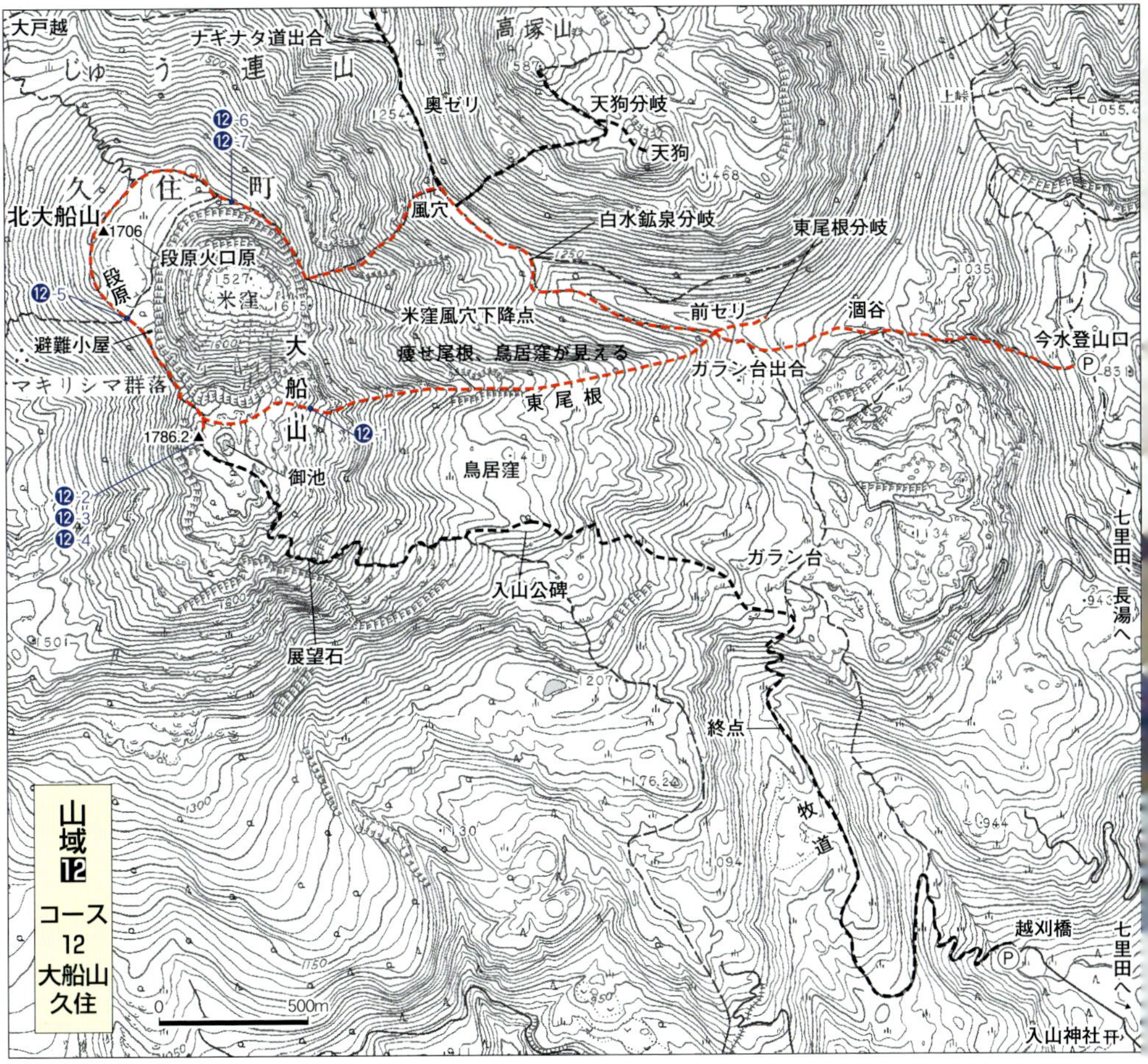

大分県

山域13

九重

指山《ゆびやま》（1449m）
三俣山大鍋火口壁《みまたやまおおなべかこうへき》（1650m）　東の峰《ひがしのみね》（1743m）
中の峰《なかのみね》（1744・7m）　南の峰《みなみのみね》（1740m）　西の峰《にしのみね》（1678m）

三俣山は九重山群すべてを見渡す展望台といえる。コースは峻険だがミヤマキリシマ、ドウダンツツジ、ツクシシャクナゲ開花時は山群一の光景が展開している。しかし、近年台風豪雨により大鍋西斜面が崩壊した。岩の露出で一般登山者には勧めることができない。

〔山域の魅力〕　山頂は四つに分かれ、北西や南東から見た時は三つに見えるのでこの名ができたという。草原が多い山頂は中の峰が最高峰で火口丘。東、西、南の三峰は外輪山の名残で、北に爆裂火口跡の大鍋、小鍋がある。

山頂一帯草山で四つのピークの窪地や大鍋小鍋の斜面には、シャクナゲ、ドウダン、ミヤマキリシマが見られる。各山頂一帯はミヤマキリシマの群落帯となっている。山体が連山の北にあるため、九重すべてが見渡せる。なお北の由布、鶴見や北九州方面の山も望める。

登山は長者原、大曲りから、すがもり越で登るが、坊原、タデ原にかけての自然探勝路から指山を越えて、大鍋火口壁へ続く踏分けを辿り、火口底へ降りて中の峰や大小鍋の火口壁から雨ヶ池の登山道に出て、登り返して東の峰など、様々なコースも取れて楽しい。しかし難コースで危険が多い。

〔山道案内〕　13－①　▽歩行時間＝五時間二〇分

長者原→指山→大鍋小鍋→東の峰→中の峰→南の峰→西の峰→すがもり越→長者原

▽二万五千図＝湯坪、久住山、久住、大船山

長者原から白水川を渡り鉱山道を坊原方面へ一キロ強も歩き、右カーブ近くに指山への道標が立つ。左の自然探勝路は涸谷から自然林となり、山腹を巻いて行き、行手に杉が現われると登山口である。

指山斜面をジグザグに切ると、背後に黒岩山から泉水山の展望が開け、灌木帯の急登からカヤ野となり、露岩のある指山山頂だ（⑬－1）。カヤやササ原は休憩によい。

東へわずか草原を下り、灌木帯で大鍋との鞍部に達し、大鍋まで一直線の急斜となる、ザイルがほしいコースだ。灌木をつかんでの胸突く急登。大雨で崩落した斜面を左手に見て右手に巻いて崩落地を過ぎるが、ここから上級の登山者にのみゆるされるコースと変化するので安易

⑬-1 指山山頂は露岩の上、脊後左は大鍋火口壁、右は三俣山最高点中ノ峰

⑬-2 大鍋火口西側火口壁から火口を見る

⑬-3 大鍋火口北壁を東側から眺める

⑬-4 大鍋火口東壁から坊がつると大船山の眺め

に入ると危険である。よほどの経験者とザイル持参でないと立入らぬこと、崩落上方はドウダンやシャクナゲ群落となり、六月中、下旬は花が見事な斜面となる。

大鍋火口壁は東、西が切れ(⑬—2)、火口底はイタドリが生えている。北側の痩せた壁を伝って小鍋の北へ下降すると(⑬—3)、雨ヶ池越からの登山道に出合う。小鍋の東を雨ヶ池からの道に出る(⑬—4)。灌木帯の急登で中の峰分岐から直進すると東の峰の広い山頂だ(⑬—5)。

左は坊ガツル、南下は千里浜への道。

中の峰分岐から西へ大鍋火口壁沿いの登りで、広い台地の中の峰に着く(⑬—6)。北から大鍋道が出合う。四周の展望を楽しみ、台地を南へ進む(⑬—7)。窪地を突切り岩が露出した南の峰に達する。

中の峰の南端から斜面を下り、西の峰の鞍部から登り返して南北に長い山頂部を南へ。西の峰から東へわずかで突端に出て、すがもり越を目がけて一直線に下るとブロック造りの休憩舎前だ。すがもり越は長者原から法華院、久住山頂方面を結ぶ峠である。

西の涸谷へ下り、硫黄採掘用鉱山道へ出て坊原を近道して下る。再度車道歩きで指山と自然探勝路を右手に見て下ると、登山者で賑わう長者原に帰着する。

▽**参考コースタイム**＝長者原(25分)指山自然探勝路入口(50分)指山(1時間)大鍋火口壁(20分)雨ヶ池分岐(25分)東の峰(15分)中の峰(15分)南の峰(15分)西の峰(30分)すがもり越(15分)鉱山道(50分)長者原

問合せ先 長者原ビジターセンター☎0973・79・2154、日田バス玖珠営業所☎0973・72・0528

⑬−5 東の峰登山道から南の峰方面のミヤマキリシマ

⑬−6 中の峰山頂から大鍋北壁に見事に咲いたミヤマキリシマ

⑬−7 中の峰南端から硫黄山と星生山の眺め

〔山道案内〕13−②

▽歩行時間＝三時間五分

大鍋→中の峰→雨ヶ池→長者原

▽二万五千図＝湯坪、大船山

大鍋火口壁最高点のわずか西突端から、左手急崖草付を下降する。火口底西端に出ると、左火口底から東壁へ。中の峰は正面上部熔岩壁を見て、壁左を目標に灌木中を踏分け上る。この踏分けを伝って熔岩壁のわずか数㍍左から中の峰の正面に出る。

火口壁沿いに東へ下り、鞍部から東の峰中の峰分岐に出る。雨ヶ池越は北。灌木帯を急下降すると大鍋火口東端から小鍋の東を巻いて、左火口壁への道を分ける(⑬−8)。

急激な下りとなり灌木や露出した根を支点にぐんぐん下る。数回熔岩塊を左に廻り込んで下るとロープもある。真下には雨ヶ池越を歩く登山者も見える。

傾斜がゆるむとカヤが現われ、道はやや左にカーブし、カヤ野の湿地となる。道は右に折れて雨ヶ池道に出る。ここは左に進み、広い湿地の中央を西に進む。行手に灌木が現われ、その中に広い水溜り雨ヶ池が現われる(⑬−9)。池の北に立つと三俣の倒影が水面に浮かんでいる。

池から灌木帯にはいり西進すると雨ヶ池西端に達し、登山道を左に下る。すぐタデ原へと下る涸谷へ出て、大雨で荒れた谷を横切って樹林帯へ入ると、左手に自然探勝路を分けて、しばらくでタデ原湿原上手の木道から長者原へ出る(⑬−10)。

▽参考コースタイム＝大鍋火口壁(20分)中の峰(15分)東の峰分岐(1時間30分)雨ヶ池西端(1時間)長者原

〔問合せ先〕 コースガイド13−①と同じ

⓭-8 大鍋火口東側から眼下に雨ヶ池を見る

⓭-10 長者原タデ原湿原から眺めた三俣山

⓭-9 三俣山と雨ヶ池の湿原

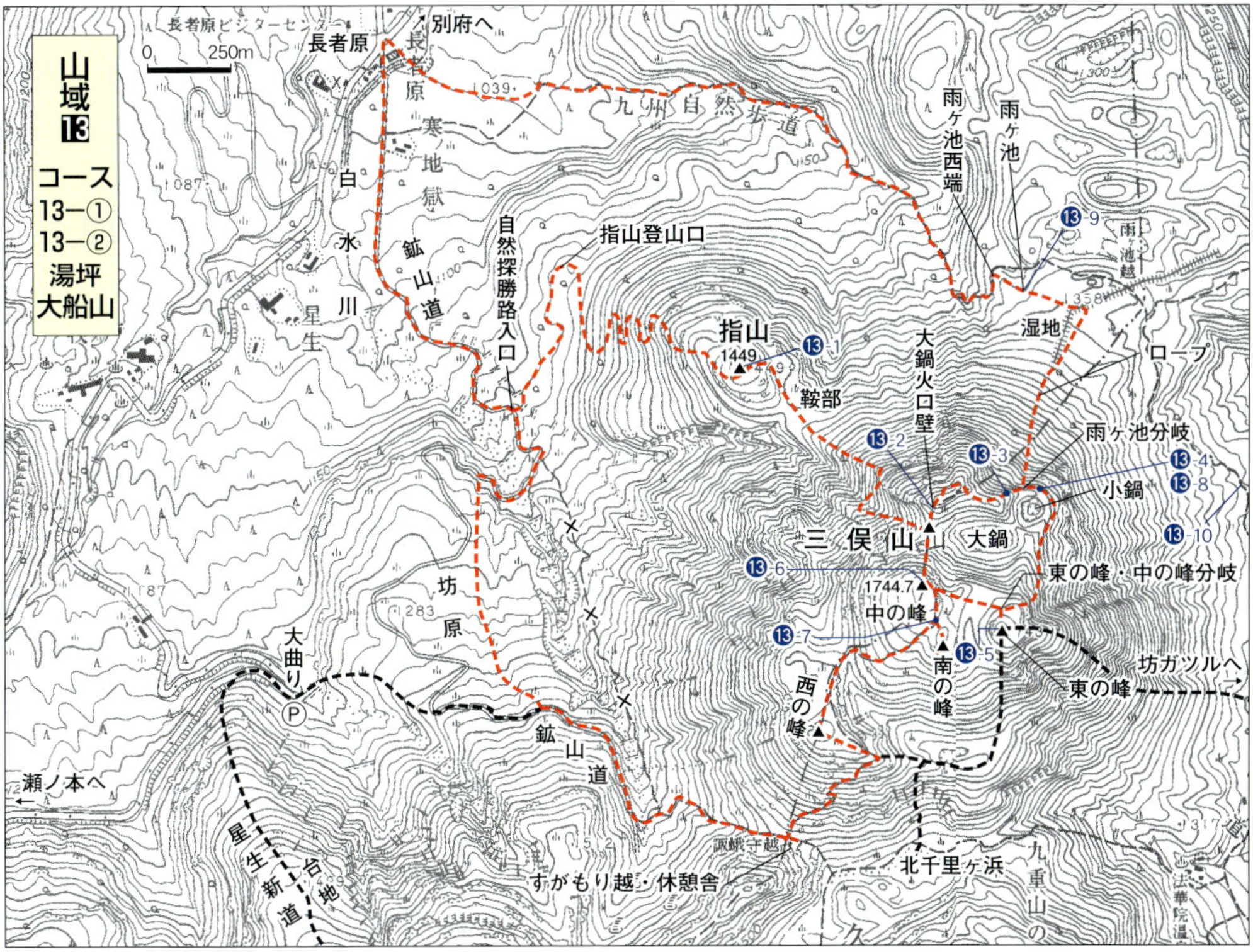

大分県
山域14

九重 星生山《ほっしょうざん》（1762m）

飯田高原からは硫黄山の噴煙が望まれる。星生山北斜面のミヤマキリシマ、山の西端に初夏のドウダンと秋の草紅葉が目立ち、東端ゴジラの背の岩稜は山群中異色の場所である。平成二三年登山口に通行禁止の立札が立った。ここでは参考コースとして掲載する。

〔山域の魅力〕星生山は飯田高原側に雄大なスロープをひいている。東北に伸びる尾根が一時噴火し、登山禁止の時代もあった。現在は噴火も落着き火口を晒すのみ。硫黄山の多くの硫気孔から上る噴煙が目立つ。

西北面から山頂一帯はススキやササ原で、わずかにビャクシンが生育する。山頂から星生崎の岩尾根はこの山群には珍らしい岩稜コースである。

西千里浜の突端には雨季は湿地が現われる。尾根は初夏はドウダンツツジの花、秋は紅葉が目立つ場所だ。登路は西千里浜中央や久住分岐、やまなみハイウェー大曲りから、北西に伸びる尾根に取りつき、登るコースが面白い。しかし表土の侵食裸地化を避けるため通行禁止の立札が立つ。

⑭-1 標高100mも登り振り返ると長者原から崩平山方面の展望が開ける

⑭-2 標高1499m地点の熔岩塊（写真左側）がコース目印となる

⑭-3 台地から星生山を見て3個の熔岩塊の中央がコース目印となる

⑭-4 中央横線は牧ノ戸からの登山道。扇ヶ鼻と阿蘇の眺め

⓮−5　星生山の頂から北に硫黄山の噴煙と三俣山

⓮−6　星生山東の肩から山頂東面岩場を見る。慎重に通過しよう

⓮−7　千里浜から硫黄山を望む

〔山道案内〕**14**

▽歩行時間＝四時間一〇分
大曲り→星生新道→星生山→久住分岐→北千里浜→すがもり越→大曲り
▽二万五千図＝湯坪、久住、久住、大船山

やまなみハイウェー大曲が登山口となる。星生山から北西に伸びる尾根は、大曲に達する。牧ノ戸方面へ五〇メートル車道を歩き取付く。

ウツギの灌木帯にササが茂る急斜面の直登。いきなりの急斜はゆっくり登る(⓮−1)。ササ帯にわずかに続く一本道は斜面が緩むと台地に達し、さらに登るとアセビ、ミヤマキリシマがササに混って見られる。

標高一四五〇メートルを乗越すと広い台地に出て、正面に星生山を望む。カヤとササ原に灌木が現われ、適当に石もあり休むのによい。かすかな踏跡は広い台地の左手にあり、一四九九メートル熔岩塊は台地ではよく目立つ(⓮−2)。岩塊の左脇を過ぎると台地の中央に出て展望を楽しみながら歩く。

山頂近くに左、中、右と三個の熔岩塊があり、中央の岩塊が目標(⓮−3)。右は扇ヶ鼻。手前の尾根を右に辿ると、沓掛山、奥に猟師山、西に黒岩山、涌蓋山、左は三俣山が視界を占め、かすか奥に由布岳と展望は飽くことはない。

熔岩塊が近づくと急斜となり、岩塊上に出る(⓮−4)。背の低いササ帯から稜に出て左上すると、岩屑の散乱する星生山頂である。北に硫黄山の噴煙が高く見え(⓮−5)、奥に三俣山、東に向って平治岳、大船山、天狗城、中岳、稲星山、久住山の山々を望む。東へ巨石の重なる尾根から鞍部に下り(⓮−6)、星生崎にかけての岩稜を越えて、避難小屋を眼下に眺めると急下降で久住分岐に立つ。

直進は久住山、中岳方面。左下の北千里浜へ急下降し、巨石の重なる道から北千里浜の砂地に出る。左に硫黄山と巨石の重なる稜を見て（⑭―7）、北千里浜分岐から左の岩屑の重なる斜面を、すがもり越へと登り、鉱山道を目指して下る。車道を西進し、車道から離れて西へカヤ野を下ると大曲である。

▽**参考コースタイム**＝大曲（1時間）1 4 9《メートル》台地（40分）上部熔岩塊（20分）星生山（40分）久住分岐（50分）すがもり越（40分）大曲

〔問合せ先〕 九州横断バス☎0 9 6・354・4 8 4 5、他は平治岳の項を参照。

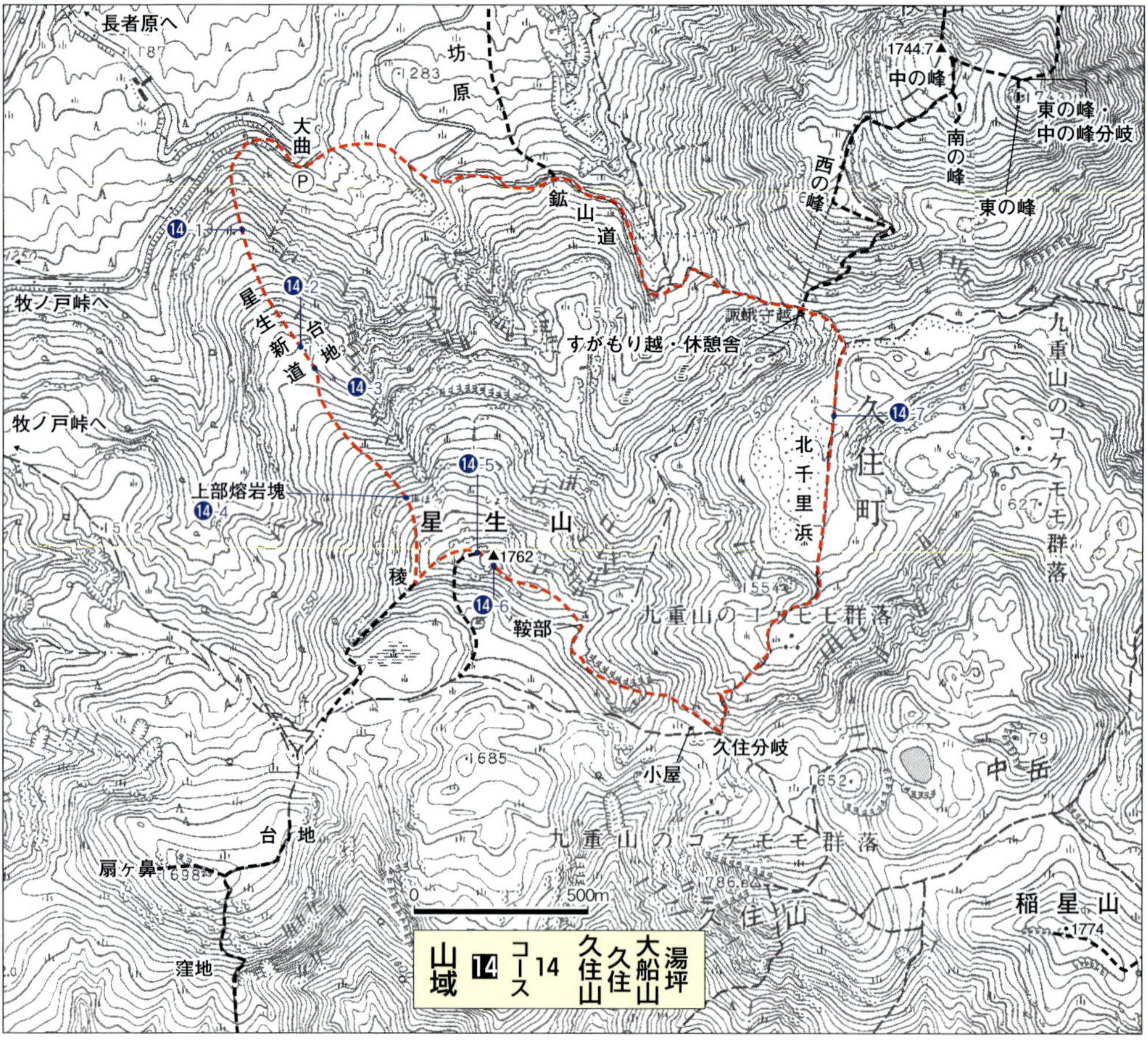

大分県
山域15

九重 稲星山《いなほしやま》（1774m） 白口岳《しらくちだけ》（1720m）

久住高原に裾野を広げる稲星山は高原の主といえる。山頂一帯に広がる乾いた砂地は九重山群では異様、南の展望は遮るものがなく見渡せる。白口岳はコケモモ群落と静かな山頂が魅力だ。

〔山域の魅力〕 稲星山は赤褐色の岩肌を見せて久住高原へ山体を張り出している。北面からは端正な三角形を成し、山頂は火山砂に覆われ熔岩が露出した窪地に地蔵が祀られている。乾燥した砂地には植物は見られず、東斜面にミヤマキリシマ群落がある。

白口岳は稲星山の東にあり、南東斜面の片が池は火口跡で埋積が進んでいる。北から見ると小突起にすぎないが、鍋割坂から眺めると円錐形の山容は立派だ。山頂には岩が露出し、その間にコケモモの群落がある。両山共展望はよく、南の展望台、鍋割坂、坊ガツル方面から登山道が開かれ、鍋割坂は法華院温泉の入口としてシーズンには登山者が多い。

〔山道案内〕 15

▽歩行時間＝六時間四五分

展望台→稲星越→稲星山→白口岳→鉾立峠→佐渡窪→くたみ分れ→展望台

▽二万五千図＝久住山、久住、大船山、湯坪

久住花公園から湯平への農免道で展望台へ入り、右手に駐車場がある。林道が上へ伸びて、登山道は涸谷を渡り植林から林道を突切る。水流の谷を渡り、落葉林の登りとなる。

さらに谷を渡り右上の尾根に上ると、ブナ、ミズナラ、クヌギ、ミズキなど大木が頭上を覆いクマザサが茂る。巨石も現われ、乗越しぐんぐんと登ると、右手に涸谷が現われる（⑮－1）。右に出ると樹林の急斜は、先行者の足裏が見えるほど、岩が重なる斜面は岩上を乗越し、岩石帯を過ぎる。灌木帯となり右上に鳴子山の岩壁が望まれる（⑮－2）。行手も壁が迫ると登山道は左に折れて、基部を横切り、稲星山と鳴子山の隙間から稲星越に出る（⑮－3）。

あたりはミヤマキリシマの群落で、直進すると中岳方面に向かう。群落を突切り左上すると火山砂の乾いた斜面となり稲星山頂へ着く（⑮－4）。来た道を元へ戻り右の平坦尾根に入ると、すぐ右に鳴子山への道と分かれる。白口岳山頂に近づくと、わずかな登りで山頂だ（⑮－5）。坊ガツルから大船方面が正面に見え、眼下は佐渡窪と展望がよい。

眼下の広い鉾立峠を目指して直下降し（⑮－6）、正面の立中山が高くなると峠に着く。左手に法華院温泉を見て、峠から南へ下る道は荒れているが踏跡を伝うと、佐渡窪の湿地帯に出る。湿地の木道は土砂で埋まり役をなさない（⑮－7）。雨季には膝下までズブ濡れだ。樹林になるとすぐ鍋割峠に出て、右岩上には地蔵が祀ら

⑮-1 涸谷を横切り右側に出る。この涸谷は数十年前多量の土砂崩れがあった場所だ

⑮-2 岩の基部を左に廻り込むと稲星越は近い

⑮-3 崖や巨石帯から解放されると正面に中岳が現れ稲星越に着く。左・稲星山、右・白口岳・鳴子山、直進・白口谷分岐である

⑮-4 稲星山頂裏手に廻ると岩の基部に地蔵菩薩が祀られている

⑮-5 白口岳山頂の岩上で記念写真を１枚

⑮-6 鉾立峠への下りはこのような場所もあるがロープがあるので安心だ

⑮-7 佐土窪方面登山道は荒れ、湿地の木道は土砂で埋まり、平常時も水中を歩く場所がある

れている。

　石畳の鍋割坂からジグザクの急下降で植林帯に出て、谷沿いを緩く下るとくたみ分れに達する。

　展望台へは右折して植林と牧野の境を上下して歩き、車道と水流の谷を突切って西進すると、右手に駐車場が現われ、展望台へと下山する。

▽**参考コースタイム**＝展望台（1時間）最後の水場（2時間）稲星越（20分）稲星山（15分）稲星越（20分）白口岳（50分）鉾立峠（40分）鍋割峠（50分）くたみ分れ（30分）展望台

〔問合せ先〕 竹田市役所久住総合支所☎0974・76・1111、竹田交通バス☎0974・63・3651

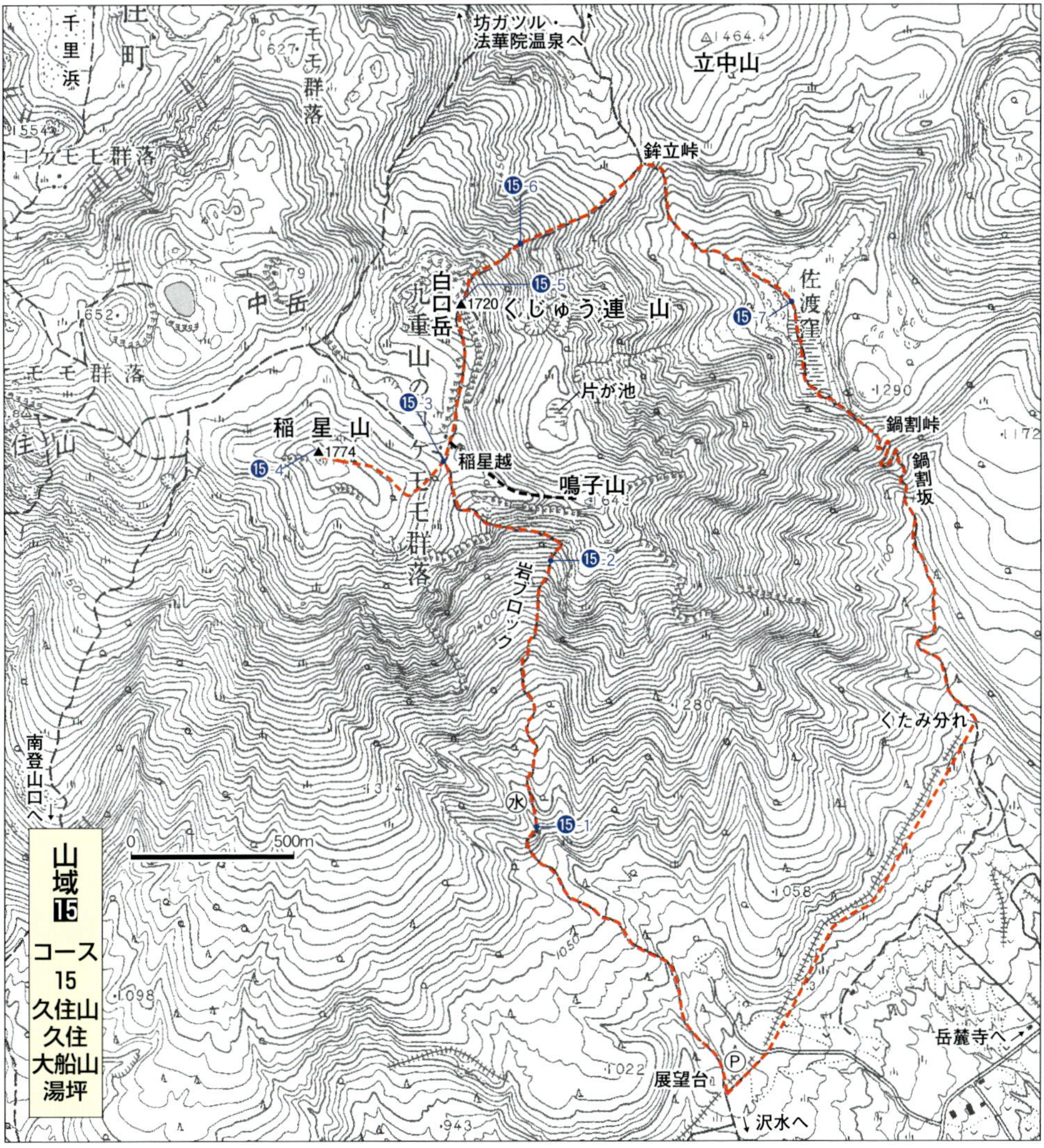

大分県
山域16

古祖母山《ふるそぼさん》（１６３３ｍ）　障子岳《しょうじだけ》（１７０３ｍ）

祖母山の主稜のノコギリ尾根と奥岳渓谷を間近に見る最短コース

※文・写真＝吉川渡

〔山域の魅力〕祖母山から古祖母山に連なる主稜線は岩峰と障壁が屹立し、尾平から見上げる山容はまさにノコギリを立てた様を呈している。そしてこの主稜線の東側には深い原生林に覆われた急峻な奥岳渓谷が扇状に広がっており、これらの景観は九州を代表する山岳美の一つと言えよう。

今回のコースの登山口は標高九八〇㍍の尾平越トンネル北口にある。尾平越に上がり古祖母から障子岳へ至り、往路を引き返す高距の少ないコースである。登り易いコースだが受け取る感動は大きい。随所に展望台が開け、間近に見る四季折々の原生林の彩りとその中に屹立するノコギリ尾根の岩峰群の眺望は圧巻である。

〔山道案内〕16

▽歩行時間＝五時間五〇分

尾平越トンネル→尾平越→古祖母山→障子岳　▽二万五千図＝見立、祖母山

トンネル脇の広場の奥に登山口がある。尾平越までは杉と雑木の混交林の中に急な斜面が続く。最初から急登が始まりつらいところだ（⑯―1）。尾平越からは広葉樹とスズタケが茂る尾根通しの道になる。急登を終えた所にある三枚谷の頭からは、障子岩尾根・ノコギリ尾根の山並みと原生林に覆われた奥岳渓谷を一望できる。吹き上げてくる谷風に涼みながら一息つくのに格好の展望台である（⑯―2）。一五七〇㍍のピークからルートはやや右に曲がり頂上まで痩せた尾根になり途中ハシゴ場がある。今はハシゴや捨縄をずいぶん多く見掛けるが、ここは古くからハシ

⑯–1　尾平越の秋は落葉の海だ

⑯–2　古祖母山から最低鞍部までは緩やかな上り道が続く

ゴが設けられている難所である(⑯―3)。ただし初心者でも危険は無い。平坦になりスズタケの茂みを過ぎると古祖母山の標識が待っている。

障子岳へは中間点の鞍部までスズタケの中になだらかな下りが続く(⑯―4)。鞍部から先は右手が障子岳の名に因む急崖の連なりであり、川上本谷の枝沢が縦走路の脇まで突き上げ各々岩溝を谷筋にそばだてている。第一展望台から始まり次々と展望台の道標がある。何れも間近にあるから幾つかは立ち寄ってみたい。但し、展望台の足許は絶壁となっているので行動は慎重に。第七展望台の岩峰を回り込むと障子岳頂上まであと僅かである(⑯―5)。頂上には熊撃ちの猟師が建てた慰霊碑がある。

⑯-4 スズタケを切り開いた中に山道は上っていく

⑯-3 古祖母山北峰の露岩に立ち北方を望む

⑯-5 障子岳山頂付近から南方を望む

▽**参考コースタイム**＝尾平越トンネル(30分)尾平越(40分)三枚谷の頭(1時間)古祖母山(30分)第1展望台(40分)障子岳(1時間)古祖母山(1時間30分)尾平越トンネル

〔問い合せ先〕緒方町役場☎0974・42・2111

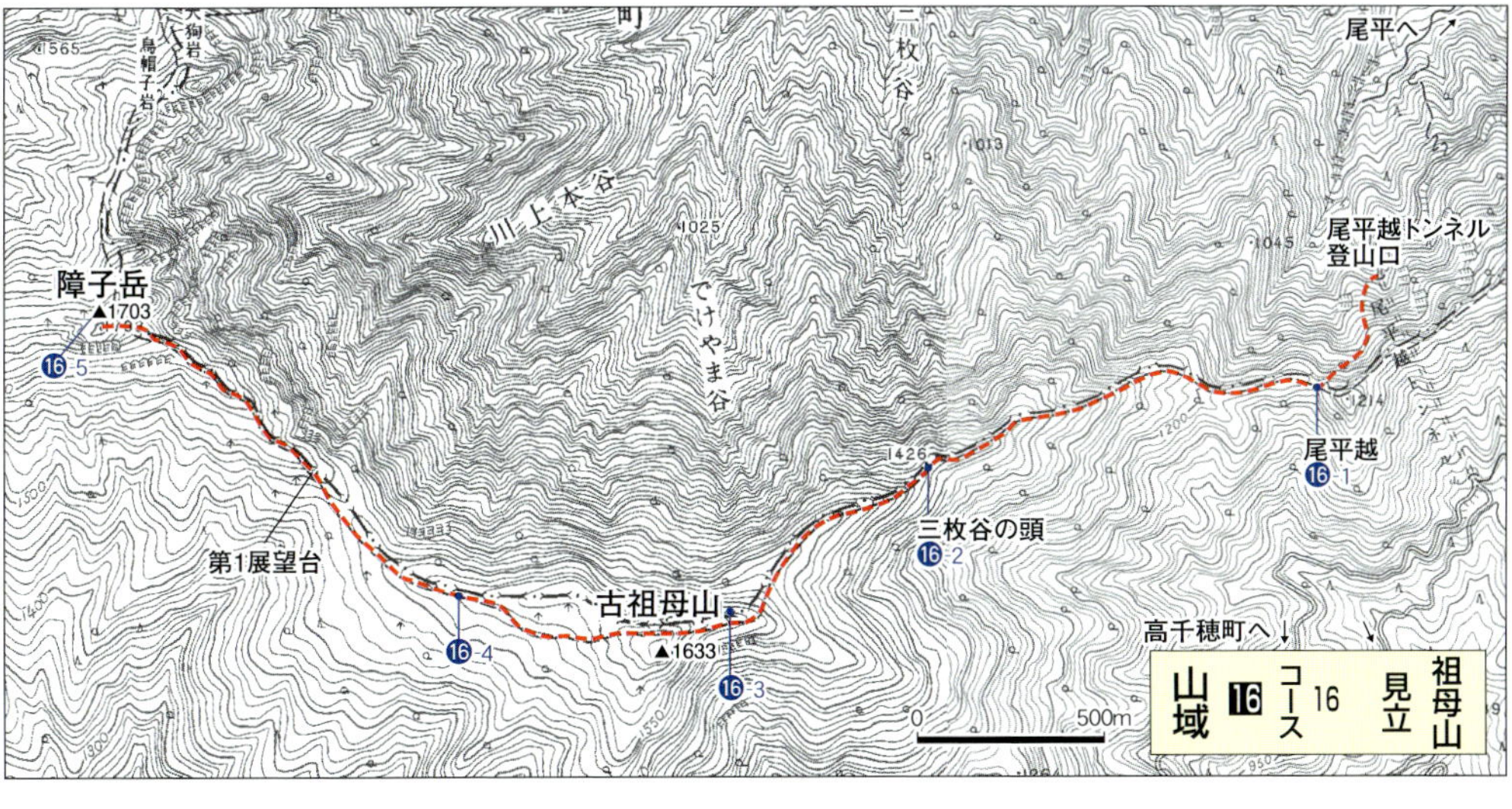

大分県
山域17

傾山

かたむきやま（1602・2m）

豪快な岩峰群と豊かな原生林の魅力を満喫する健脚向けの代表的なコース

※文・写真＝吉川渡

〔山域の魅力〕山名の由来は、緒方側から眺めると西に傾いて見える事によると言われている。傾いて見えるのは、西側が断ち切れた山体になっているからだ。西隣の笠松山から見ると、頂上から二ツ坊主・三ツ坊主へと戸板を立てたような障壁が長く連なり九折川へスッパリと切れ落ちている。九折の登山道から見上げると峻険な岩峰が聳えナイフで削いだような岩肌が立ち塞がっている。

南面や三ツ尾方面は中腹まで植林が進んでいるが、その他はまだ原生林が多く残っており、ここに紹介するコースでも九折渓谷やアオスズ谷の豊かな森の息づかいに触れるだろう。頂上からは奥岳渓谷の切れ込みとそれを取り囲む祖母・傾の縦走路や大崩方面へ延びる大縦走路の全体が眺望でき、運がよければ四国の石鎚山を遠望することもできる。

〔山道案内〕 17

▽歩行時間＝八時間一〇分
九折登山口→林道→九折越→傾山→三ツ尾→九折登山口

▽二万五千図＝小原、見立

登山口から暫くは鉱山の作業道跡を伝い、三ツ尾との分岐点から山道に入る（⓱-1）。ルートは九折川に沿って延びており六本ほど枝沢を越えて行く。水流のある沢もあり喉を潤すには都合がよい。九折川から離れたあたりで斜面を乗り越すとセンゲン谷に出合い、「芥神の滝」が一

⓱-1 九折川を覆う森の奥から三ツ坊主の一角が姿を見せる

⓱-2 広々とした九折越。西へ 100 m行けば九折小屋

⓱-3 九折越からセンゲンへのなだらかな登山道

条の白布を懸けているのが俯瞰される。間もなくカンカケ谷に着く。左下方にはセンゲン谷の水流が見えている。ルートはカンカケ谷のガラ場の川床を遡上している。一〇〇㍍程辿った所で道標に従い右岸（上流に向かって左側）の急登に取りつく。一汗かいた頃九折から延びてきている林道を横切る。ルートはジグザグに折れ曲がった文字通りのつづら道になり、急斜面に少しずつ高度を稼いで行く。古木の多い原生林の木の間越しに、坊主や傾の岸壁がちらほらと顔を覗かせている。

九折越は広く切り開かれた明るい草地になっている（⑰―2）。ここから、傾山の双耳峰や二ツ坊主の側壁をスッキリと望むことができる（⑰―3）。センゲンの長閑なプロムナードを越えると傾山への辛い急登になる（⑰―4）。喘ぎながら高度を上げて行くと、まず後傾の頂上に出る。目の前に山手本谷の源頭を隔てて傾本峰が聳えている。後傾から一旦鞍部に下り草付きを登り返すと本峰の頂上である。

三ツ尾への下りは道標が「大白谷」になっている。坊主コースとの分岐（⑰―5）からアオスズ谷の源流域をトラバース気味に下り（⑰―6）、水場を過ぎてから三ツ坊主の基部を巻き三ツ尾への稜線に出る（⑰―7）。三ツ尾からはほぼ一直線の下りである。林道を横切った先でドウカイ谷を渡るが、ここには四〇㍍の「観音滝」が滑り落ちている。山道を下りきると九折川に出会い、鉱山道跡に着く。登山口はもう間近である。

⑰-4 傾山からの下山はハシゴや捨縄が架設されているので、それらをうまく利用しながら慎重に行動する

⑰-5 ここが坊主岩コースの登路の基点でもある

⑰-6 アオスズ谷の水場

⑰-7 三ツ尾の分岐。右に下れば官行コースを経て大白谷へ行く

▽**参考コースタイム**＝九折登山口［豊栄鉱山］（2時間）林道出合（1時間10分）九折越（1時間30分）傾山（30分）坊主岩コース分岐（20分）アオスズ谷水場（40分）坊主岩コース出合（20分）三ツ尾（1時間40分）九折登山口

〔問い合せ先〕緒方町役場☎0974・42・2111

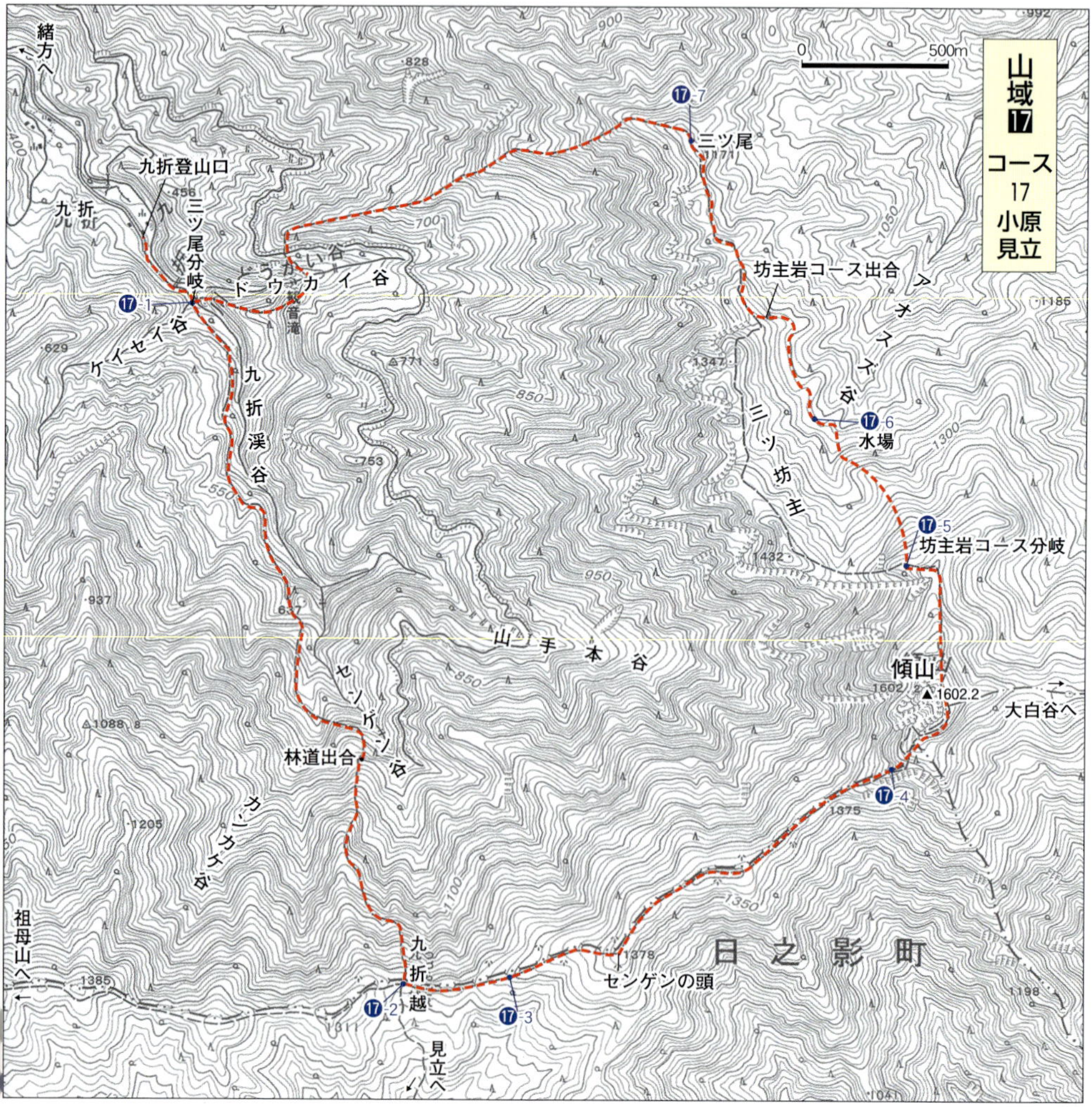

大分県 山域18

津波戸山
つはとやま（529・4m）

凝灰岩峰に咲くヤマツツジ、修験者の山の霊場巡り、新緑紅葉、展望良好。低山ではあるが、手がるな一日コースで内容豊富な山歩きが楽しめる。

※地図は63頁に掲載

〔山域の魅力〕国東半島の基部にある山。近世にはすでに廃寺となっていた六郷山席分本山八ヵ寺に属する水月寺が山中にあった。

寄岩・奇峰の山容は耶馬渓式風景を呈し、登頂欲をそそる山だ。『豊後国志』によると、「山香郷大造司村にあり奇峰特立、嵳峩嶙峋、蒼松蔭を交え、秀麗愛すべし」とあり、この山に津波戸石室があって、石室内で仁聞《にんもん》が法華経を写したと記している。

登山道各所に建物跡が残り、低山にしては浸食露出した凝灰角礫岩、岩峰間を縫って登る登山道の東西に、霊場巡りの鎖場・ロープのコースが分かれ、案内に注意して岩場を辿らないと、進退極まる場所もある。

稜線直下水月寺奥院から上手は展望が開けた台地状の稜で一息つける。急斜の岩場や谷間は手掛りもあり保護された場所であるが、通行の際には充分気をつけよう。

⑱-1 登山口から眺めた津波戸山

⑱-2 急斜の右手洞に水月寺奥の院があり、避難所としてお世話になるのによい

⑱-3 奥の院から岩間をクサリで登る

⑱-4 展望岩や凝灰岩の岩場に初夏にはヤマツツジが咲く

⑱-6 津波戸山の頂は樹林の静かな頂でのんびりできる

⑱-5 展望台から山麓方面霊場巡りの岩峰が見える

〔山道案内〕 **18** ▽**歩行時間＝三時間**

西屋敷駅→登山口→大師像→水月寺奥院→峠→津波戸山

▽**二万五千図＝豊後高田、立石**

登山口まで車道があり、終点に数台駐車可能だが、Uターン分の空地が残してあると有難い(⑱－1)。

駅から狭いガードを北に渡り、農道を右に進む。橋を渡り松尾集落に入ると、津波戸山の道標を見て左折し、山を目指して左に小谷を見ながら歩く。

左下に最後の民家からわずかで右が山林、左が棚田となり車道終点に達し、左手に登山案内がある。植林となり海蔵寺跡に出る。ここは山中にあった山岳寺院水月寺ゆかりの寺で、本山八十八ヶ所霊場一番札所になっている。

寺内には至らず小谷を右に渡り、尾根の右麓を右下に小谷を見ながら進み二番目の溜池の堤を横切り登る。谷に入り上部を目指すと、東の岩に巡路すぐ西側にも巡路が分かれ大師像がある。本道は右、両側に壁で守られ谷底を登り、頭上は照葉樹林が茂り日はささない。

急斜となり岩場を登ると右の岩洞に水月寺奥院がある(⑱－2)。岩の間に水場があり「硯石水」と呼ばれている。

(⑱－3)ロープやクサリを伝って登りつめると平坦な広場に乗り越す。左へわずかに登ると初夏はヤマツツジが咲く(⑱－4、⑱－5)、岩の展望台に達し、眼下に日豊本線や山香の家並が広がる。遠く別府湾から高崎山、鶴見岳、由布岳が望まれる。

山頂はさらに樹林を西に五分の場所で中津方面から耶馬溪の山々が見渡せる(⑱－6)。

下山は往路を戻るが、大師像の立つ谷入口まで下って、東・西の霊場巡りも面白い。

▽**参考コースタイム**＝西屋敷駅(30分)登山口(40分)大師像(20分)水月寺奥院(5分)峠(10分)津波戸山(25分)大師像(25分)登山口(25分)西屋敷駅

大分県 山域19

彦岳《ひこだけ》（639・3m）

『豊後国志』に「海望頗る佳」とあるように大入島を眼下に、佐伯湾、豊後水道、津久見湾と日豊海岸国定公園が一望できる。

〔山域の魅力〕弥生町、上浦町、佐伯市、津久見市の四市町界の山。ドーム型の山で四方急峻な山容は登高欲をそそる。

南面に国指定天然記念物狩生鍾乳洞がある。近くに大手洗の滝をはじめ、谷には大小二〇の滝がある。

山頂には彦岳権現の社殿があり、山頂からの展望は海も山も雄大である。

登山道は北では津久見市、南では佐伯市からのものがよく登られている。ここでは彦岳トンネル北口からの登山道を辿ることにした。

津久見浦から彦岳トンネルに向うと、彦岳トンネルの手前のトンネル入口に旧道分岐の空地がありそこを第一登山口とする。車道歩きで二本の谷を越えて彦岳山稜から北へ伸びる尾根のカーブ点に取付の登山口がある。ここは駐車スペースが不完全で、第一登山口から歩くことになる。しかし登山の原点は歩くことで、近年その約束が破られ、山麓の登山口から歩く登山者はほとんどいない。

〔山道案内〕19　▽歩行時間＝四時間一五分

彦岳トンネル林道分岐広場→尾根取付→床木出合→展望台→彦岳→展望台→トンネル前広場　▽二万五千図＝浅海井

トンネル口から車道歩きで、谷沿いの道は左手に水場を見る。コース唯一の水場で水筒を満たす。大きなカーブ三ヶ所目の尾根で彦岳トンネル道が右手から出合う（⑲－1）。すぐ尾根に取付く。尾根は床木出合から続く尾根で迷うことはない。

山容からすると急登はなく確実に高度

⑲－1 林道登山口手前から彦岳左側の山容

⑲－2 展望台のベンチから津久見市街が展望できる

⑲-4 山頂には彦岳権現社が祀られている

⑲-3 山頂の地蔵様

⑲-5 彦岳山頂から東と南に開ける日豊海岸の雄大な眺めを見る

を稼ぐ。植林から自然林となり、照葉樹の立派な森の中を登る。尾根の右手から稜上に出ると、やがて灯籠が道脇に立つ。

灯籠から一直線に稜を目指すと床木出合に達する。左折して短くジグザグを切って登ると、わずか左手に空間が開け、丸太で作ったベンチが三座ある(⑲-2)。ここは展望台で北面の展望がよく、津久見の市街から遠く佐賀関方面の眺めがよい。

登山道に戻り急斜を登ると左道脇にアカガシの巨樹が立ち、石灰岩が点在する稜線となり、尾根は細くなる。急坂から解放されるが、稜は狭く左右は急斜面なので転落には注意し、バランスよく歩こう。

行手に彦岳山頂を見てわずかな上下を繰返して東へ進むと、稜は幅を広げ山頂直下の斜面に取り付く。

右折して一本道を登ると、急登わずかで鳥居が現われ、前方に千怒方面からの道が出合う。鳥居をくぐり右折、一本道を登ると行手にカヤが茂る広場に達する。

山頂三角点は広場のわずか左手にある。山頂には杉が数十本立ち、地蔵(⑲-3)、神社(⑲-4)、ベンチ(⑲-5)があり展望が開けている。清々しい山頂が静かに迎えてくれた。

眼下にリアス式の日豊海岸の景色が広がる。大入島、佐伯湾、南側遠くに鶴見半島、東に四浦半島、四国、北に津久見市、佐賀関、さらに西を眺めると尺間山、椿山、冠岳、米花山、佩楯山、傾山の連山が一直線に続く。カヤ野の山頂は快適な環境を作り出している。南には狩生方面からの急斜の道が上ってきている。

展望を満喫したら往路を戻る。

▽**参考コースタイム**＝トンネル林道分岐広場(40分)尾根取付(40分)灯籠(10分)床木出合(15分)展望台(50分)彦岳(40分)展望台(30分)尾根取付(30分)トンネル林道分岐広場

【問合せ先】 津久見市役所☎0972・82・41

11、佐伯市役所弥生支所☎0972・46・1111、津久見タクシー☎0972・82・3141

大分県
山域20

鎮南山《ちんなんさん》（536・4m）

小烏帽子山《こえぼうしやま》（大岩《おおいわ》）（223m）

鎮南山は臼杵湾と市街の展望台。毎日登山の山で小烏帽子山は早春ファミリー登山、山桜の群落は奈良の吉野と比較に値する。

〔山域の魅力〕鎮南山は臼杵市と津久見市境界の山で市街真南に望まれ、桜の季節は特によく、市のシンボルとして市民に親しまれている。早朝の毎日登山の山として、一万五〇〇〇回超の登山者もあると聞く。

登って見ると、登山道脇の各所で、毎日の話題に興じる仲間も多い。

標高五〇〇メートル そこそこ、粘板岩にチャート・石灰岩が混る小起伏山地は各所に展望地を作っている。『豊後国志』によると竹田の中川、臼杵の太田努の戦った古戦場とある。

市街地から津久見方面、臼津バイパストンネル近くから、西にヘアピン状に折れて右上市営植山墓地の上手まで車が入り、十数台の駐車広場がある。

〔山道案内〕**20－①**　▽**歩行時間＝二時間一五分**

登山口→水飲地蔵→塔尾山→鎮南山→山麓寺→水飲地蔵→登山口

▽**二万五千図＝臼杵**

毎日車利用登山者が多いので、整然と並べて駐車する。

登山口は南九州自動車道の跨道橋を西へ渡ると尾根に直登するコンクリート段の道と、右手小谷沿いの立派な道があり、どちらもしばらくで合流する。小谷沿いの道が楽で植林道をジグザグに切って登ると、右下の谷に水場も現れる（**⑳－1**）。

臼杵山岳会が整備している

⑳－1 登山口には杖が沢山あり登山者の多さを語っている

⑳－2 水のみ場はよく整理されタオルも準備されていて有難い

⑳－3 塔の尾分岐には鳥居がある。右手が山庵寺へ

⑳−5 塔の尾は毎日登山の終点。祠があり臼杵市街の展望がよい

⑳−4 塔の尾分岐へ戻ると本峰が左上に見えている

⑳−6 山庵寺は無住だが堂や休憩舎があり雨日でも安心できる

登山道は、案内板も整い迷うことはない。

賢厳和尚が岩の上で鉄棒をとり落して石が割れたと言われる三合目を過ぎる。登山道は早春の山桜が見事だ。四合目に出ると支尾根を左にわずかで展望台があり往復六分である。

本道は上手で分岐するが左手は急斜、右が楽である。桜並木は首藤定氏の記念植林との説明書を見る。

五合目左手平坦な空地が麗観峰だ。

七合目は右手に臼杵市街と湾の眺めがよい場所だ。八合目は水場と鳥居があり道は二分し、水飲地蔵がある(⑳−2)。暑い夏は一息つくによい場所(⑳−3)。左上する道は塔尾山と呼ばれるピークへ向う。鎮南山一番の展望台で毎日登山の終着地である。右手は山庵寺方面への道で帰路となる。左手は急斜をジグザグに切ると稜へ出て、分岐の左は塔尾山(⑳−4)、右手が鎮南山へ向う。

左手展望台は巨石の間、石槌社を抜けるとすぐ左手に祠がある頂に着く(⑳−5)。ここを臼杵の登山者は鎮南山と呼んでいる。臼杵湾や晴天時は四国方面まで見渡せる。二基の祠、鐘の塔、ベンチがあり景色を楽しんだら稜の分岐から西進し、最後の斜面を固定ロープの助けを借りて、台地に登り着くと鎮南山の頂だ。植林中で展望は得られぬが、二〇メートルも西に出ると、石灰岩上から津久見方面の展望が得られる。

山庵寺への下山道は、北面のマタケの中にロープがあり、姫岳方面の縦走路を左に見ながら竹林をジグザグに急下降すると、山庵寺本堂脇に出る。湧水は冷たく、休憩所もあり、ゆっくり休むのに良い場所だ(⑳−6)。

第一休憩所脇から立派な登山道を北に取る。山腹を横切って塔尾山・鎮南山分岐を右に見て、しばらくで水飲地蔵に出て往路を下る。

▽**参考コースタイム**＝登山口(50分)水飲地蔵(10分)塔尾山(20分)鎮南山(15分)山庵寺

（40分）登山口

〔問合せ先〕臼杵市役所☎0972・63・1111

〔山道案内〕20－②　▽歩行時間＝二時間

JR臼杵駅→海添登山口→涸谷→小烏帽子山→登山口→JR臼杵駅　▽二万五千図＝臼杵

臼杵市の南に位置する海添集落から眺めると鎮南山の左手に大烏帽子山三八四メートル、その手前に石灰岩の大岩が二個並ぶ標高二一三メートルの展望台が小烏帽子山で、地元では大岩と呼ばれている。展望は良く、桜の季節は驚くほどの山桜が斜面を見事に彩る。奈良県の吉野千本桜を彷彿させる。

登山口には駐車場がなく、駅近くの有料駐車場を使い、そこから歩くのを勧める。

海添のたたら川右岸道から、大岩の立札を見て右上に続く案内に従う。登山道はすぐ梅林となり、右手に青原寺を見ながら古いコンクリート道を歩く。竹林から雑木林となり、クスの巨樹が並ぶ。この山腹を横切って行く（⑳－7）。

樹間から左下に湿地帯、小池を眺めながら登山道は山上へ向う。急登となり大きくジグザグを切って、巨石の浅い谷を横切り源流を過ぎると、頭上は山桜の巨木に覆われる。

正面に大岩が現れると山頂に達する（⑳－8、⑳－9、⑳－10、⑳－11）。

▽**参考コースタイム**＝JR臼杵駅（20分）海添登山口（30分）涸谷（20分）小烏帽子山（30分）登山

⑳-7 クスの雑木林の立派な登山道を行く

⑳-8 城壁と見まがう石灰岩の大岩に咲く桜

⑳-9 大岩の立札と共に臼杵市街を望む

⑳-10 山頂から西北に群がる山桜の海

口（20分）JR臼杵駅

〔問合せ先〕臼杵市役所☎0972・63・1111

⑳-11 山頂から臼杵湾を望む。雄大な眺めが開ける

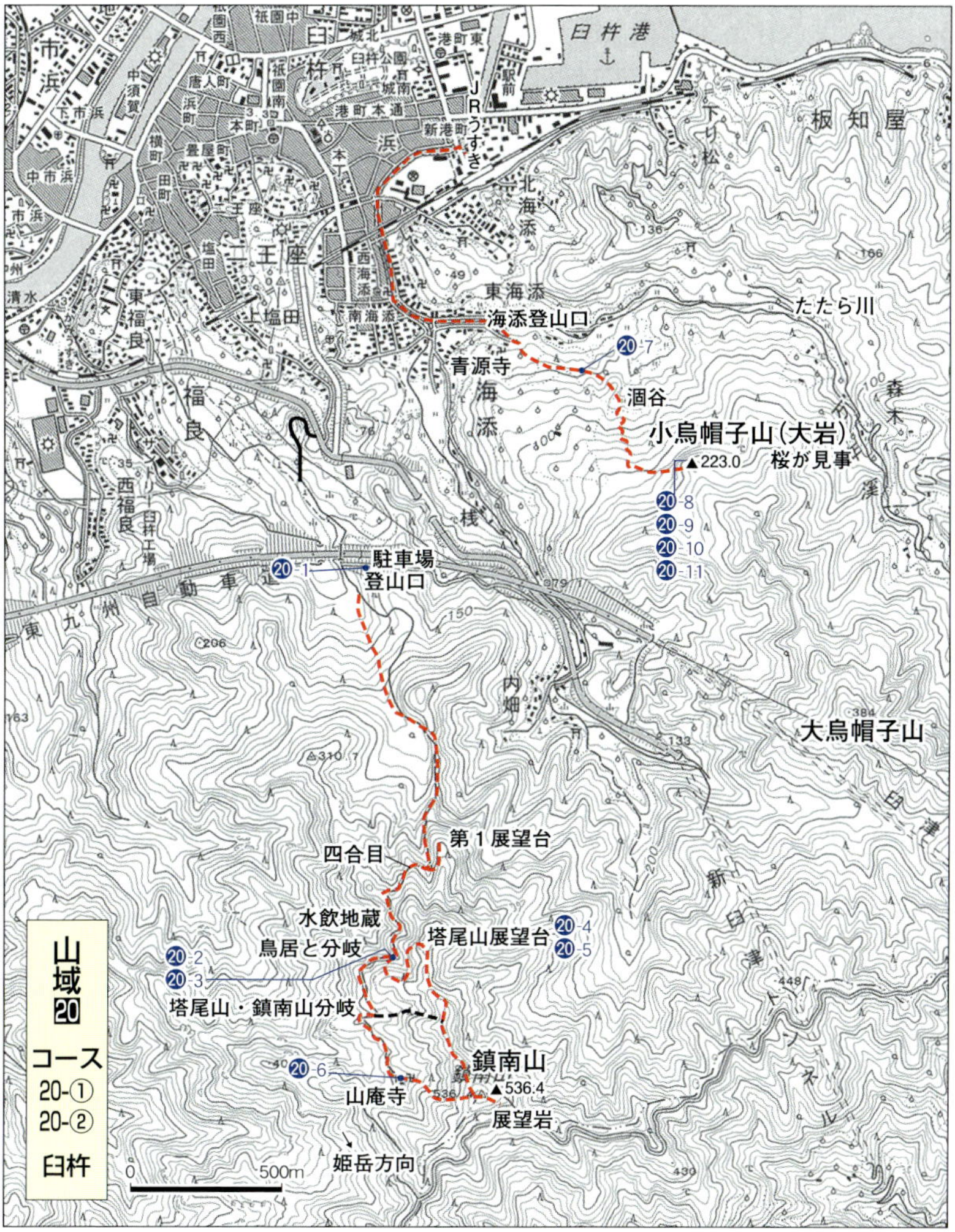

大分県

山域21

檜原山《ひばるさん》（734・9ｍ）

耶馬溪の新緑・紅葉と天然記念物の千本カツラを眺め、歴史に残る山伏修験の跡地を訪ねる。

〔山域の魅力〕檜原山は耶馬溪の名山として知られ、津民耶馬溪の東に位置する。この山を遠くから眺めると、七合目あたりがくびれ二段に見える。集塊岩の上に旧耶馬溶岩があり、メサの上にビュートをのせた形をしている。

その中腹、メサの平坦地に天台宗正平寺がある。この寺は、崇峻天皇二年（五八八）、正覚上人の開基といわれ、のち孝謙天皇（在位七四九～五八）の勅願所になったという。

以来朝野の信仰を集めて寺運は隆盛し、鎮護国家、五穀豊穣の祈願道場として、一時は三六の僧坊をもっていた。江戸時代にも中津藩の祈願所とされていたが、二度の火災に焼け落ち、建物や寺宝類の大半を失い、わずかに正平寺一寺が残存するのみである。

毎年四月十四、十五の両日行われる祭りを「檜原まつ」といい、鎌倉時代に起源をもつという御田植行事が古式豊かにくりひろげられる。

正平寺まで檜原山入口バス停から車道で登ることができるため、歩く人は少なく、上ノ川内集落から谷沿いの登山道を通る人はない。むしろ車道歩きで三・五キロ、山腹を南から東へ大きく巻き登ると七合目に展望台があり、耶馬溪から八面山、大平山、鹿嵐山、遠く由布・鶴見岳、九重連山まで一望できる。

〔山道案内〕21

▽歩行時間＝二時間二〇分

正平寺→針ノ耳→檜原山

▽二万五千図＝耶馬溪西部

㉑-1 正平寺本堂左側から山頂への登山口がある

㉑-2 途中で登山道は二分。山腹巻道から針ノ耳を通る

正平寺住家と池の間に参道があり、鳥居から石段を右上すると正平寺本堂である（㉑―1）。本道右脇に鐘楼、左が修験道である。

広い道しばらくで斜面を直登すると道は二分し、巻道をとる（㉑―2）。植林界を歩くと岩が並ぶ押別岩《おしわけ》があり、人一人通れる岩間を通る。

山側斜面に岩が露出し険しくなり、針ノ耳の巨石が行手を阻み、左上には首なし地蔵がある。中央岩窟に入り左上に抜けると右京の橋岩場に着く。岩上から西面の展望があり、中摩殿畑山、英彦山方面が望まれる。

㉑―3　檜原山には上宮に石祠が祀られている

道は左から右上に大きく折れて、アカガシ、スダジイ、アカマツ、植林された桧、杉の巨木帯となる。しばらくで檜原山反射板と書かれた電波反射板の尾根に達し、下方で二分岐した道に出合う。

すぐ上宮奥の院の広場に出て、薬師如来、宝篋印塔があり、西奥に三角点標が立ち、展望は得られない（㉑―3）。さらに奥の林の中に古権現があり、わずかに樹間から英彦山、犬ヶ岳方面が見える。

下山は先の電波反射板まで戻り、直進して下るとあたりに巨石が点在し、行者岩を見る。窟には仏が祭られ、さらに下ると弁天岩、天満宮岩が続き、短いジグザグのち金比羅岩がある。この岩は高さ・幅共一〇メートルほどの巨石で奥に窟がある。

さらに大明神岩を過ぎるとシイ、カシ、スギの巨木があり、山腹を巻く道分岐に帰り着く。正平寺まではあとわずか。正平寺駐車場近くから東の福士への下山道もある。

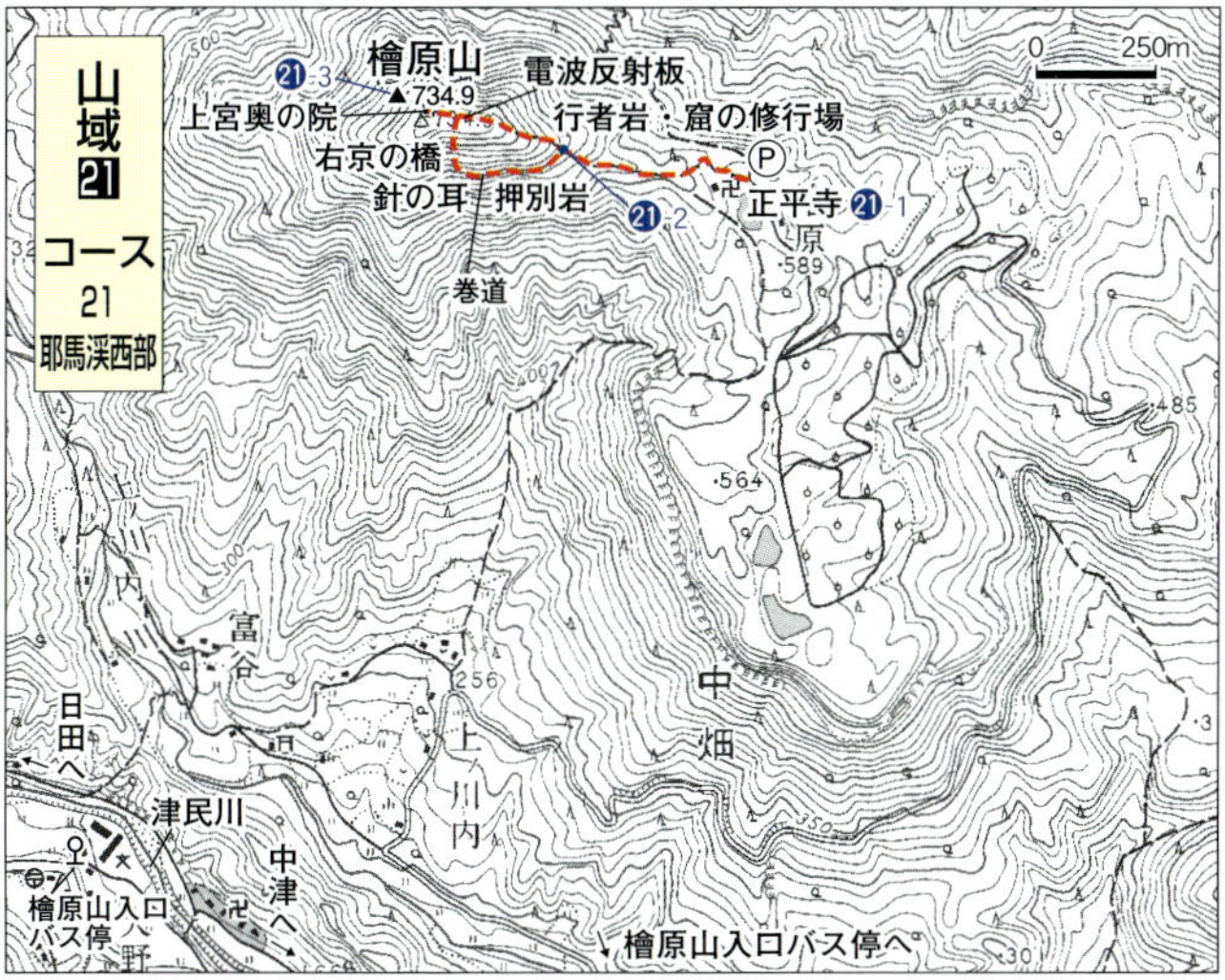

▽**参考コースタイム**＝檜原山入口バス停（1時間30分）正平寺（巻道30分）檜原山（直進20分）正平寺

【**問合せ先**】中津市役所耶馬渓支所☎0979・54・3111、耶馬渓交通タクシー☎0979・54・2024

大分県 山域22

中摩殿畑山

なかまどんのはたやま（991・1m）

耶馬溪熔岩の噴出地は奇岩の造形を見せる。中摩殿畑山ブナ原生林は県指定天然記念物。林床はツクシシャクナゲの群落で覆われ初夏は花で埋まる。

〔山域の魅力〕まどろっこしい山名に興味を引かれるが、別名龍王山とも呼ばれている。旧耶馬熔岩の噴出地は当山と東の樋桶山の中間附近と推定されている。

山頂一帯、英彦山、犬ヶ岳と並ぶブナ林におおわれているが、前二山と異なることは林床に笹がなく、シャクナゲの老木が多いことであろうか。

東西にピークを連ねて、その最高峰が中摩殿畑山で、山頂から尾根が三つに分岐している。ブナ原生林は一八ヘクタールともいわれている。九州地方のブナ林はクマザサなどで林床が覆われるのがほとんどだが、この山ではササ類をまったく見ないこと、モミ、ツガ類が少ないことなどは、森林生態学上注目すべき点ともいう。

それゆえ、昭和二八年四月二〇日、大分県天然記念物に指定された。ブナの根元はツクシシャクナゲの古木・老木が多く、初夏は花見登山者も多い。

なお山頂には、近在に雨乞いの神として信仰を集めた龍王神の祠と建物があったが、建物は平成三年に台風一九号で飛ばされた。

途中林道から南西の釣鐘山、鹿嵐山、一尺八寸山《みおうやま》など、さらに奥に由布・鶴見岳、九重連山が望まれ、山頂近くでは樹間より犬ヶ岳、鷹ノ巣山、英彦山方面の眺望がある。

㉒-1 中摩殿畑山登山口は岩伏の集落奥だ

㉒-2 八大龍王が祀られた山頂は英彦山方面の展望が得られる

〔山道案内〕22

▽歩行時間＝二時間五〇分
中摩岩伏→市平奥畑林道→大野々林道→中摩殿畑山　▽二万五千図＝耶馬溪西部

車道終点まで両山腹とも耶馬溪中心部で、歩けば雪舟庭、鷲岩、京岩、天ノ岩戸の岩窟、岩の橋と迫力があり新緑紅葉時は素晴らしい。

（㉒－1）車道終点に数台駐車可能で、杣道が小谷に沿ってある。右に谷を分け左の谷に沿って植林を伝うと市平奥畑林道を横切って、再び植林の急坂を登る。

あたりがミズナラ、カエデの自然林に変わると谷の源流に達し、右上する尾根から大野々林道に飛び出す。林道の右突端には雨量観測所と電波塔があり、左に林道を伝うと登山道で、それに沿った谷源流に達し、山頂への標識がある。

右上へ登るとブナの巨木やクヌギ、アカマツ、カエデと常緑樹と落葉樹が混生している。アカガシにブナが混じり南・北の代表樹が立ち、林床にシャクナゲの古木も現れる。やがて稜線に達し、西進するとブナの巨木が目立ってくる。しばらくシャクナゲの群落帯を行く。

樹間から北面方向に英彦山、犬ヶ岳の展望が開けると山頂の一角に着く（㉒－2、㉒－3）。三つの祠が中央を占める小広場は、樹林に囲まれて、北方のみ樹間から展望が得られる。広場南面に続く踏分けは釣鐘山への縦走路である。下山は往路を取る。

▽参考コースタイム＝岩伏登山口（40分）市平奥畑林道（40分）大野々林道（10分）谷源流登山口（20分）中摩殿畑山（20分）大野々林道（40分）岩伏登山口

㉒－3　古くは大きな神社であったが台風で大木が倒れて社を崩し現在は小社となった

〔問合せ先〕中津市役所山国支所☎0979・62・3111、山国タクシー☎0979・62・3131

大分県
山域23

八面山

はちめんざん（659・4m）

耶馬熔岩台地東端、豊前平野のランドマークの八面山。変化に富むメサ台地上は四方の展望雄大で近郊のファミリーのレクリエーションの場。

〔山域の魅力〕八面山は、耶馬熔岩台地の最北東端にあり、最高地六五九㍍で中津平野にのぞみ、一大メサであるため周防灘航行の船舶から最良の目印にされる。

　この山は四方どの方向から眺めても、ほぼ同じ形をしているので八面山の名がある。また、昔矢をつくるのに用いた矢柄竹が多く生えていたので箭山という名がつけられたという。山体は集塊岩の上を旧耶馬熔岩がおおったものである。

　一帯には種々の文化財や伝説があり、山頂北峰に箭山神社、山麓に猪山八幡宮や斧立八幡宮がある。三光村大字西秣《にしまくさ》の長谷寺は豊前三十三所観音札所第一〇番目の古刹である。伝承によれば当山は、大宝元年（七〇一）に法蓮上人（宇佐神宮初代別当）によって開かれたといわれ、九州で有名な英彦山、求菩提山などと同様に修験者の霊山であった。

　この山にはかつて天正年間（一五七三～九二）に大日寺、神護寺が存在していた。中腹のイチイ谷には大日寺と、それらに伴う坊舎の跡が今も認められる。ここから神社に至る道は、山伏が日々修行に励んでいた、いわば修験の道であって箭山神社には聖母大明神、八幡大神、比咩大神の三神を祀っている。このすぐ北側に神霊が降臨されるという盤座がある。

　広い山頂台地には車道もつけられ、北端にはNHK・OBSなどの電波施設があり、豊前平野や周防灘の展望がよい。台地の中央には大池・小池があり、満々と水をたたえて湖岸の景色を映し、台地最南端は「しょうけの鼻」と呼ばれる最高点があり、耶馬溪の連山が指呼の間である。

　熔岩台地・東・南・西面各所に展望雄大な露岩や切立つ崖があり、季節のよい時期にはファミリーハイクで賑わう場所である。

〔山道案内〕23

　▽歩行時間＝五時間一〇分

八面山登山口→イチイガシ林→北峰→小池→しょうけの鼻→小池・車道分岐→登山口

　▽二万五千図＝土佐井、耶馬溪東部

　八面山登山口は平和公園内で駐車場は広い。公園内各施設を眺めながら車道を山手に約三㌔、五〇分歩く（㉓―1）。

　まず祈りの森、日本一の石舞台を左に見ていくと、右に八面山荘があり、カーブする道路をのんびり辿る。八面山の名水（下田口簡易水道発祥の地碑）を過ぎると、右カーブの左上手にイチイガシ林入口があり、ここから本格的な登山となる。

　一〇本ほどのカシの巨木を見ると植林となり、車道上手からの登山道と出合う。

左の谷沿いの滝見道と、谷の右岸に出て山腹を伝う道があり、後者を取り左上する。

植林を抜けツバキ、ヒサカキ、コナラ、タブ、アカマツなどの自然林となる。足元は転石が目立つゴーロ帯、水流のある谷筋登りから道脇に笹が現れ始めると、水は枯れて桧の植林となる。丸木段の急登から北峰への車道に飛び出す。左手に駐車場、右には立派なトイレもある。

右に箭山神社を見ながら遊歩道に入ると右手に「たか石」の巨石群があり東側展望所にベンチもあり、国東半島、宇佐市方面が望まれる。

巨石を縫って西側展望所へ向う。ここから三光村、山国川、豊前市方面の眺めがよく中津テレビ中継アンテナが立つ、方位盤もあり展望を楽しんだら車道に出て南に向う。

約二〇分で小池から流れ出る小谷があり、左上植林に短い登りでメサ台地東側に達し、台地縁に沿う遊歩道を緩く上下、左が雑木林になると道脇に笹が密生し、右上に電波塔が現れ、突然小池のそばに出る。

右の堤を渡り丘を越えると車道へ出るが、ここは池の左を南に向う。次第に登りとなり、左樹間から国東方面の展望がよい。

巨石が二個並ぶ上に立つと、南を除くすべての展望が得られ、小池がよく見える。周防灘から山口県方面の山まで見渡せる(㉓-2)。

短い丸木段の急登から小さな広場に達

㉓-1 中津方面から眺めた八面山

㉓-2 しょうけの鼻北面巨石の展望台から小池越に中津市街が見える

㉓-3 第４展望台はしょうけの鼻と呼ばれ八面山南端で展望もよい

㉓-4 最高点（南の展望岩上）から鹿嵐山、大分・別府方面の山脈を見る

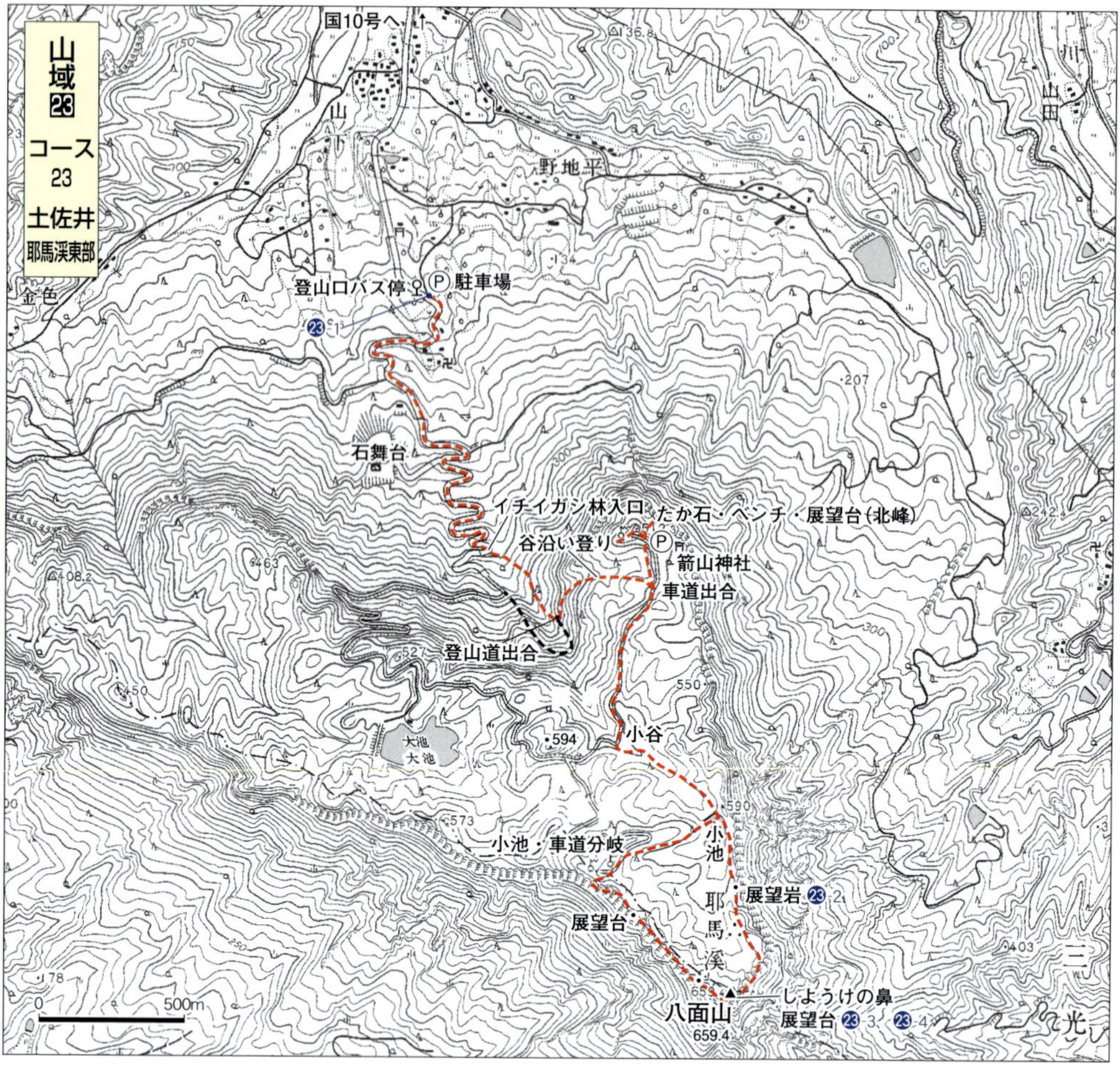

すると、八面山最高点しょうけの鼻である(㉓−3、㉓−4)。南面の展望がよく、鶴見・由布岳、九重連山まで見える。

山頂から道を北に取る。数回上下して左手に巨石の展望台を見る。第二、第一と展望台番号を見て耶馬溪方面を眺める。左に電波塔を見ながら短い上下で車道へ出る。車道しばらくで右手の小池から北峰、イチイガシ林を辿ってもよい。登山口まで車道歩きでも時間はほぼ同じで下山できる。

▽**参考コースタイム**＝八面山登山口(50分)イチイガシ林(50分)車道出合(10分)北峰廻り(20分)小池(50分)しょうけの鼻(30分)車道(1時間40分)八面山登山口

［問合せ先］中津市役所三光支所☎0979・43・2050、大分交通中津営業所☎0979・22・0071、中津近鉄タクシー☎0979・22・3321、八面山金色温泉☎0979・26・8065、八面山荘☎0979・43・2608（泊）

大分県 山域24

鹿嵐山《かならせやま》（758・1m）

低山だが地蔵峠から山頂にかけて難度が高く、東面からの登山道が安全。初心者には安全が一番。山頂シャクナゲ群落は開花期に登山者の目を楽しませてくれる。

〔山域の魅力〕鹿嵐山は院内町と本耶馬渓町との境界の山。宇佐市・郡の最高峰で耶馬渓周辺の山から見ると双耳峰の鹿嵐山はすぐ探すことができる。

　全山火山岩で形成され、山頂は最高点の雄岳とその東の雌岳の二峰からなり、本耶馬渓町東谷貝塚と院内町小野川内や田の平から登山道がある。

　北面地蔵峠から標高五四〇メートル鞍部にかけて、凝灰岩の浸食がひどく、人一人通れる痩せた稜を形成し、蛇行し短く上下して続いている。過去には転落死亡事故もあった。登山に注意を要する。

　主に西側の浸食が激しく険悪な地形を作っている。中腹から頂上にかけて急峻な地形は変らない。山頂北面にツクシシャクナゲの群落があり、県指定天然記念物で、毎夏ピンクの花を咲かせ、登山者の目を楽しませてくれる。

　中腹は植林で占められ、山頂近くは自然が豊か。東谷貝塚コース麓にはショウジョウバカマが多く新緑紅葉の頃は一見に価する。

　山頂からの展望のきく方向は北面がわずかであったが、近年の登山ブームで山頂一帯の樹木が伐られ、周防灘から九重連山までの展望が開けた。近年各山岳の頂は、展望を得るための伐採が原因で裸地化→浸食→崩壊と荒れてきているのが残念である。

　さらにこの山もそうであるが、大木に赤ペンキの落書きが目立ち、これは九州の各地の山で見られる。特定の登山者によるものと思われる。

　地蔵峠出発の登山や二峰鞍部から田ノ平への下山はクサリ場があり危険をともなうので、家族連れや初心者は注意してほしい。

〔山道案内〕24

▽歩行時間＝二時間三五分

第一登山口→雌岳→鞍部・中央登山口分岐→鹿嵐山→田ノ平・地蔵峠分岐→田ノ平→第二登山口→第一登山口

▽二万五千図＝下市、耶馬渓東部

　田ノ平集落から七〇〇メートル程下流の二軒家近くに駐車可能な空地があり、そのすぐ下手に鹿嵐山登山口の道標がある。ここを第一登山口とする。

　土手を下り高並川を渡って標高三〇〇メートルあたりで雌岳の一つ東側の尾根に取りつく。植林の尾根は急斜となり幅を狭め自然林となる。

　右手に小谷を挟んで尾根が平行し、急斜面にシャクナゲが点在する。稜が近くなるとやや右に曲り、傾斜が緩むと広場

㉔-2 山頂は大木が切られ視界がよくなった

㉔-1 本峰と雌岳の鞍部から谷通しの中央登山道が分岐する

㉔-3 中央登山道はロープ・クサリ場のある谷源頭から田ノ平集落へ下る

に出る。稜線を右に向うと石祠がある雌岳に達する。ここは展望はない。

樹林を標高差八〇㍍も下ると鞍部に着き、右手に田ノ平への中央登山道を分ける(㉔-1)。再度急斜面の登りで、シャクナゲ帯を登ると、東西に細長い鹿嵐山の頂に出る(㉔-2)。登山途中に展望が開ける場所もあるので、山頂の樹林を伐ってまで展望を得ることもないと思うのだが。

下山は地蔵峠へ向かう。山頂から北へ平坦地しばらくで急斜面の下りとなる。広い斜面の一本道だ。自然林から植林に入り、石や立木を伝って急下降するので、滑落、落石に注意して確実安全に下る。

急斜から解放されると小ピークを二つ越える。地蔵峠まで凝灰岩のリッジ、草付が崩落した岩場、クサリ場の下りなどが続き集中力が必要だ。あたりの展望は休んでから楽しむ。幅五〇㌢、高さ二〇～五〇㍍、左下に池を見ながら確実に行こう。

西面は地形が複雑で、手のひらを立てたような岩峰が林立し、突峰上に巨石を乗せたタワーも見られる。立木のあるピークを越えて、短い上下を繰り返して、凝灰岩の一帯からぬけ出す。地蔵峠下に岩峰が荒々しい岩肌を見せている。

すぐ田ノ平方面からの登山道が出合い、峠は北へ約二〇〇㍍の場所にある。下山はここから右の植林を下り、浅い谷筋を伝って車道に出る。十田橋から下流へ車道歩きで、途中、中央登山口を右手に見て(㉔-3)、さらに下り田ノ平集落を過ぎて、第一登山口まで下る。

▽**参考コースタイム**＝第一登山口(1時間10分)雌岳(5分)鞍部・中央登山道分岐(15分)鹿嵐山(30分)田ノ平・地蔵峠分岐(15分)田ノ平第二登山口(20分)第一登山口

〔**問合せ先**〕宇佐市役所院内支所☎0978・42・5111、中津市役所本耶馬渓支所☎0979・52・2211

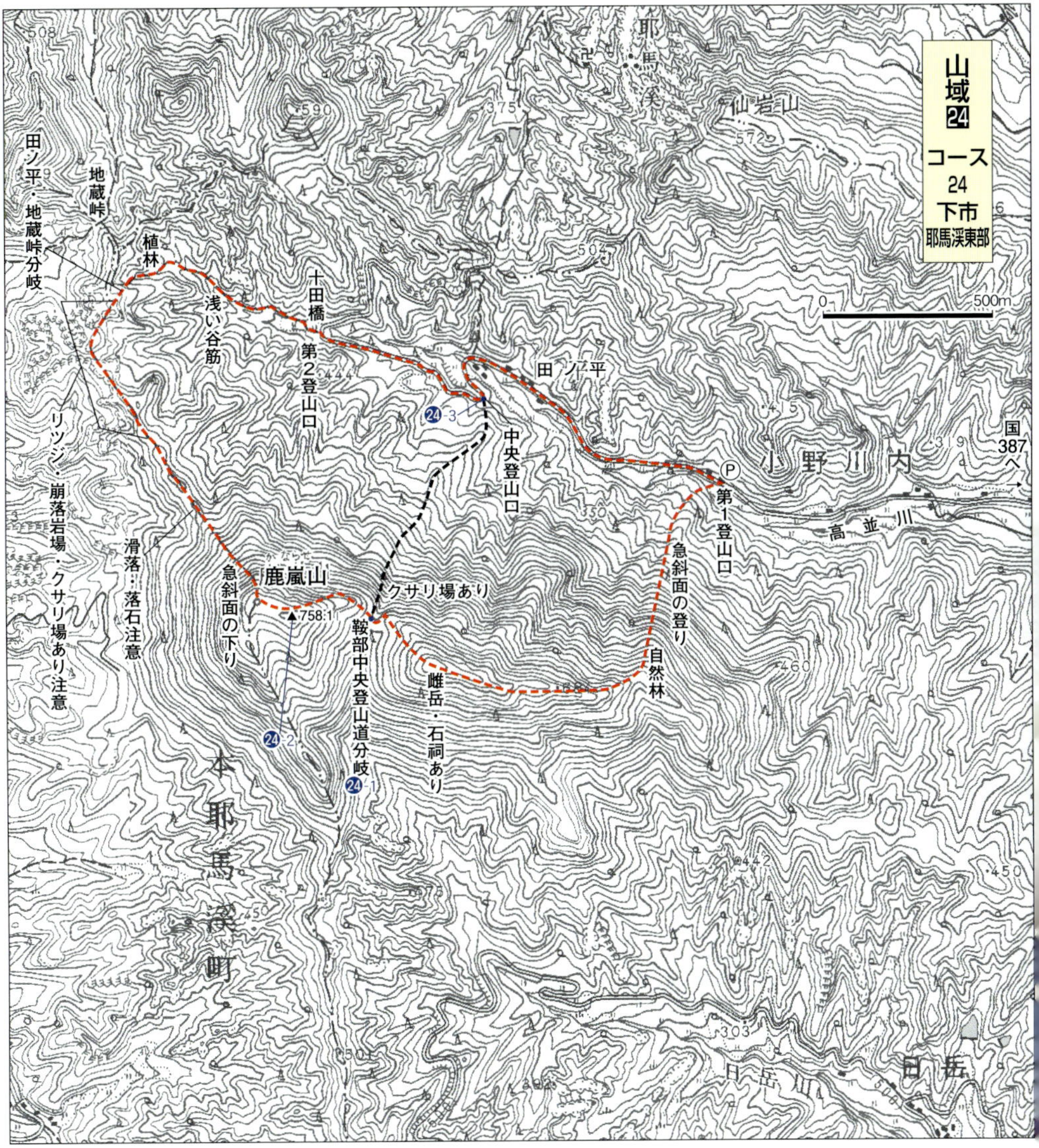
山域24
コース24
下市
耶馬渓東部
0
500m
耶馬渓
仙岩山
田ノ平・地蔵峠分岐
地蔵峠
植林
浅い谷筋
十田橋
第2登山口
田ノ平
中央登山口
小野川内
国387へ
第1登山口
高並川
リツジ・崩落岩場・クサリ場あり注意
滑落・落石注意
急斜面の下り
鹿嵐山
758.1
クサリ場あり
鞍部中央登山道分岐
雌岳・石祠あり
急斜面の登り
自然林
24-1
24-2
24-3
本耶馬渓町
日岳
日岳川

大分県 山域25

御許山

おもとやま（647m）

宇佐神宮奥の院大元神社は境内一帯に見事な照葉樹の自然林が保存されて一見の価値あり。巨樹に覆われた静かな森である。

〔山域の魅力〕宇佐市の南面、山香町との境界にある山。角閃石安山岩よりなる熔岩円頂丘、大元《おもと》山とも書く。

古くは「筑紫の宇佐島」と呼ばれ、この山頂に宇佐神宮の第二殿に祀られている比売大神が天降ったといわれる。神宮奥の院とでもいうべき山で、杉の巨木におおわれた山中に、大元神社が祀られてある。

幕末の慶応四年（一八六八）、宇佐郡佐田村（現安心院町）の庄屋の子、佐田秀らはこの山に立籠り、尊王倒幕の運動をおこして四日市の陣屋を襲い、幕史を殺して東本願寺別院などを焼いた。これを「御許騒動」と呼んでいる。佐田一派はそのぬけがけ的な行動に批判的であった長州報国隊によって討伐され、秀が斬首されて結着した。

平坦な山頂はスギ、ヒノキ、シイ、カシの巨木と老木がうっそうと茂り、イスノキ、クス、ツバキなどの照葉樹林に覆われている。静かな境内だが展望を得ることはできない。大元神社、神殿の広場の大イチョウは風で倒れ、二《メートル》あまりを残して再生がなされている。北側には大元八坂神社があり、一帯は国の史跡に指定され、山頂は立入禁止となっている。

登路は宇佐市平山、上矢部、正覚寺などがあり宇佐神宮裏手からは、車でも登れる。

㉕-1 雲ヶ岳と御許山は照葉樹の自然が深い山だ

㉕-2 照葉樹の森は入山禁止である

㉕-3 岩清水湧く祠を右に見て下山する

〔山道案内〕25

正覚寺台→御許山大元神社

▽歩行時間＝一時間二〇分
▽二万五千図＝立石

台集落幅広コンクリート舗装道終点には駐車場があり左脇に林道御許線とある。右には貯水池があり正面の雲ヶ岳の山容を映して静まりかえっている。

すぐ林道と分れて右上の植林を登る（㉕－1）。幅広道を緩く登り植林上部に達する。左折して頭上が開けてくると行手奥に、御許山方面が望まれる。

雲ヶ岳の西山腹を巻き峠に達すると、右手に地蔵がある。雲ヶ岳分岐だがヤブが茂っている。

御許山へ続く尾根の東側をゆるく下ると、大元神社の神域となりカシ、ヤマグリ、ヤマザクラ、シイ、クスなどの深い森となる。右手植林樹間から遠く別府湾が望まれる。

山腹の南から東へ達すると、宇佐市平山からの砂利道が出合う。車道二〇メートルあたりで左手自然林に広い歩道があり、歩道に入ると右折して大元神社に至る。

砂利道は大きく迂回し、神社の北側に達し駐車場がある。幹回り二メートルはあるアカガシの巨木が目立つ。広い参道は南に向い、きちんと管理され、右に公衆トイレがある。

南に歩くと大元神社神殿に達し、右下から上矢部方面の参道が出合う（㉕－2）。神殿広場の西側に山頂標識があり脇には「立入禁止」の注意書がある。中央のイチョウの大木が折れて、大きな株が再生されている。

下山は神社左手の道に入ると右手奥には岩清水が湧く祠がある（㉕－3）。巨木を左へ縫うと先の車道に出て往路を下る。

新道に下山するすぐ手前左手に入る旧道には神社があり、地蔵と木製のよく磨かれた男性のシンボルが祀られている。

▽参考コースタイム＝登山口駐車場（30分）地蔵峠（30分）御許山大元神社（30分）登山口

〔問合せ先〕 宇佐市役所☎0978・32・1111、宇佐神宮庁☎0978・37・0001

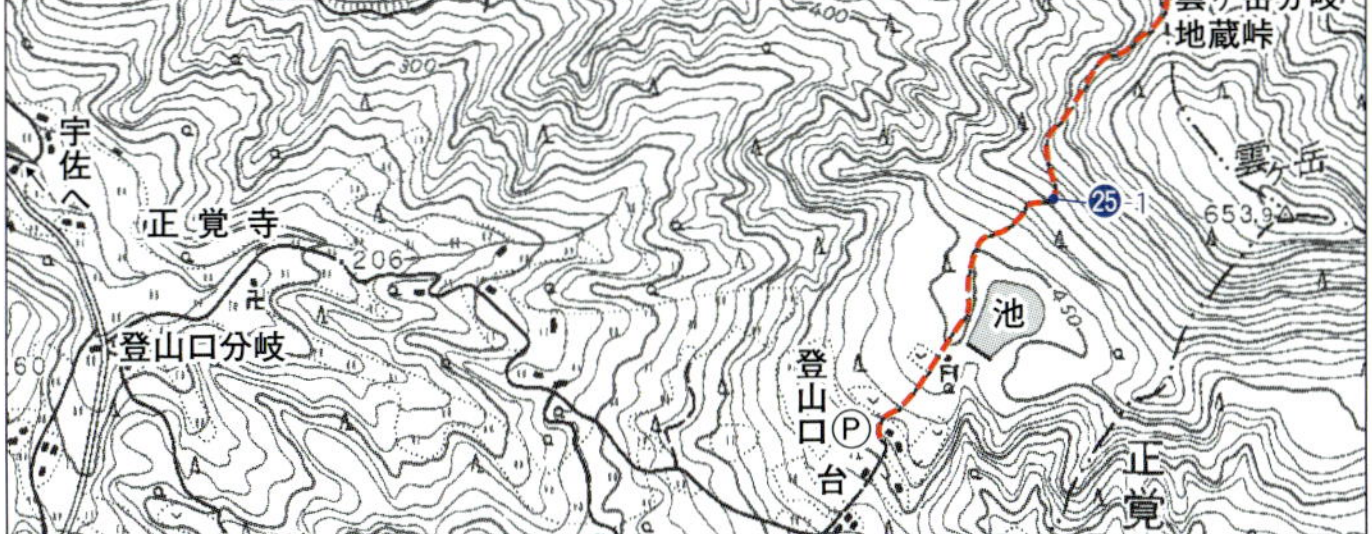

大分県

山域26

田原山

たわらやま（542m）

新緑紅葉と展望が魅力の岩尾根は鋸歯から豊後の万里の長城を伝って、岩場奥の院八方山頂へ立つ。ベテラン向の山だ。

〔山域の魅力〕田原山は鋸山の呼び名のごとく、南の山香町北の大田村から眺めると一五本の刃を空に向けて突き立て、真玉町並石ダム北面の鋸に一歩もひけを取らない。

登って見ると耶馬渓熔岩や、国東半島特有の含礫凝灰質砂岩（凝灰角礫岩）が浸食にたえて、あたかも万里の長城のごとく約一キロも続いている。それ等鋸刃岩塔に名前を持つものもあるが、無名の塔も多いのでピークに一、二と番号をつけると本峰はちょうど一五番目のピークとなる。頂には八方岳の立札がある。

山麓は植林で占められているが、岩峰は熔岩に角礫を含み、適当にホールド・スタンスがあり、フリークライムが楽しめるが、岩登りの心得のない登山者は危険な場所が多く、転落事故につながりかねない。簡単に登れる場所ではないと考えて行動してほしい。

とはいえ、新緑・紅葉時、晴天に岩塔からの展望はすこぶるよく、耶馬渓、国東半島の山々の同定も楽しい。大分県北の山々の展望台ともなる。

登山口の熊野には国指定史跡、重文の熊野磨崖仏、鬼が一夜で築いたと伝えられる自然石の乱積石段もあり、一見の価値がある。

〔山道案内〕26

▽**歩行時間＝三時間二五分**

熊野磨崖仏→P1（ピーク1）→妙善坊分岐→囲観音堂→P15（ピーク15）＝田原山　▽**二万五千図＝若宮**

妙善坊の駐車場から田原山往復は近くて、入場料も必要ないのだが、磨崖仏に入場料を払い登山の安全を願ってから登ろう（26―1）。

駐車場から道脇に土産店をのぞいて料金所に入場料を払って奥に進む。石橋を渡り、鳥居をくぐり、鬼の築いた石段を登る。昭和三〇年二月一五日、国指定史跡、昭和三九年五月二一日、国指定重文である大日如来像、不動明王像が巨岩壁に刻まれた、日本一の石仏を見る（26―2）。

さらに登ると奥社があり、すぐ上手樹林の急斜に続くかすかな踏分けがあり、立木にこの道通行止の標識を見る。

カシ、シイの茂る樹林の急登で左上し小尾根に出ると、左に向うやせ尾根を乗越し、東へ向う主尾根の北側や主稜上を東へ進む。ここもやせ尾根に雑木、イバラ、カヤも現れ、季節によりクモの巣を払いながら登ると、西面の展望が開けてくる。

行手は熔岩に巨石を包んだ凝灰角礫岩にイワマツがびっしり生えた岩塔が現れる。左手から容易に塔に立つと、四周の展望が眼前に迫る。鋸刃の最初のピークをP1とする。

踏分けに戻り東進、雑木にカヤのやせ尾根を短く上下、右手妙善坊からの道が出合う。すぐ先が露岩のP2で東へ連なるピークが最奥の田原山の頂まで続き、北側は複雑に尾根が入り組み、これも多くのピークを従えている。

P3、P4は北を巻き、P5は往復、P6、P7は登れず「危険登るな」の注意書がある。南側植林と岩塔基部を下り巻いてさらに登る。P7は未登岩、P8無名岩とある。P9経岩を越えて稜へのコースと、基部を巻き登ると右下から妙善坊道出合い、すぐ上に囲観音堂である（㉖-3）。

堂の左手から稜に上ると右脇には杓子岩がある。道にはロープもある。

稜にはP10があり南北に切立つ細い崖は屏風岩の名を持つ。P11は頂に灌木やマツが生えるので小松岩、P12は股覗き岩で、谷を経た対岸の岩場に男性のシンボル状の岩塔があり、股下から覗くとこれまた、そっくりで立派なこと、暫し、出来合のよさに驚く。

P13は直進困難で、北壁をロープとクサリ、さらにロープで樹林帯まで下り、巻き登る（㉖-4）。するとP14で、左上に立ち、往復後右から巻き進む。すぐ正面がクサリ場となり容易に越えると、岩稜に灌木帯となりぐんぐん登る。正面ドームは右から巻き登ると狭い稜が東へ続き八方岳の標識が立つP15が田原山の頂である（㉖-5）。

八方岳は四方八方展望がよいことから呼ばれたのだろう。耶馬、国東の山々の展望台だ。また、西に連なる岩峰はまさに豊後の万里の長城のようだ。

最後の塔、大観峰は大きくなギャップを経て一〇分で達するが、立札に危険、登らないよ

㉖-1 妙善坊駐車場から望む田原山

㉖-2 熊野磨崖仏は日本でも最大級の仏である

㉖-3 植林から凝灰角礫岩があるなか囲観音の前に登り着く

㉖-4 危険な尾根上を避けて痩尾根を巻き下る

うにと注意書があるので、岩場の心得のない登山者はここらで満足してはどうだろう(㉖-6)。ロープはあるが、全体重を託するわけにはいかない。

よく岩場の通過を見ていると、フィックスロープに全体重を掛けて平気でぶらさがる人を見る。しかし、リーダからの注意はない。ザイルでもなく風雨に晒された工事用の八ミリほどのもの、いつ切れるかも知れない。支点はしっかりしているのか、その姿を見るにつけ冷汗ものである。フィックスロープは補助用、あくまで自分の手足で上下し、バランス保持のためと考えて用いるようにしたい。

ロープを握って全体重がかかると摩擦で火傷するのをご存知か。クライミングロープは岩場で必携する。クサリの場合も突然足元が離れると、両手で全体重を支えることはできない。

下山は往路を戻る。しかし登るより下りのほうが困難。それは視線が足元から遠くなるためである。用心して下ろう。

▽**参考コースタイム**＝熊野磨崖仏(10分)P1(ピーク1)(30分)妙善坊分岐(40分)囲観音堂(40分)田原山(30分)囲観音堂(20分)妙善坊分岐(30分)P1(ピーク1)(5分)磨崖仏

〔問合せ先〕杵築市役所山香支所☎0977・75・1111、山香タクシー☎0977・75・0016、山香温泉・風の郷☎0977・75・1126

㉖-5 田原山の名は無く、最高点は八方岳の痩せた岩塔だ

㉖-6 岩に自信がない登山者は注意書を見てあまり動き回らない。大観峰にて

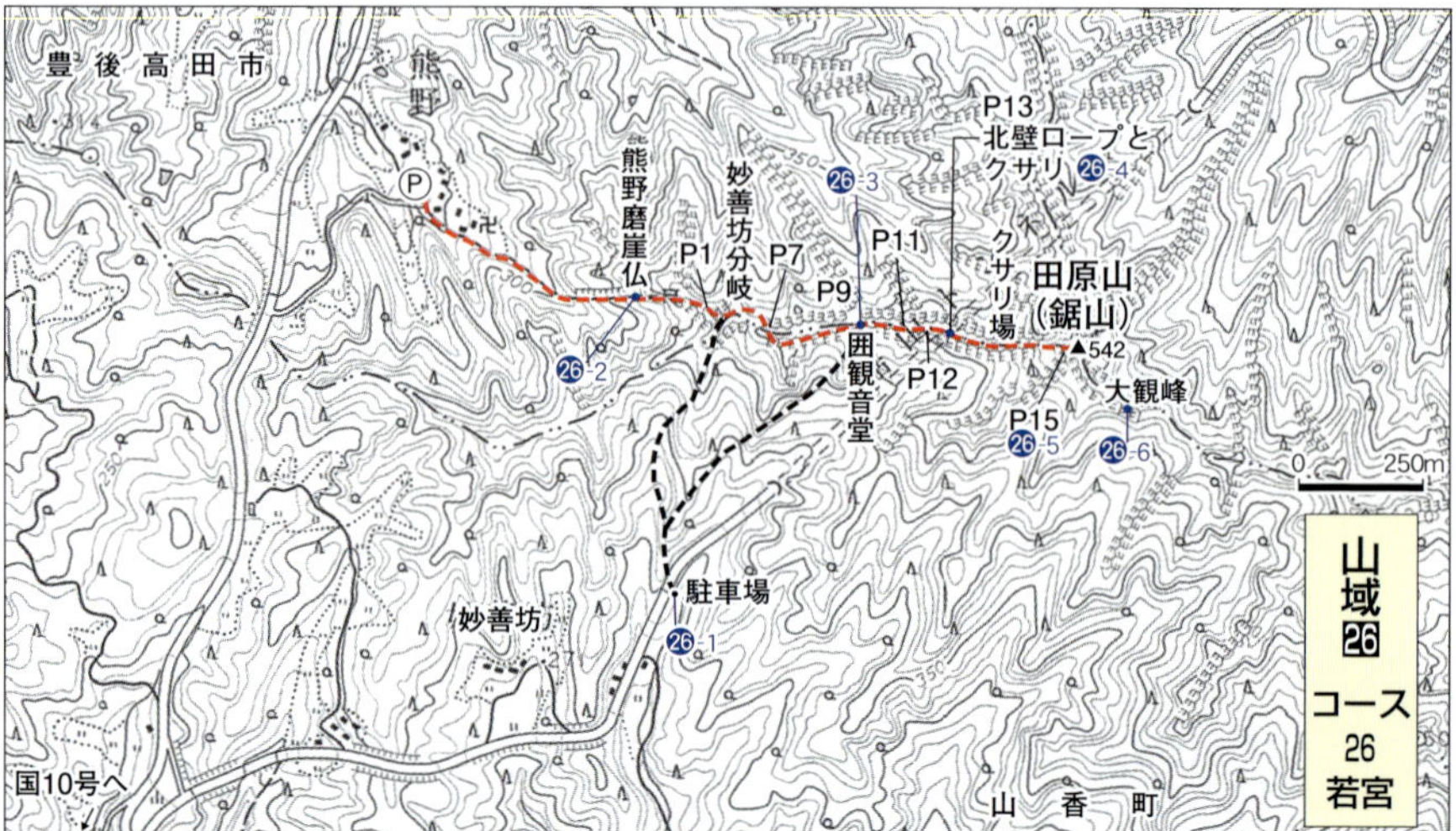

大分県 山域27

両子山《ふたごさん》（720・5m）

仏たちの浄土、国東半島の展望台に遊ぶ。県北部の山から中国・四国まで望む事ができる。

〔山域の魅力〕国東半島は県北東に位置し、径五〇キロ円形をして、周防灘に突き出た半島で、昔は国前とも書かれた。

奈良、平安時代には宇佐神宮の神領地とされ、中央の京都・奈良の文化と接触して「六郷満山文化」と呼ばれる、独特の文化圏がつくられた。今まで半島には、国宝の富貴寺大堂をはじめ、板碑、磨崖仏、国東塔、古仏像など数多くの文化遺産が残されており、盛んであった仏教文化の断片を伝えている。

その半島の中央に両子山があり、放射状に尾根が伸びて海岸まで走り、尾根の間には谷が深く刻まれている。

国東半島には登山の対象としての山もあるが、両子山は最高峰、山頂に展望台があり、寺の境内から山頂まで登山道が開かれ、山頂から半島全域はもちろん、中国地方、四国も望める。

登山道脇には「両子寺七不思議」とされる針の耳、鹿の爪、鬼の背割、といった伝説の旧跡があり、新緑・紅葉時には登山者や札所めぐりの巡礼客で賑わいをみせる。

〔山道案内〕27 ▽**歩行時間＝二時間四〇分**
両子寺バス停→両子寺本堂→両子山→奥の院分岐→奥の院→両子寺本堂→両子寺バス停 ▽**二万五千図＝両子山**

バス停から車道が境内まであり、登山者は遊歩道伝いで両子寺無明橋に達する。

眼鏡橋を渡ると仁王像が迎えてくれ、古い石段が山手に続く。石段両側は水が流れ、苔が生えた古い石は滑るので注意

㉗-1 両子寺駐車場から両子寺を見る

㉗-2 両子山展望台から北側を眺める

㉗−3　標高500 m前後の山々であるが変化に富む山が多い

する。

やがて総合門に達し、さらに登ると左には駐車場や売店のある広場がある（㉗−1）。正面に両子寺本堂、奥の院への階段があり入園料がいる。しかし、登山者は申し出ることで入園料は不要である。

両子寺は、七一八年（第四四代元正帝養老二年）仁聞菩薩の開創された神仏合祀の日本希有の寺院であり、奥の院本殿には、両子大権現、宇佐八幡、仁聞菩薩、千手観音を崇め祀り不老長寿と子授け申《もうし》子《ご》祈願の霊場として、広く国内に知られている。

本堂から右手に出ると、両子川源流で谷沿いに舗装路が上流へと向う。谷を右へ渡り右上すると、奥の院、針の耳、観音石像、鬼の背割を見て車道へ戻るが、見学は下山後として車道を登る。

頭上は照葉樹にカエデが多く、紅葉時は素晴らしい。もちろん若葉の季節も良い。車道と言えども傾斜は急で汗も出る。

ゆるくカーブし竹林、杉林となり風景の変化は乏しい。中腹は車道も急で高度が上ると短いジグザグとなる。頂上直下はヘアピン状となる。一般車両は通行禁止となっている。

やがて蛇行しながらも山頂の西の肩に達し自然林となりヤマボウシ、マユミ、リョウブ、カシ、ヤマザクラが目立ち、右側には電波塔が現れ、車道終点は山頂である（㉗−2、㉗−3）。一等三角補点、二階建コンクリート展望台と方位盤があり山座同定も楽しい。その他無線中継所など電波塔も数基ある。

展望は三六〇度見渡せ、半島すべてを足下に見る。文珠山、千灯岳、尻付山、屋山などが囲み、遠く宇佐・中津の市街、鶴見岳、由布岳、遠くに九重連山、八面山、犬ヶ岳、英彦山まで一望できる。

新年御来光登山がよく、春秋山頂でのんびり弁当を広げるのもよく、自然と展望を満喫したら往路を下る。

▽**参考コースタイム**＝両子寺バス停（20分）両子寺本堂（1時間）両子山（30分）奥の院分岐（20分）奥の院（15分）両子寺本堂（15分）両子寺バス停

〔問合せ先〕国東市安岐町支所☎0978・67・1111、国東市役所☎0978・72・1111、両子寺☎0978・65・0253

大分県 山域28

高崎山

たかさきやま（628・4m）

猿の生息地として知られるトロイデ型の山頂へは簡単に登れる。大友氏の城跡でもあり、展望もよい。ただし猿の群に刺激を与えず注意をよく守ろう。

〔山域の魅力〕高崎山は古くは四極《はつ》山、米山とも呼ばれ、別府湾西海岸のトロイデ火山である。現在は国天然記念物高崎山サル生息地、瀬戸内海国定公園として有名。頂上には南北朝期に築城された大友氏の本城跡がある。

猿の山で、人は登らないのかと思うとそうではなく、週末ハイクには適当な山だ。山頂あたりは落葉樹林で、新緑・紅葉が美しい。それに由布岳、鶴見岳、九重山群と展望も開け、東側樹間から別府湾も見える。

山頂は東西に広く長く、三角点は西端にあり、城跡には石組や土塁が往時をしのばせる。弁当を開くのもよいが、立札の猿に対する注意書きをよく読み、猿と目を合わせないようにしよう。食糧を見せるのはひかえ目にする。

〔山道案内〕28　▽歩行時間＝二時間

城ノ腰か銭瓶峠→高崎山登山口→高崎山　▽二万五千図＝別府東部、大分

登山口へはJR東別府駅下車、タクシーで登山口へ。また、自家用車でも近くに駐車空地はある。大分方面から城ノ腰、東別府から銭瓶峠を目指す。登山口の駐車場は広くて楽に駐車可。

車止めから西進する幅広道は、左前方に鶴見岳、正面に別府市街を見る。高崎山中腹の岩壁を見ると道は右に折れて、ここより歩道は山腹を大きくジグザグを切って登る（㉘―1）。

空堀の案内があり道脇にはアオキの群落が見られる。左上には電波塔反射板が見える。

すぐ先で幅広道は終り、左折する。植林を右に見ながら斜面は緩み、平坦な道となる。広場があり、正面に松が数本立つ城跡に達する（㉘―2）。

西奥には三角点柱がある（㉘―3）。広場北面樹間から別府湾が濃紺色に広がりを見せ、北と西の展望がよい。城跡には猿の糞が散乱している。広い山頂をぐるりと縁を巡り、展望を楽しんだら往路を下山する。

㉘―1　クヌギ林は急坂もなく歩ける。ただ猿の出現が心配

㉘-3 高崎山の山頂を示す祠と石碑

㉘-2 山頂は広く大きな松と雑木林だ。展望はあまりよくない

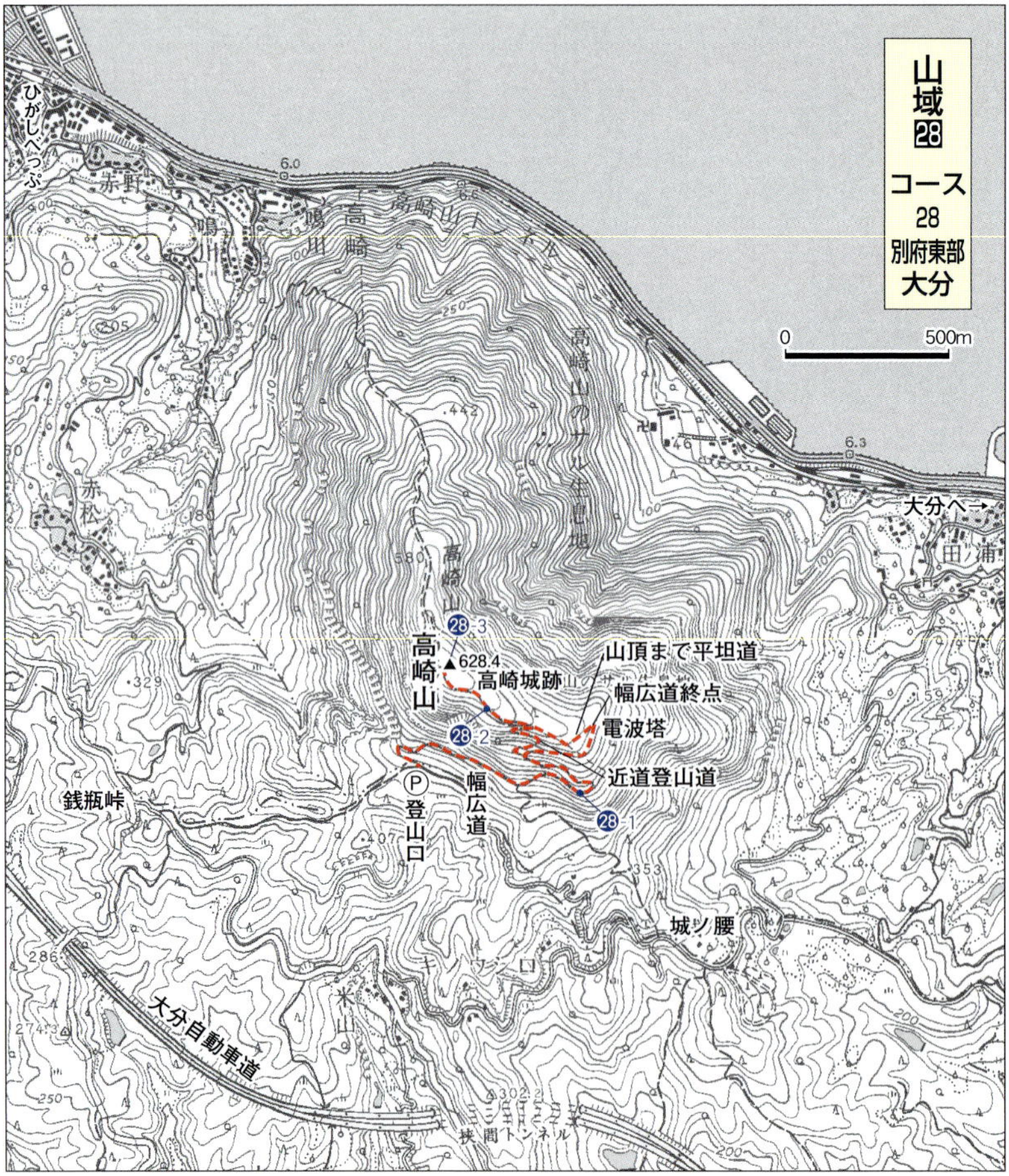

▽**参考コースタイム**＝城ノ腰・銭瓶峠（30分）登山口（40分）高崎山（50分）城ノ腰・銭瓶峠

〔問合せ先〕大分市役所☎0975・34・6111、別府市役所☎0977・21・1111

大分県
山域29

倉木山 くらきやま（１１５５ｍ）　城ヶ岳 じょうがたけ（１１６７・８ｍ）

山麓にはファミリーレクリエーションの場がある。城ヶ岳縦走登山は読図の技術・冒険の要素がプラスされて達成感を味わえるコースとなっている。

〔山域の魅力〕倉木山は由布院と別府市の境にある。速見火山群（由布岳、鶴見岳など）に属する。

北に由布岳、南に城ヶ岳、東に雨乞岳、南西に高尾山と鐘状火山（トロイデ）が続き西北眼下にかつての火口、湯布院盆地がある。

倉木山は三角形のトロイデで、湯布院側は岩壁が露出、盆地に迫り、上部は植林、東は台地となり放牧牛が散見されてのどか、山頂近くまで植林、頂は南北に長く、カヤや背の低い笹に覆われ展望はよい。由布岳、福万山、野稲岳、城ヶ岳、雨乞山、鶴見岳と指呼の間である。

山頂標識は南端、三角点は南北に長い山頂中央部に自然石を並べて目印にしてある。

城ヶ岳は、南一一一四メートルピークを挟んで南にある。この山も三角形の秀峰で、古くは城ヶ獄とも書かれた『豊後国志』には「由布郷の石松林にあり、竹樹鬱茂《そう》、上に廃塞（廃城）あり」とある。

㉙-1 高度が上ると北にいもりが城と由布岳が顔を出す

㉙-2 倉木山三角点は最高点から北に進んだ笹帯の中

㉙-3 倉木山から城ヶ岳を望む

㉙-4 カラマツ林から城ヶ岳へ向う

山麓から中腹は植林と牧野、山頂はわずかな笹とカヤが茂り倉木山と同様台地上の展望台がある。南に庄内、挟間の街が眼下に広がり、南奥に霊山、障子岳など県民の森の山々、遠く祖母・傾山群の眺めが雄大だ。城ヶ岳へは倉木山から一一一四メートルピークをつないだかすかな踏跡とテープを伝って歩くか、または雨乞岳への車道を取り、達することができる。読図の登山となる。

〔山道案内〕29　▽歩行時間＝五時間五分
石松牧場登山口→尾根乗越分岐→倉木山→一一一四メートル→城ヶ岳
▽二万五千図＝別府西部、小野屋、日出生台、湯平

バス利用なら由布岳登山口バス停から牧道歩き三〇分で倉木山登山口だ。広い石松牧場の中央部右手である。

車道終点は小広場となっている。すぐ上手が倉木山から北にのびる尾根乗越で直登コースと、尾根西へ巻き登る樹林コースとの分岐である。

尾根コースは直登の一本道。ヤシャブシ、ナラ、イバラにカヤが道脇を埋めるが、踏分けはしっかりしている。火山灰のため雨後はよく滑るので道を使い分けよう。

尾根道は夏場はノコギリソウ、カワラナデシコなど野の花が咲く。急斜から解放されるとササ帯となり、腰までもぐるが展望はよくなり湯布院盆地が眼下に広がる（29－1）。

稜線歩きは楽しく、三角点まで登り詰めると九重山群まで展開している（29－2）。さらに南進すると山頂標識と西に迂回した登山道に出合う。

山頂三角点にこだわることはないが、最近の登山者は山頂標識がある場所がすべて三角点の場所と思い違いをしている人も多い。

倉木山までの西側コースは樹林帯の緩斜コースから南端カヤ野に出て左折して急登するとわずかで山頂へ達する。展望はほぼ開けて夏向きのコースである（29－3）。

南面は急斜の植林で城ヶ岳へ向う。鞍部まで標高差一七〇メートルやや東の植林界に踏分けがある。

鞍部の東には舗装された車道が来ている。登山口へのエスケープに使える。鞍部から南に荒れたカラマツの植林となり、わずかな踏跡とテープ目印を辿る（29－4）。

標識が完備し、整備された歩道は初心者は安心して歩けるが、山になれると味気なくなってしまう。生命の危険は別として、登山はある程度の冒険をしないと上達もないし、達成感も得られないのではないだろうか。

歩きやすい場所を選び、方向を見極め工夫する。傾斜が緩むと一一一四メートルの広い頂に達し、アカマツも点在する。

南は植林でピークから左右に稜が分岐する。正面の谷は避ける。やや右にコースを取り緩い下りで正面に城ヶ岳を見る。

広い鞍部はカヤ野で一本の踏分けが続く、境界の目印、石積みが南北に続く場所もある。ウツギの灌木帯と左の植林の境を登ると背後に倉木山と由布岳が重なり、あたかも倉木山から由布岳が湧き出たように見えている。

灌木、カヤ、ササを分けると城ヶ岳山頂に飛び出す。展望は三六〇度、春秋の

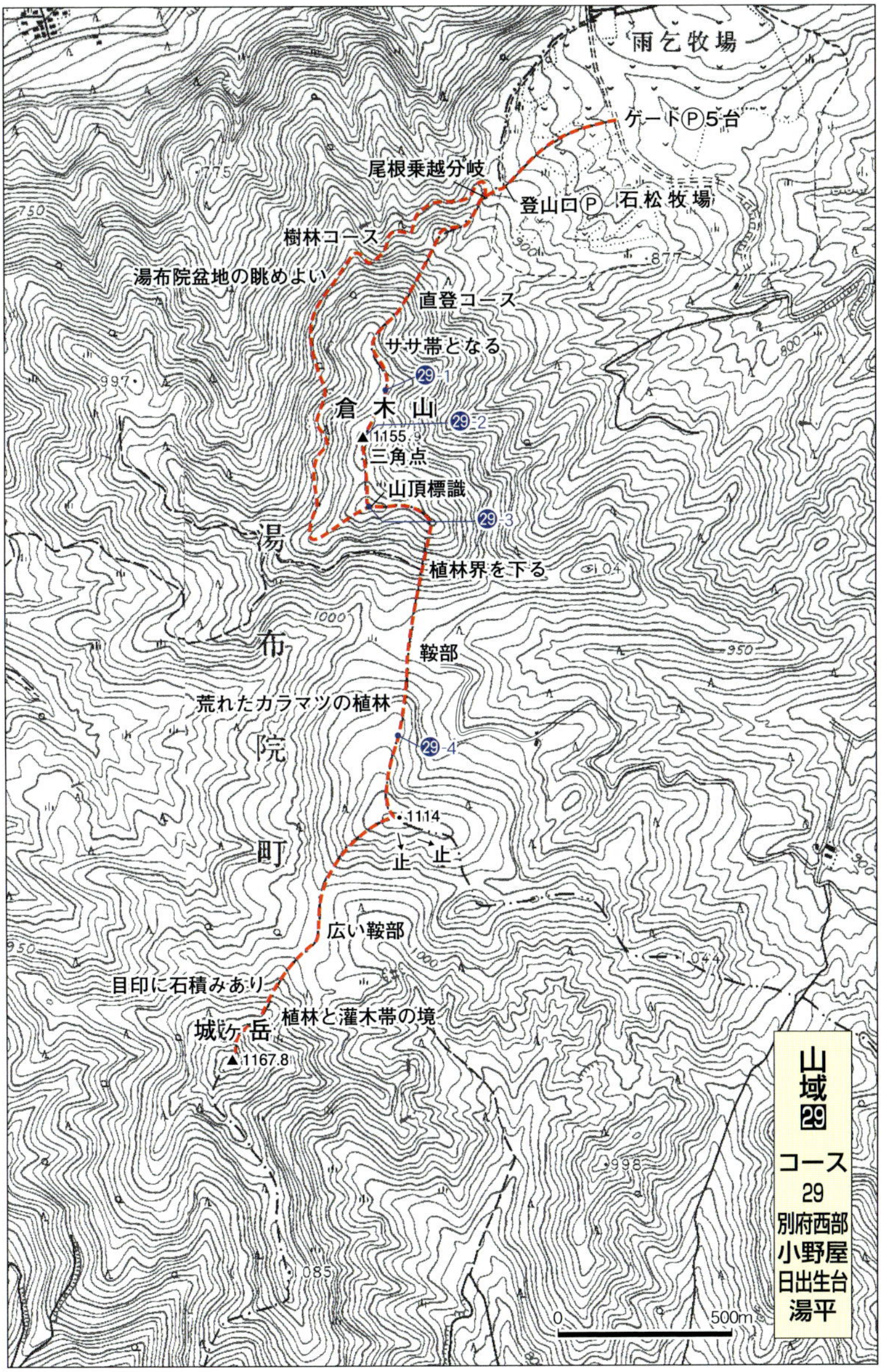

登山は特によく時間のゆるすかぎり自然を満喫できる。

下山は往路を取る。

▽**参考コースタイム**＝登山口（直登1時間）倉木山（20分）鞍部（30分）一一一四メートル（15分）広い鞍部（30分）城ヶ岳（2時間30分）登山口

〔**問合せ先**〕由布市役所湯布院庁舎☎0977・84・3111、亀の井バス☎0977・23・0141、湯布院みなとタクシー☎0977・84・2141

大分県
山域30

万年山

はねやま（1140・2m）

ダブルメサの万年山の山頂は東西三キロに及ぶ草原台地。夏から秋にかけて野の花の種類も多く登山者の目を楽しませてくれる。

〔山域の魅力〕北側から万年山を目指すと、あまりにも頂が近い。車道があれば終点まで車で登りたくなるものだが、荒れた道であれば足に頼るほかない。

汗を流して道脇の湧き水に触れてこそ、冷たさを感じる。長い坂道のあと、四周の展望が開けたときの感動は、歩いた人にしか理解できぬ歓びだ。

牧野道は、歩いて野の花を眺め自然を満喫したいものだ。満足して汗を流し、日ごろの運動不足を解消して山頂へ。下山後は壁湯、宝泉寺、川底など湯量豊富な温泉群が待っているのはありがたい。

〔山道案内〕**30**　**▽歩行時間＝五時間**

柚木バス停→黒猪鹿→下バネ台地→万年山　**▽二万五千図＝豊後中村**

木納水・黒猪鹿集落とも九州自然歩道が通過している。万年山登山案内に従い、行手正面に万年山、上バネ岩壁を見て集落を抜ける。

谷筋に一本の荒れた牧道があり、しばらくはコンクリート舗装道を歩く。畑地から植林となり右に小谷の谷音を聞きながら行く。頭上に空間が開けると背後に九重山群が展開する。

小谷を横切り二分する車道の右を取るとコンクリート舗装の上を小谷が流れ、右に渡ると大きな案内標識がある。植林地を緩く車道は直進し、次第に右に向うころ上バネ岩壁柱状節理が左手に見えて

㉚−1 牧道から次第に上バネの柱状節理が見えてくる

㉚−2 牧野道は吉武台牧場方面へ向う

㉚−3 鎗水方面から万年山牧場を経た登山道はこの避難小屋を通る

くる（30－1）。大きく右から左にカーブする牧道は、三つの支谷を越えて南に向う。

初夏はカワラナデシコ、ネジバナ、ホタルブクロ、ノコギリソウ、トラノオなどの野草が登山者の目を楽しませる。やがて岩壁が右上に真近となり行手が開けて、下バネ台地の一角に達する。

牧道は直進し下バネ台地を西進するが、登山道はササにカヤ混りの上バネを目指して登る。上バネ台地が近づくと、正面に大きく迂回した牧道が出合う。この牧道は台地を西から東に横切り吉武台牧場へと続いている（30－2）。

マツや灌木が点在するササとカヤ野を、右上に上バネを眺めながら登る。短い間隔で道標がある。カヤ野、植林を抜け、ワレモコウ、シモツケソウを見てユウスゲ、シラヤマギクの野の花を見ながらの急登で、露岩が現れると、広い山頂の一角、万年山上バネに達する。

ミヤマキリシマの株や岩塊が点在すると平坦となり腰まであるササやカヤの道を歩く。季節の花が賑やかな上バネを歩き、苔むした塔や祠がある万年山東端に着く。山頂は西に一〇分弱の場所で北からは立派な登山道が出合う（30－3）。

展望は四方雄大で上バネの東西間は三キロもあるメサ台地である。下山は往路を戻る。

▽**参考コースタイム**＝柚木バス停（40分）黒猪鹿（1時間30分）下バネ台地（50分）万年山（1時間30分）黒猪鹿（30分）柚木バス停

〔問合せ先〕 玖珠町役場☎0973・72・1111、九重町役場☎0973・76・2111、日田バス☎0973・72・0528、大分交通☎097・534・7455

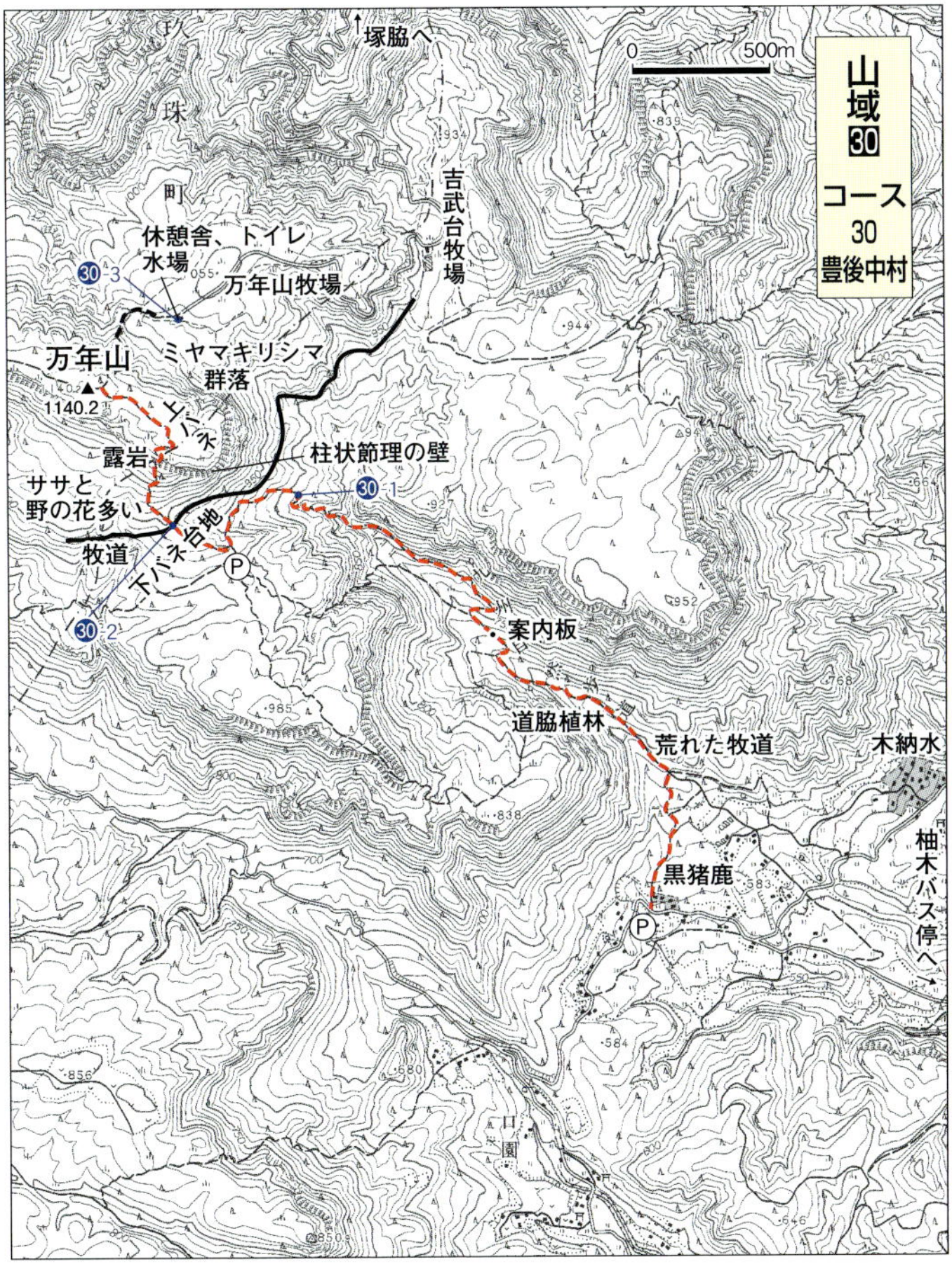

大分県
山域31

酒呑童子山
しゅてんどうじさん（1180・5m）

小鈴山
こすずやま（1142m）

登山容易、落葉広葉樹の新緑紅葉と初夏のツクシシャクナゲの花を観賞しながらのファミリー登山が楽しい。

〔山域の魅力〕酒呑童子山は上津江村、中津江村の境にあり、昔は丹波の大江山と同じく、たくさんの鬼どもが住んでいたと伝えられてきた。山頂は樹木に囲まれた静かな日溜りであったが、近年登山者の数も多くなり樹木が切られ展望がよくなった。

近年目立つ傾向として、樹木で囲まれ展望のない山頂周辺が刈払われ、人工的に展望がよくなった山は多い。このままでは登山対象の山はすべて山頂一帯が荒れることになる。

ヤブ払いのおかげで釈迦ヶ岳、御前岳、渡神岳方面、九重・阿蘇方面の展望も得られる。以前は山頂北から展望は開けていた。頂上付近には寺屋敷と称するところがあって、昔観音堂が建立されていたと伝えられている。

山容は中腹にかけて杉や桧の植林で、スギの人工林は津江材として知られる。川原川は下筌ダムに注ぎ、筑後川に流れているが、上津江村上流はフィッシングパークとして夏場は賑う。

山頂や尾根筋はエゴノキ、リョウブ、ヤマボウシ、ブナ、ナラ、ネジキ、カエデ類が目立ち、新緑紅葉、それに稜線登山道沿いに群生するシャクナゲの花の季節にも訪れたい。

登山は容易で、奥日田林道を利用してカシノキズル峠から小鈴山へ。小鈴峠越か林道からわずかで峠へ達する道もある。なお中川内川方面から登山道があったが、利用者がなく、ササで埋まってしまった。

〔山道案内〕**31** ▽**歩行時間＝二時間五分**
カシノキズル峠→小鈴山→小鈴越→酒呑童子山→カシノキズル峠
▽**二万五千図＝鯛生**

東西に稜を分けるカシノキズル峠は切り通しとなり西稜線上ハナグロ山へは往復二時間弱である。一〇台は駐車可能な広場がある。

登山口から東に入り植林帯にコンクリート擬木段を五分で稜に上る。稜を左に取りゆるい登りから一直線の登りとなる（㉛－1）。小鈴の鈴は鈴竹（クマザサ）が密生する様に由来しており、南側は植林、北側は自然林となり、擬木段は段差が高くしょっぱなから息が乱れる。背後にハナグロ山の頂を眺め小鈴山の頂に出る（㉛－2）。

山頂一帯は荒れているが下るに従って樹林が多くなる。樹間から酒呑童子山の山容が見られ、道に岩場が現れるとクサリの手すりがある。

わずかに登ると、左手がシャクナゲ群落となり急下降してクサリの手すりから丸木段となる。下り終えた場所が小鈴越。

㉛-2 小鈴山の山頂はシャクナゲ群落がある展望なしの静かな場所

㉛-1 いきなり急登ではじまり行手に小鈴山を眺める

㉛-4 雲湧く九重山群の眺め

㉛-3 酒呑童子山との鞍部にある地蔵様

古くは十字路であったが左下がササで埋まりT字路となった。左角には地蔵が祭られ、丸木段が山頂へと続く(㉛―3)。

ここから新緑紅葉ともによく、頭上にはブナ、カエデ類が目立つ。

斜面もゆるみ歩きやすい。山頂直下に達すると急斜となり、クサリ場を過ぎるとなだらかな山頂に飛び出す。前述の通り展望はよくなった。二等三角点の静かな頂だ。北面の展望がよい(㉛―4)。

下山は往路を取る。小鈴越からササ帯わずかで林道に出て、右へ林道歩きでカシノキズル峠に出るのもよい。

▽**参考コースタイム**＝カシノキズル峠(20分)小鈴山(20分)小鈴越(35分)酒呑童子山(50分)カシノキズル峠

〔問合せ先〕 日田市役所中津江支所☎0973・54・3111

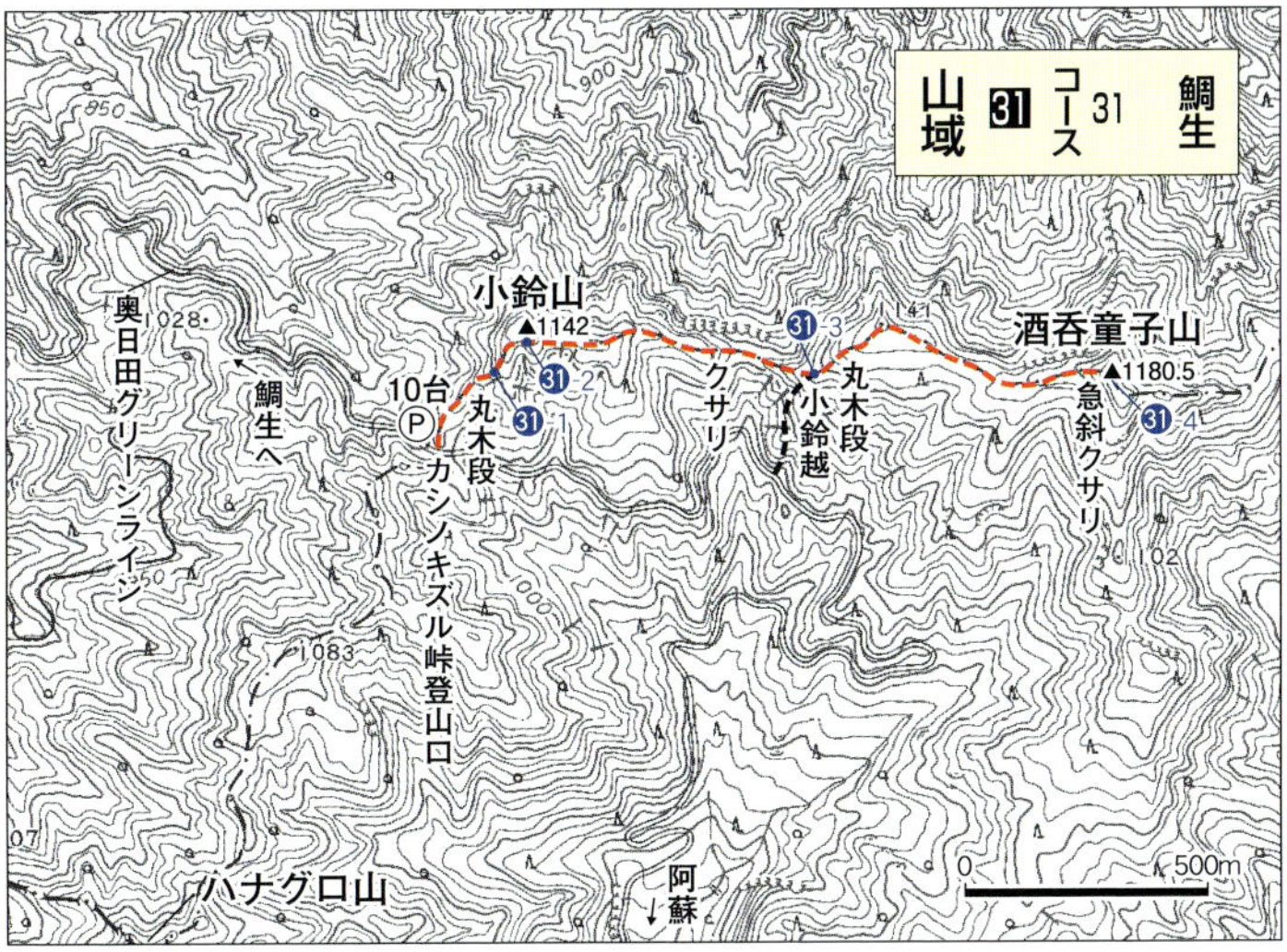

大分県

山域32

渡神岳《とがみだけ》（1150・2m）

椿鼻ハイランドパークのレジャー施設はファミリーで楽しめる。山頂は突峰で一帯は自然林が豊か。新緑紅葉と初夏のシャクナゲの花と展望を楽しみたい。

〔山域の魅力〕 前津江村と中津江村の境にある山。日田盆地から南の津江三山を眺めると、右から御前岳、釈迦岳、渡神岳とあり、

この山域は森林の宝庫である。

津江の山は杉や桧の人工林が多く、自然林ほど四季の変化はないが、植林がこれだけ多いとそれはそれで見事である。

渡神岳は三角形の突峰が遠くから目立ち、登高欲をそそる山である。

いったん山麓にとりついてみると、意外と簡単に山頂をきわめることができる。

山頂西面谷筋にはシオジの大木が目立つ。この木は谷間を好んで群生し、樹高も三〇メートルに達し、初夏に白い小さな花をつける。このあたりの谷に多く、シオジ林の立派な立札もある。

山頂近くは斜面も急で、モミ、ツガ、ブナなど原生林にツクシシャクナゲ、ミヤマキリシマ、ドウダンツツジなど灌木が混る。その昔、神功皇后がこの山に登って戦勝のお礼に神を祀り、後水《あとみず》岳と呼んでいたが、のちに渡神岳と名前を変えたと伝えられる。

最近まで、雨が降らない時、雨乞いの参詣登山が行われていた。山腹上部は明るい自然林で新緑紅葉の探勝に適し、突峰のため展望にすぐれている。

登山には日田、熊本方面から奥日田グリーンラインを伝って椿鼻に向う。久留米方面から国道四四二号、鯛生からグリーンラインで登山口へ。

〔山道案内〕32 **▽歩行時間＝三時間一〇分**

椿鼻→地蔵峠→シオジ林→渡神岳（往復）

▽二万五千図＝豊後大野、鯛生

国道四四二号、鯛生から奥日田グリーンラインで椿鼻に向う。椿鼻の林道開通記念碑下の広い駐車場東奥が登山口となる（㉜−1）。

東南方面に植林された広い尾根が渡神岳に突き上げる。杉林中は作業道が数本交差するが、ほぼ尾根通しの道を行く。

鈍頂を越えると行手が開けて、あたりはカヤ野となり、古い丸木段道の短い下りで、荒れた林道が横切る。地蔵峠である。

峠から幅広尾根の植林中をのんびり東進すると右手の視界が開け、正面に目指す渡神岳が見える。右下に林道がくねり、やがてその支線が尾根まで上ってくる。

林道を突切ってしばらくで登山道は尾根の右下になり、等高線に沿うように山腹を巻いて行く。荒れた小谷を横切り、狭い斜面を横切り渡神岳に近づくと、左上手は自然林となり、頭上はシオジの巨

㉜-1 椿鼻登山口から眺めた渡神岳

㉜-2 山頂からの展望は四周雄大、津江の山脈が広がる

㉜-3 山頂には雨乞いの神が祀られている

木が覆う。足元は夏にはキツネノカミソリの花が賑やかだ。コース中唯一の水場があり、脇にシオジ林の立派な案内標識が立つ。

ここから山頂までは急登だ。喉をうるおしたら斜面に取りつく。崩れた丸木段の斜面を登り小尾根に達し、さらに丸木段を本格的に登る。自然林の斜面にツクシシャクナゲの株が混り、アセビを見ながら再度の急登でジグザグを切ると、展望のよい狭い山頂に飛び出す(㉜-2、㉜-3)。

頂に北側から出合う登山道は、山の東面の石建峠からの急登道だ。日田から中津江への車道から約八〇〇メートルの距離で山頂だ。山頂の中央に祠と三角点があり、西を除いて展望雄大。南に酒呑童子山、その右奥はるかに八方ヶ岳、東は九重連山、万年山などゆっくり展望を楽しもう。

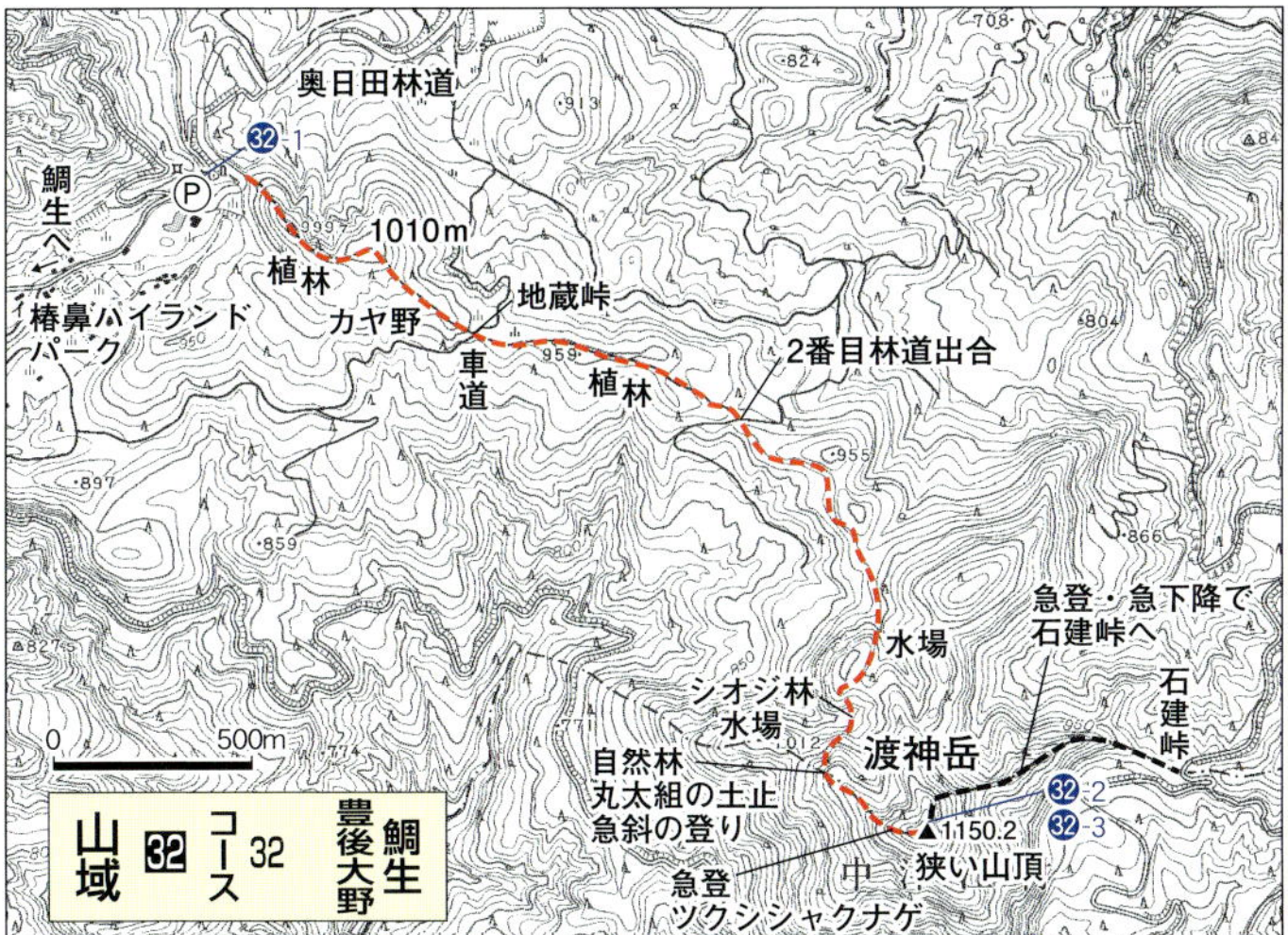

下山は往路を帰る。

▽**参考コースタイム**＝椿鼻(1時間)二番目林道出合(20分)シオジ林(30分)渡神岳(1時間20分)椿鼻

問合せ先 日田市役所前津江支所☎0973・53・2111、椿ヶ鼻ハイランドパーク☎0973・53・2358、「風の湯」の入浴施設あり

大分県
山域33

越敷岳　緩木山

こしきだけ（１０６１ｍ）　ゆるぎさん（１０４６ｍ）

岩峰の越敷岳は展望雄大で急峻な地形がアルペン的。緩木山は山頂一帯自然が豊かで新緑紅葉と両山をつなぐ稜線展望が魅力的な山。

〔山域の魅力〕　越敷岳は大分県竹田市と熊本県高森町境界にあたる。祖母山から北西に延びる稜線上に岩塊が突出し、その形からいぼ山、蒸器に似るため甑《こしき》岳とも呼んでいる。

あたりは緩木山高源寺の僧修行の跡が残り、由緒ある場所らしい。

緩木山は山麓に緩木神社、山頂直下に上宮緩木明神があり、高源寺の僧侶が祭を司った。また緩木山、越敷岳は日向・肥後と接する要衝の地。緩木城、高城といった史跡がある。

登山口までのアプローチがわかりにくい。国道五七号を通り大分県竹田市菅生の道路標識に従って萩町を目指す。

山崎川、大野川を渡りトンネルを抜け、広域林道田原集落から立派な林道を左折。しばらくで緩木神社、さらに越敷岳・緩木山登山口へ向う（㉝—１）。

十字路を山側へ入り、T字路が杉林にあり右折、道脇に駐車スペースを探す。

〔山道案内〕33　**▽歩行時間＝五時間五〇分**

越敷岳登山口→御聖洞→越敷岳→緩木山→越敷岳登山口

▽二万五千図＝豊後柏原

十字路を右折して車道を山上目指して歩く。左上への分岐を取ると、左へのカーブ地点（涸谷手前）から右上する植林道が登山道。車道も左から大きく巻いて涸谷で終る。

涸谷左から登山道を登ると左手に涸谷があり、長方形の大石が数個散在する。仙人枕の呼び名がある。

谷のすぐ上手左上に明神の滝がある。地質は流紋岩で浸食により崩落した岩が仙人枕で、残りの岩が滝となり八八メートルの落差がある。

左上に岩壁を見ながら植林の急登で岩壁基部に達し、左基部に御聖洞がある（㉝—２）。ここは緩木山高源寺開祖、永壽法印御修業の地とある洞窟だ。天候急変時は十分利用できる。

すぐ上手が稜線で、右手しばらくで挟み岩や、展望台がある（㉝—３）。この挟み岩を渡ると善悪を試すによい場所と言われている。登山道は左手の急斜面で、しばらくで頭上に越敷の岩塊を仰ぎ、クマザサが現れると稜上に出る。

稜から西へ向かう。ササ帯の一本道を短く急登、左手に高森町神原からの登山道が出合い、さらに登ると、正面岩壁基部に突当る（㉝—４）。

山頂へは左右に道があり右手がよい。岩塊基部を巻き登ると浅い洞がある。御神水があり、飲むと知恵を授かるという。

右手から左上すると祠のあるテーブル状の山頂に飛び出す（㉝—５）。展望はよく南に神原、その奥に筒ヶ岳、西に阿蘇、東は祖母山、緩木山、北は波野の高原から九重山群・由布岳・鶴見岳とパノラマが開ける。

山頂東にも洞がある岩場の間から右下に巻き下ると左手に岩屋を見る。山塊の基部を左に取ると登りに分れた分岐に戻り、ササ帯の道から越敷岳・緩木岳分岐に戻る。

尾根は東に一直線で祖母山へ続く。境界見出標や赤い目印が目立つが登山道もよく踏まれている。南は伐採地の緩斜面、北側は自然林の崖か急斜が続く。一〇二二メートルピークから一〇六〇メートルピークを過ぎると登りが多くなる。伐採後のカヤ野が南面に現れ、景色を眺めながら歩くのが気持ちよい。

尾根の奥に一二九六メートルの姿のよいピークが近づくと、緩木山の位置が北となり、稜上祖母・緩木山分岐でヘアピン状に緩木山への稜がわかれる。

雑木と松の茂る稜を緩く下る。稜は痩せて両側とも急峻、東に神原の民家が見えている。台地上の稜に上り、短い急斜

㉝-1 緩木神社付近から眺めた越敷岳

㉝-2 稜の途中に御聖洞の穴があり悪天候時は役に立つ

㉝-3 展望台へ寄り道すると遠くに緩木岳の台形が見える

㉝-4 熊本県側神原分岐を合わせて西進すると越敷岳の岩壁に突き当る

㉝-5 越敷岳山頂広場と祠を見る

の上下を繰返す(㉝-6)。ブナ、ツガ、ハイノキ、シオジ、アセビが目立つと正面に露岩が現れる。直登から左巻きに登り、西側から東にわずかに登ると自然林に囲まれた美しい台地状の頂に達する(㉝-7)。新緑紅葉時が気分がよい。

㉝-6 さしたる登りもなく稜線漫歩を楽しむ

㉝-7 緩木山の山頂は林の中にある自然豊かな場所だ

山頂北斜面に緩木明神宮がある。下山は西に、急斜から岩稜に出ると越敷岳や辿った稜線がよく見える。すぐ植林に入り右下に向けて急下降する。

わずかに水がある谷から谷沿いに下り植林中を歩くと林道に出る。

左谷に砂防提を見て、荒れた浅い谷をぐんぐん下ると、コンクリート舗装車道わずかで、越敷岳登山口に下山する。

▽**参考コースタイム**＝越敷岳登山口(30分)林道近道(20分)林道終点(40分)展望台(40分)緩木山・越敷岳分岐(20分)越敷岳(10分)緩木山・越敷岳分岐(1時間10分)祖母・緩木山分岐(1時間)緩木山(1時間)越敷岳登山口

〔問合せ先〕 竹田市役所☎0974・63・1111、荻町役場☎0974・68・2211

熊本県

山域34

阿蘇

杵島岳《きしまだけ》（1326m）
往生岳《おうじょうだけ》（1238・1m）

杵島岳第一火口壁のイワカガミ、第三火口壁のミヤマキリシマの開花期は穴場的な場所。両山とも草山は三月の野焼きや「阿蘇の火祭り」の舞台になる。

〔山域の魅力〕 杵島岳は阿蘇五岳の一峰である。草千里ヶ浜を中心に、正面に烏帽子岳、背後に杵島岳、往生岳と南北に並んでいる。杵島岳は山頂と東山腹に三つの火口跡が並び、北東で往生岳と接している。

両山共北西側からは美しい円錐状の斜面に見えるが、多くの深い浸食谷がある。火口縁や山腹にはミヤマキリシマ、イワカガミ、マイヅルソウなどの花も見られ、花の季節はハイカー、登山者でにぎわいを見せる。

両山とも西斜面は三月に行われる阿蘇の火祭火文字の会場となり、夜空を彩る。野焼き直後から若草の五月上旬の往生岳は、一年で最も簡単に頂に立てる。

〔山道案内〕34 **▽歩行時間＝四時間五分**

古防中→杵島岳第二・三火口分岐→第二・第三火口底→往生岳→杵島岳火口壁→杵島岳→古防中　▽二万五千図＝阿蘇山

古防中バス停近くに数台の駐車スペースはある。ここは八世紀～一二世紀にかけ火山信仰と山岳仏教が結びついて栄えた。西国一の霊場で三七坊、五〇余の庵が軒を連ね、四〇〇人近い僧侶が修業を積んでいたといわれる。

スキー場跡地から草山に舗装された遊

㉞-1 杵島岳登山道から初夏の往生岳を望む

㉞-2 春３月ともなれば阿蘇の火祭や野焼きが行なわれる

歩道が伸び、展望台地一二二四メートルからは四周に展望が開ける（㉞ー1）。わずか西へ下ると第二・第三火口分岐に達し、北に入ると道は二分し、直進は火口展望台へ、右方向はミヤマキリシマ群落から東進し、第三火口の東壁を伝って北へ灌木やカヤを分けると、火口鞍部わずか手前に達し、左が第二火口底へ。

南に砂地、わずかな踏分けから左に折れて第三火口底へ下る。ここは火口斜面にミヤマキリシマが群生している。

火口鞍部手前に戻り、杵島岳と往生岳との鞍部を目指して杵島岳側斜面から出ると、東北へ往生岳南峰斜面を登る（㉞ー2）。すぐ南峰に出て広い台地を東から北へ廻り込んで、往生岳の三角点に出る。夏は背丈ほどの草だが野焼後は楽に頂に立てる。

杵島岳との鞍部に戻り、北斜面から南へ標高差七〇メートルも登ると尾根に出て、西上へとわずかな踏跡を伝い、火口北壁に飛び出す。杵島岳山頂へは南へ直進すると近く、西から南に巻いても時間の差は少ない。火口壁はミヤマキリシマ、イワカガミの群落が花期には賑やかである（㉞ー3）。

杵島岳の頂は南の一角、草山が休憩によい（㉞ー4、㉞ー5、㉞ー6）。下山は南に直下降すると古防中に戻る。遊歩道を下ると車道脇へ出て、草千里展望台、博物館方面が近い。

▽**参考コースタイム**＝古防中（30分）展望台（5分）杵島岳第二・三火口分岐（30分）第二・三火口底（30分）杵島往生岳鞍部（20分）往生岳（10分）杵島往生岳鞍部（30分）火口北壁右通り（20分）杵島岳（10分）草千里分岐（20分）古防中

〔問合せ先〕烏帽子の頂に同じ

㉞-3 杵島岳の火口北壁から山頂方面の眺め

㉞-4 杵島岳第２・３火口を杵島岳山頂から眺める

㉞-5 杵島岳第１火口、奥は中岳の噴煙

㉞-6 杵島岳の山頂から東に第２火口、中岳、高岳を見る

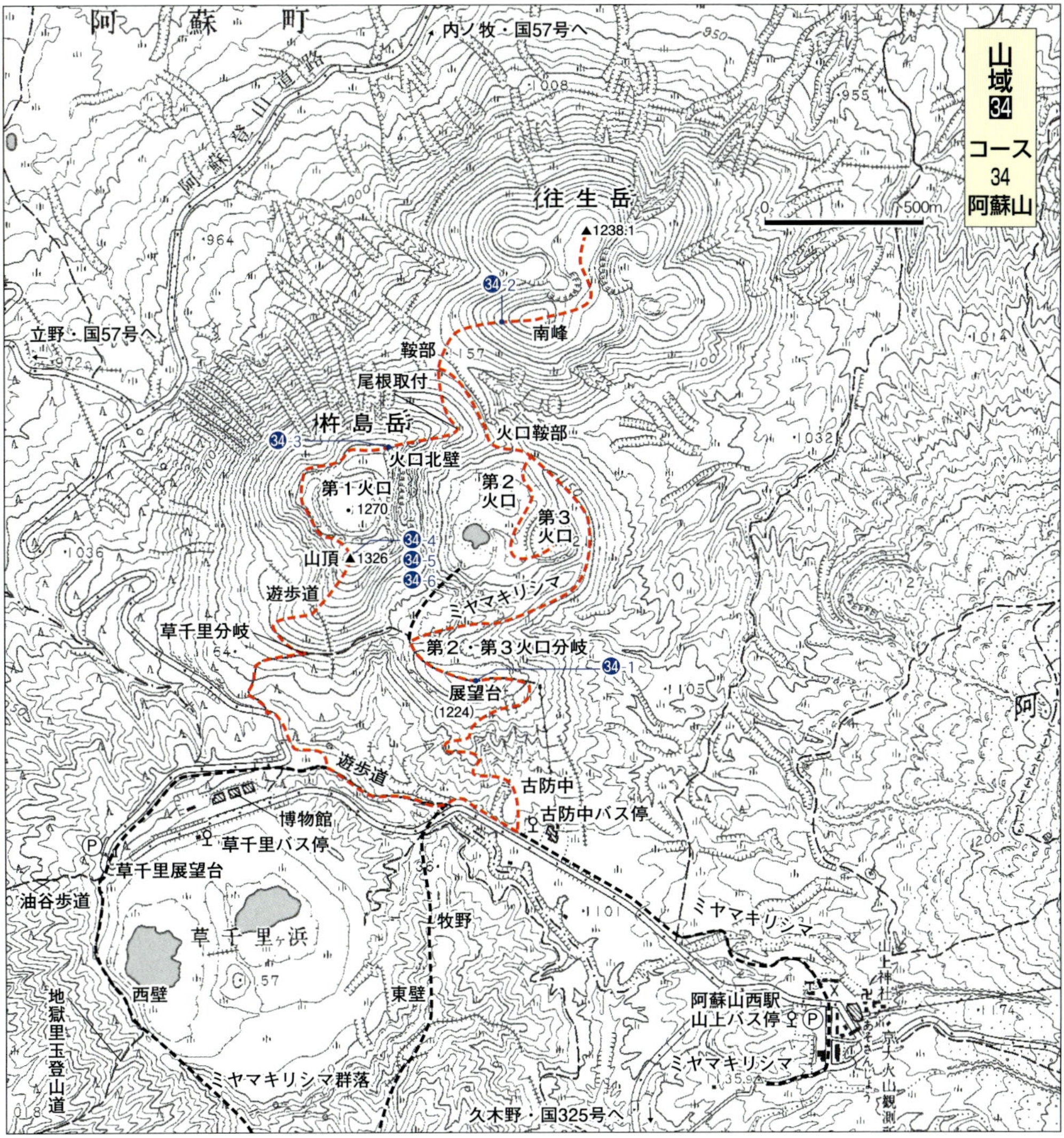
山域
34
コース
34
阿蘇山
0
500m
阿
蘇
町
内ノ牧・国57号へ
阿蘇登山道路
往生岳
▲1238.1
34-2
南峰
立野・国57号へ
鞍部
尾根取付
杵島岳
34-3
火口鞍部
火口北壁
第1火口
・1270
第2
火口
第3
火口
34-4
山頂▲1326
34-5
34-6
遊歩道
ミヤマキリシマ
草千里分岐
第2・第3火口分岐
34-1
展望台
(1224)
遊歩道
古防中
古防中バス停
博物館
草千里バス停
草千里展望台
油谷歩道
牧野
草千里ヶ浜
西壁
東壁
ミヤマキリシマ
阿蘇山西駅
山上バス停
ミヤマキリシマ
山上神社
京大火山観測所
地獄里玉登山道
ミヤマキリシマ群落
久木野・国325号へ
阿

熊本県

山域35

阿蘇

高岳《たかだけ》（1592・4m） 中岳《なかだけ》（1506m）
皿山《さらやま》（1303・4m）

登山者にあまり知られていない山域である。自然が豊かで初夏のミヤマキリシマ群落は見事。ただし、自然に誘惑され簡単に進入すると帰路を断たれ恐い思いをするので要注意。

〔山域の魅力〕中岳は現在活動中の火口をもち、山頂は東の高岳と稜線続きである。地形は熔岩や噴出物で荒々しい。

東峰から中岳に連なる稜線は南北西側とも急崖で、登山道をはずれると進退きわまる場所が多い。遭難騒ぎも常に起きているので、特に悪天候時には注意が必要である。

中岳・高岳への登山道は四方からある。コースそれぞれに特徴がありおもしろい。

〔山道案内〕35

▽歩行時間＝四時間三〇分

阿蘇山西駅→砂千里浜→皿山往復→中岳→高岳

▽二万五千図＝阿蘇山

阿蘇山西駅は観光客で賑わう場所。中岳火口観察の玄関口で、ロープウェー乗場、火口壁まで車で登れる。シーズン中は有料駐車場以外は空車待の状態が続く。JR阿蘇駅や熊本交通センターからバス利用もできる。

登山口は町営有料道路料金所脇にあるため、火山ガスが発生すると、火口周辺は立入禁止となるので、このコースも入口で登山禁止となる。

車道沿いに砂千里入口の駐車場から右手に向い遊歩道を歩く（㉟―1）。一般的には砂千里浜の中央を突切り一四九六メートルのピークを目指す（㉟―2）。中岳、高岳へ向う道と南側皿山との間の丘から、倶利伽羅谷分岐を左手に見て砂千里道と出合う登山道がある（㉟―3）。砂千里中央を突切る道は視界不良の場合、地図・磁石を持たない登山者は目標がないため歩行が困難であろう。

さて、砂千里・皿山分岐から右手の丘を目指し、東へ進む登山道と分れて南進してゆるやかな草付斜面を登る。一二九三メートルピークの上に立つと南に皿山が姿を見せる。火山礫や熔岩の道（稜線）を直進すると、斜面はミヤマキリシマ、ヤシャブシに覆われ、尾根が幅を狭めて山頂に達する。

正面（南方向）南郷谷を眼下に、南外輪山から奥には九州山地の山々が一望できる。意外と簡単に頂を極めたわりには展望は雄大だ。

砂千里・皿山分岐にもどる。初夏は皿山東斜面はミヤマキリシマ群落が見事だ。登山者が少ないため保護がいきとどいており人に汚されてない自然が残っている。

小高い丘から倶利伽羅谷が右下に見える。地震観測計を道脇に見て東進すると、

㉟-1 登山コース脇の避難壕は噴火にそなえて役立つだろう

㉟-2 木道の左手の砂中を歩くと火口入口が不気味だ

㉟-3 倶利伽羅谷源頭にある立札はよき目印となる

㉟-4 熔岩塊を縫うように登って行く

㉟-5 南峰が眼前となり左手に火口が望まれる

㉟-6 高岳山頂から西面、登山道と中岳方面の眺め

ガレた窪地から一三四六メートルピーク上手で行儀松コースと出合う。行手右上に一四九六メートル南峰を見て稜線まで登る（㉟ー4、㉟ー5）。左折して赤茶けた稜を北進すると、高岳と中岳分岐に達し、右の高岳を目指す。仙酔峡方面を眼下に眺めて、熔岩壁から熔岩斜面をジグザグ切ると、荒涼とした景色の高岳山頂に出る（㉟ー6）。

▽**参考コースタイム**＝阿蘇山西駅（30分）砂千里・皿山分岐（30分）皿山（20分）倶利伽羅谷・砂千里道出合（40分）1496メートル（20分）中岳（30分）高岳（1時間）倶利伽羅谷・砂千里道出合（40分）阿蘇山西駅

【問合せ先】 南阿蘇村白水庁舎☎0967・2・9111、阿蘇市役所☎0967・22・3111

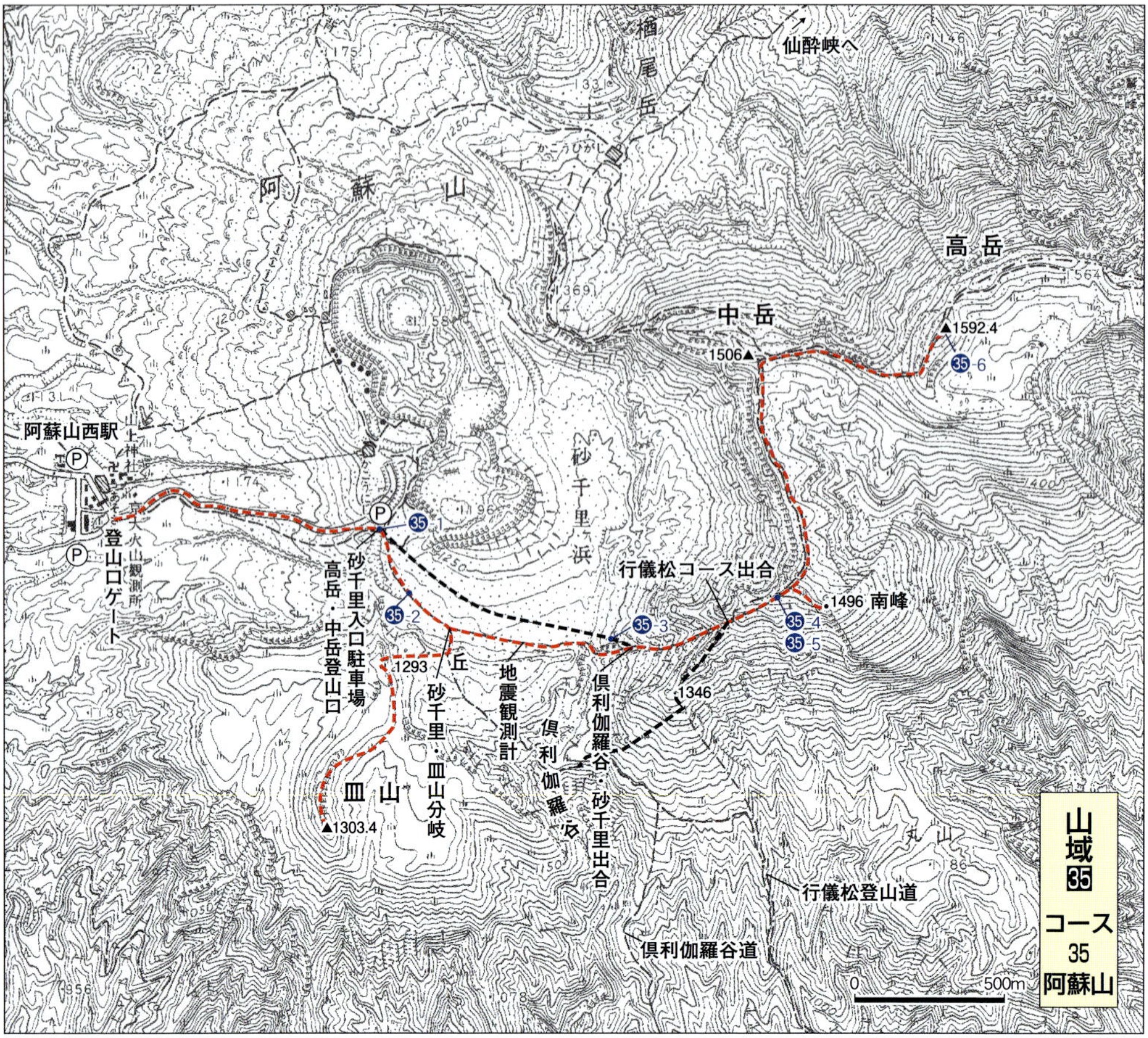

山域35
コース35
阿蘇山
仙酔峡へ
楢尾岳
阿蘇山
高岳
中岳
1592.4
35-6
1506
阿蘇山西駅
砂千里浜
35-1
登山口ゲート
火山観測所
砂千里入口駐車場
高岳・中岳登山口
35-2
行儀松コース出合
1496 南峰
35-3
35-4
35-5
1293
丘
地震観測計
砂千里・皿山分岐
倶利伽羅谷・砂千里出合
倶利伽羅谷
1346
皿山
1303.4
行儀松登山道
倶利伽羅谷道
0
500m

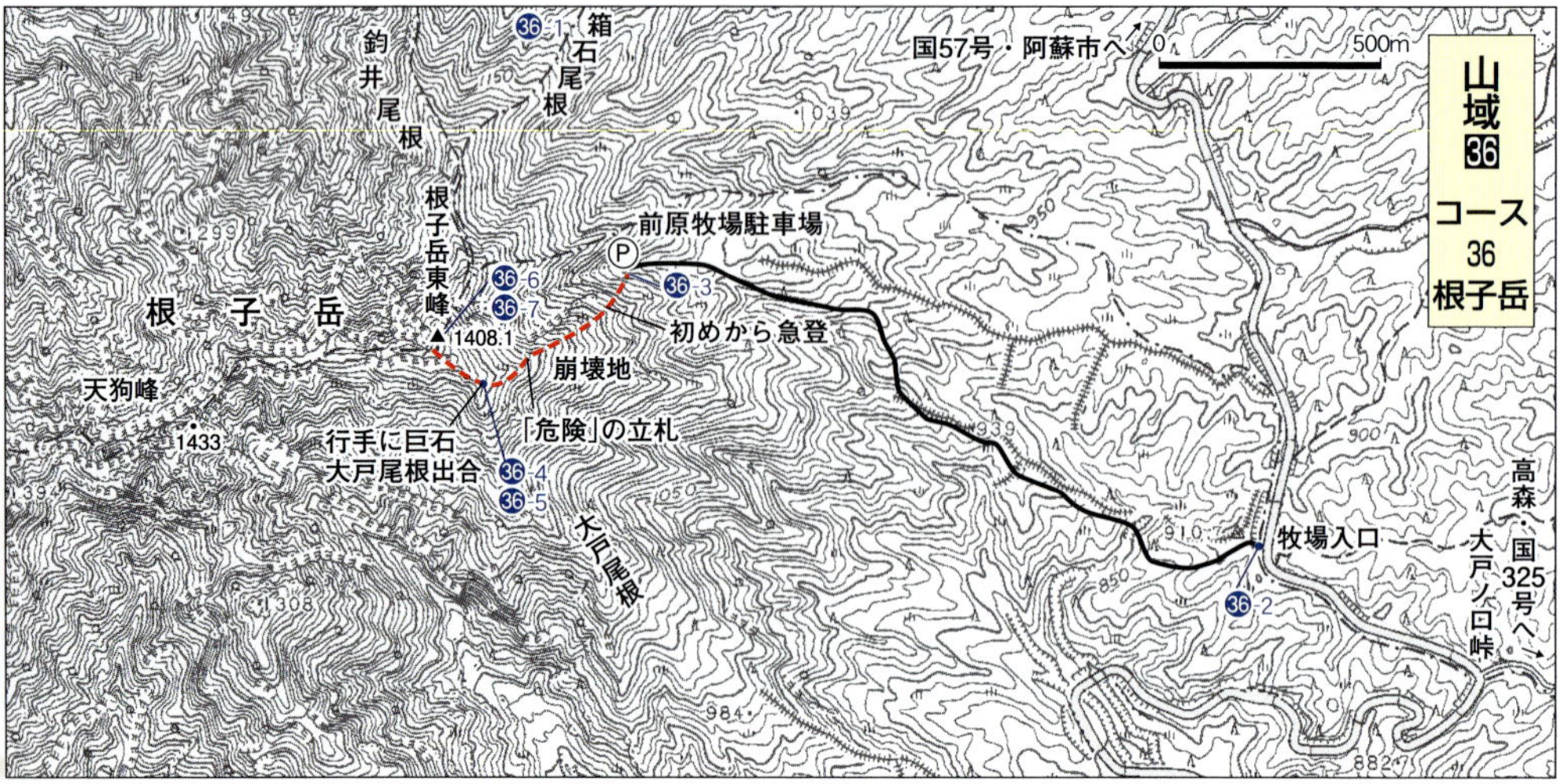

山域36
コース36
根子岳
36-1
箱石尾根
釣井尾根
国57号・阿蘇市へ
0
500m
根子岳東峰
36-6
36-7
1408.1
前原牧場駐車場
36-3
初めから急登
根子岳
崩壊地
天狗峰
1433
「危険」の立札
行手に巨石
大戸尾根出合
36-4
36-5
大戸尾根
牧場入口
36-2
高森・国325号へ
大戸ノ口峠

熊本県
山域36

阿蘇
根子岳東峰

ねこだけとうほう（1408・1m）

※地図は104頁に掲載

急峻な岩峰に映える新緑紅葉は天下一品。ミヤマキリシマ、ヤマボウシの樹の花、フシグロセンノウ、リンドウ、ウメバチソウと野の花の種類が豊富な山。

〔山域の魅力〕 南面から眺める根子岳は四周から眺める山容とあまり変化はない。とはいっても北側は影が多く峻険、南側は明るく感じる。

北の阿蘇市側が阿蘇の玄関口であるが、カガミガウド東側にある釣井尾根が東峰への登山口。さらに北東に走る箱石尾根にもコースがある（36－1）。

東の大戸ノ口峠側には顕著な尾根はないが、前原牧場の中央から東峰山麓まで車道があり、急斜な尾根から山頂まで前原牧場コースが突上げる。東峰に登るコースでは距離・歩行時間とも一番早いコースである。

〔山道案内〕36 ▽歩行時間＝二時間二〇分

牧場駐車場→崩壊地→大戸尾根出合→根子岳東峰 ▽二万五千図＝根子岳

大戸ノ口峠から西へ五〇〇メートル進む（36－2）。右にカーブする地点から左に牧道が分かれ牧野を東峰山麓へ向う。牧野終点に広い駐車場があり（36－3）、山頂から東へ落ちる尾根が左手牧野境界の鉄条網まで降りてきている。杉の木脇に登山届箱が設置された場所が登山口だ。

最初から急登で、尾根の一本道だ。灌木帯に一本の火山灰土の道が続く。両側に浅い谷を見ながら登る。背後（東方向）は祖母・傾山方面まで植林帯が続き、展望はよくなる。

左手急斜面の崩壊谷を見る。右上に東峰山頂方面を眺めると、行手に「危険」の立札があり、崩壊地に登り着く。右手から注意して登ると両側とも灌木帯となる。

背の低いササにカヤが道脇に広がり、相変らずの登りが続く。正面に巨石が現れ右から巻上ると、左下から大戸尾根コースが出合う（36－4）。

巻いた巨石は休むによい場所だ。東側の展望がよい（36－5）。登山道は右上し、カヤ・ササ混りの急斜から根子岳天狗峰、高岳方面（西方向）が見渡せる。

草付の道を頑張ると左に縦走路を分け、一〇メートルも吊り尾根を突切ると東峰山頂に飛び出す。山頂中心に露岩があり、ミヤマキリシマ灌木に囲まれた展望のよい山頂には北から釣井尾根コースが上ってきている。

北に、外輪壁から波野、久住高原、奥に九重山群、西は阿蘇高岳。南に、南外輪山から奥に九州中央山地。東に、祖母・傾山、大崩山方面と展望雄大である（36－6、36－7）。

㊱-1 箱石峠から秋の根子岳左東峰

㊱-2 大戸ノ口峠から北へわずかで前原牧場ゲート、行手に根子岳東峰が見える。山麓まで牧道を伝う

㊱-3 登山口は尾根末端で杉林にある

㊱-4 大戸尾根出合には目印となる大岩がある。岩上はとっておきの休憩場所だ

㊱-5 大岩上から東の眺め。祖母・傾山群が開ける

㊱-6 初秋のカガミガウド方面の眺め

㊱-7 西には天狗、高岳と峻険な山容が続いて見える

下山は往路をもどる。

▽**参考コースタイム**＝牧道終点登山口（50分）崩壊地（25分）大戸尾根出合（15分）根子岳東峰（50分）牧道終点登山口

〔問合せ先〕高森町役場☎0967・62・1111

熊本県

山域37

阿蘇

俵山

たわらやま（1094・9m）

野焼き、ワラビ狩り、野の花、ススキ野、九州中央山地の展望台とレクリエーションの場。四季折々季節の移ろいを感じることができる山。

〔山域の魅力〕外輪山の一角である俵山は、南外輪山の西端にある。西原村一帯の家畜生産農家の牧野、採草地が広がっている。春の野焼きにはじまり、若草の芽立ち、ミヤマキリシマ、アソグミの花、マツムシソウ、カワラナデシコ、リンドウ、ヤマラッキョウ、ウメバチソウなど牧草に混じる野の花が目を楽しませる。

晩秋は家畜の冬の飼料である草こずみが見られる。

登山口近くには、温泉力の湯、地下から湧出する清水の揺ヶ池、日の丸公園と萌の里がある。山麓ドライブ、パラグライダーなどと楽しみが多い。『決定版九州の山歩き』で説明出来なかったコースが多数あり、その一部を紹介する。

コースは俵山から南に取り、牧野から揺ヶ池に下山する。長大なコースとして、山頂から南外輪を半周するコースが、東端清栄山まで整備されている。登山者であれば早発で高森までの健脚コースやその他、俵山峠コースが一番近い。

〔山道案内〕37

▽歩行時間＝二時間一〇分

俵山山頂→防火帯分岐→送電塔→巡視路分岐→揺ヶ池登山口

▽二万五千図＝立野、大矢野原

俵山の山頂はカヤが切れて広く、弁当を開くには格好の場所だ。もちろん展望も申し分なく、西に熊本平野から遠く雲仙、天草まで見渡せる（㊲−1）。

南は冠ヶ岳、大矢野岳、清栄山など南外輪から九州山地、東は南郷谷から阿蘇五岳、遠く祖母・傾山塊が煙っている（㊲

㊲−1 俵山の頂から東に阿蘇中央火口丘を眺める

㊲−2 山頂から南外輪山の眺め。右から冠岳、大矢岳、大矢野岳、高千穂野と続いている

㊲-4 牧道から送電線巡視路を近道する背後は俵山方面

㊲-3 揺ヶ池方面へは防火帯を下っていく

㊲-5 揺ヶ池方面目指して緑の牧野歩きはのんびり行こう

ー2)。

揺ヶ池への下山は南進する尾根の防火帯を下る(㊲-3)。カヤに囲まれたなかをのんびり歩くと、傾斜が緩み桧の植林となり夏場は一息つける。

やがて再度カヤ野となり防火帯は右にカーブするので、踏分のできたカヤ野を直進して下る。やがて凹地となり、左右に植林があり、左の植林境を下ると、植林中の斜面を横切る。広い尾根には水も流れる谷源頭を横切って行くと、正面に深い谷が現れ、奥に一ノ峯方面が眺められる。

踏分は西進し、すぐ送電鉄塔基部に達し、右に折れてすぐ牧野道(車道)に飛び出す。車道をカーブしてほぼ送電線沿いに北に取って下る。しばらくで右下の谷に向って送線巡視路が下る(㊲-4)。

この巡視路を取ると草のクッションで歩きやすい。谷へ下り谷沿いに西の送電鉄塔基部まで伝い、鉄塔の巡視路分岐で牧道が左に分れる。

南進して涸谷を突切り谷沿いに下ると、正面に萌の里公園がある(㊲-5)。下山口の目印となり、カヤ野しばらくで涸谷を右に渡り返すと公園の一角に達し、揺ヶ池登山口まではわずかである。

▽**参考コースタイム**＝俵山山頂(20分)防火帯分岐(20分)送電塔(50分)送電巡視路分岐(10分)送電塔(30分)揺ヶ池登山口

〔問合せ先〕 西原村役場☎096・279・3111、九州産交バス総合案内☎096・354・5451、阿蘇飛湯の里龍神の湯☎096・279・2266

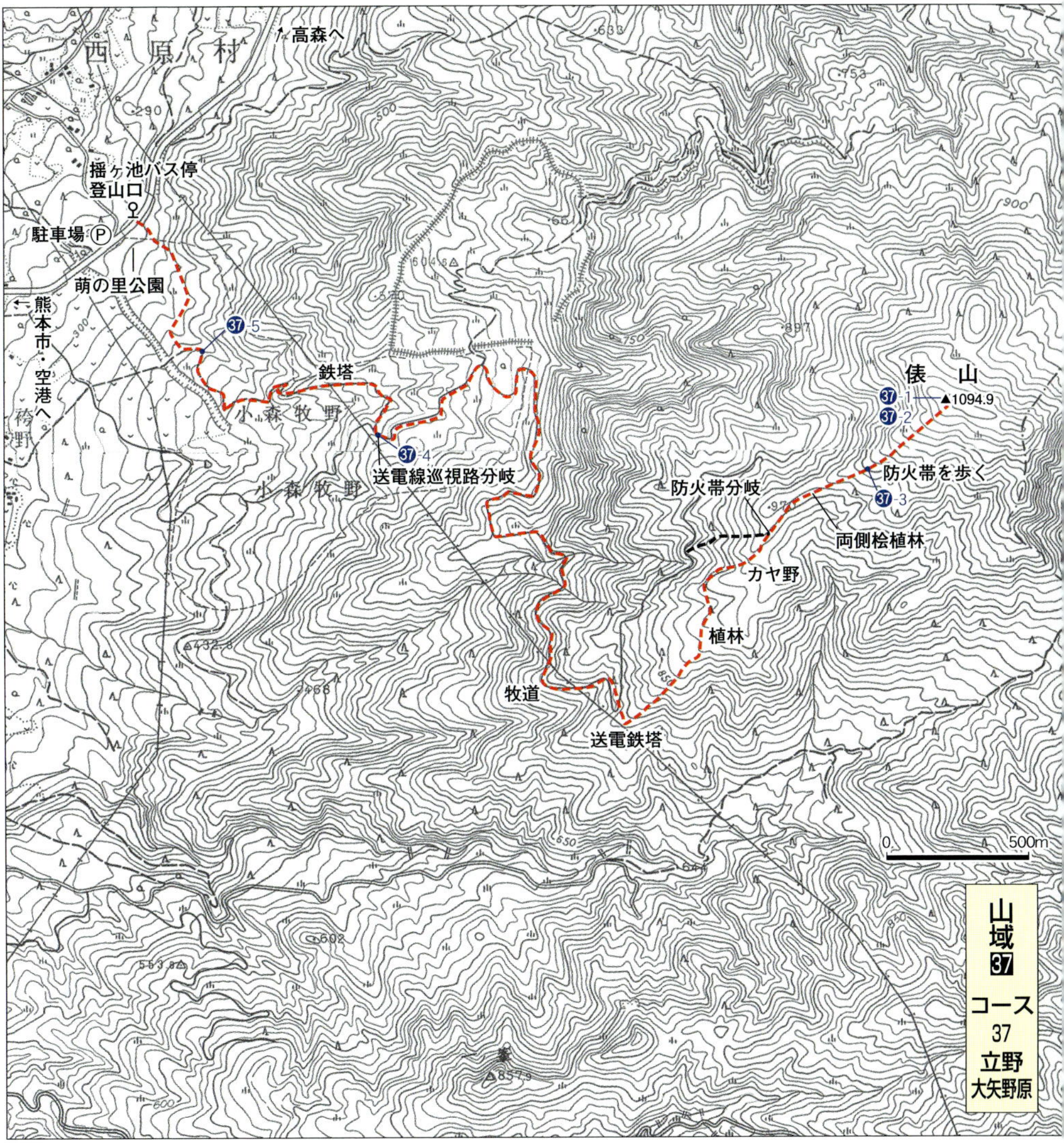
西原村
高森へ
揺ヶ池バス停
登山口
駐車場
萌の里公園
熊本市・空港へ
37-5
鉄塔
小森牧野
37-4
送電線巡視路分岐
防火帯分岐
俵山
37-1
37-2
▲1094.9
防火帯を歩く
37-3
両側桧植林
カヤ野
植林
牧道
送電鉄塔
0 500m
山域
37
コース
37
立野
大矢野原

熊本県

山域38

北向山《きたむきやま》（796・5m）

南郷往還、北向山杉並木古道、北向山山頂と北向山原始林、岩戸渓谷など近くにあって知名度が低いが貴重な存在。見どころが多い地域だ。

〔山域の魅力〕北向山は、南外輪山西北端に位置し、立野火口瀬の谷部に面し、俵山から北に延びる稜線が黒川と白川とに削られて北から東に急斜面となって落ちている。

斜面にはシイ、カシなどの常緑樹、ケヤキ、カエデなどの落葉樹が密生する原生林で、阿蘇北向谷原生林として国天然記念物に指定されている。阿蘇外輪山周辺ではこの一帯だけである。

この原生林を国道五七号、立野側から眺めると標高六〇〇メートルあたりに真横に線を引いたように杉の並木が横切っている。

これは熊本市の長六橋を起点とした昔の街道が、南郷谷を経て、竹田市へ向う道路の一部である。白川沿いに高遊原、俵山七曲り峠、南郷谷を通り高森大戸の口峠から、波野、荻町、玉来を通り竹田市へ通じた南郷往還の一部であると考えれば、一度は歩いてみたいと興味が湧いてくる。

まず、県道二八号高森線南阿蘇トンネル出口駐車場下が旧街道への入口となり、久木野村河陰から北向山を平行高度差で横切り、原生林から、南阿蘇村と西原村の村界から大津町方面に続いている。原野歩きに終始する。道が古く常に崩壊場所もあり補助ザイルは必携だ。

〔山道案内〕 **38-①** **▽歩行時間＝三時間四五分**

南阿蘇トンネル東口駐車場→北尾根乗越→北向谷原始林→乗越→五二九メートルピーク→扇谷→県道出合　▽二万五千図＝立野

南阿蘇トンネルを熊本方面から抜けて、左手の駐車場が登山口である（㊳-1）。駐車場から南阿蘇トンネル方面にわずかで、右下に車道が平行するので、車道に降りて山側へ歩く。

すぐ右下に宝くじ当銭神社への道を分けて歩き三差路の左の道を取ると、分岐下には建物が数軒ある。牧野道は草に覆われ、車の轍が二本続いている。山の斜面は荒地でカヤが茂っているが四周の見透しはよい。

南阿蘇トンネルと俵山トンネル間の車道を左上に眺めながらの等高線沿いの牧道は、右下に二本の道を分ける。やや登りとなり終点となる。

終点からジグザグ道が山の斜面を横切って続き、道脇は雑木林となり右手に阿蘇山が見える。やがて北向山から北へ落ちる北尾根乗越しに達する（㊳-2）。ここから尾根通しに踏分け道があり、尾根を左上すると北向山頂へ達する。

尾根の北斜面には巨杉の並木が等高線沿いにほぼ六五〇メートル続き、トロッコでもあったのかその線路跡が道脇に残っている（㊳-3）。

北向谷原始林の古い立柱を見て、杉沿いの道を辿る。杉は立派で、数百年は経たと思う巨杉が自然林の中に並び、道は急斜面にわずかに残る(㊳−2)。浅い谷が現れると雨列（雨で水が流れて崩壊した場所）となり崩れた場所には、ロープで歩行の補助がつけられている(㊳−4)。

一ヶ所崩れがひどい場所は、ロープで下降して横切りもとの道へ戻る。

二番目の大きな谷から展望が開け、立野から火口瀬にかけて開け、白川の谷底、南阿蘇鉄道、国道五七号と立野の家並が見える(㊳−5)。

この谷を越えるとやや下り、左に曲り、植生が杉林となる。わずかに登り乗越に達し、踏分け十字路に着く。左は北向山の山頂から俵山峠へ出られる、約一時間の登り。右は黒川発電所、導水管方向。直進は目的の大津方向である。

乗越までは、意識せずに古道を歩いていたが、植林から荒れ地に飛び出し(㊳−6)、カヤ、ササ混りにクヌギが植林された五二九《メートル》ピークの平坦地となる。左手から牧野の管理道があるが、地図破線通りに牧野道を下るとやがて道は消える。

右手に数十《メートル》平行にヤブをこいで小尾根上を下ると右下に車道が現れる。これに降りて西進すると、浅い谷が現れ先ほどの消えた車道であろう左手から現れ合流する。

西に進むに従って車道は歩きやすくなり、畑集落南側の岩戸渓谷、岩壁の扇谷上流を突切って歩く。牧野道は外牧《そとまき》境目方面に下る。県道出合は、風力

㊳−1 俵山トンネル駐車場から眺めた北向山は右端だ

㊳−2 北向山北尾根乗越から古い街道杉並木となる

㊳−3 古い石垣が残る日向方面への交易の道を行く

㊳−4 浅い谷を横切る場所は長年の風水害のために崩壊している

発電塔（西端の塔）を目標に、山の斜面のヤブを分ける。

浅い谷から上手に向うと車道が横切り東に取ると、県道へ出るのだが、ヤブに突込み直上すると、迂回した先の牧道に飛び出す。

この牧道を歩き風力発電塔を目指す。正面に県道高森線が見えてくる。仲間と一緒の場合、二台の車のうち一台は下山口に置けば帰りが便利である。

▽**参考コースタイム**＝南阿蘇トンネル東口駐車場（1時間）牧道終点（20分）北尾根乗越（40分）北向谷（30分）529メートル乗越し（1時間）岩戸渓谷上手（15分）旧県道出合

〔山道案内〕**38－②**　▽**歩行時間＝二時間五五分**

俵山峠駐車場→北向山→北尾根乗越

▽**二万五千図＝立野**

大きくカーブする車道は草刈り時には車（草刈用トラクターか軽四輪トラック）が通る。歩きにくい牧道を行くと最後は北向山山頂であるが、右の稜線が近づくと、牧道を捨てて右上の稜を目指す。

一気に東の展望が開け、あとは稜上の草刈道を歩く。ゆるく上下して、背丈以上のササの中に一本の道があり山頂に達する（㊳－7）。道標と三角点があり、周囲はササにかこまれ展望はない。ササ帯西と東に踏分けがある。西は古道の五二九メートルピーク手前の十字路へ、東は北尾根から、北尾根乗越へ向う。

東の踏分けを進む。ササ帯の北斜面は自然林で、境界に一本の踏分け道が北へのびる。カヤ混りの急斜わず

㊳-5　樹間からわずか右下に国道57号と立野の街並が見えている

㊳-6　尾根乗越から空間が開けて笹が密生したクヌギ林に飛び出す

㊳-7　北向山の頂へは牧野作業道が俵山峠からつけられている。山頂は笹の中だ

㊳-8　北尾根乗越。下るにつれて尾根が痩せた場所もあるが心配ない。交易の道と出合うと俵山峠へ戻る

かで行手の展望が開け、幅広尾根の樹林帯の中を一直線に下る。

巨石露出帯に達すると尾根の幅がせばまり、巨石の左を巻いて尾根に戻る。しばらく急斜を下ると平坦となり、左下の樹林帯は自然の巨木帯である。

平坦な痩尾根が急斜となると、左下に巨杉の頭が見え隠れする。やがて尾根を一本の踏分け道が横切り、北尾根乗越に降り立つ（㊳―8）。俵山峠までは往路を帰る。

㊳-9 岩戸神社は崖下にひっそりと立つ

▽**参考コースタイム**＝俵山峠駐車場（1時間）北向山（30分）北尾根乗越（45分）北向山（40分）俵山峠駐車場

〔山道案内〕38―③

▽**歩行時間＝一時間**

岩戸渓谷→岩戸神社

▽**二万五千図＝立野**

大津町外牧《ほかまき》内牧、畑集落からわずか上流に岩戸渓谷がある。扇状の岩崖には滝、神社が祭られ特異な景観をつくっている（㊳―9）。駐車場から往復一時間。

〔問合せ先〕南阿蘇村長陽支所☎0967・1111、西原村役場☎096・279・3111、大津町役場☎096・293・3111、西原タクシー☎096・279・2038

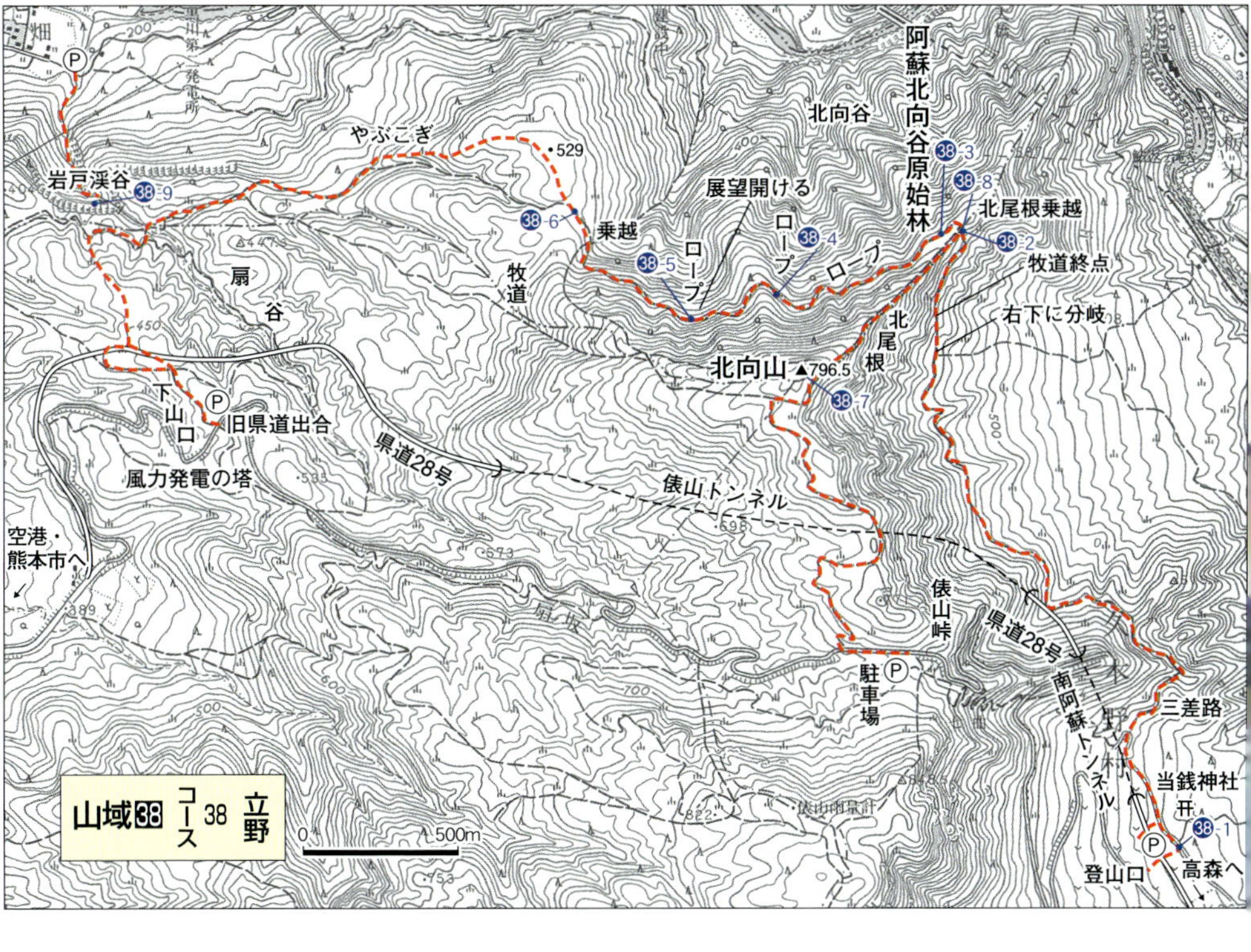

熊本県
山域39

二ノ岳　三ノ岳

にのたけ（熊ノ岳６８５・４ｍ）　さんのたけ（聖徳寺山６８１・３ｍ）

両山とも山頂は草付きで日だまりと樹かげもあり展望にも優れている。展望は熊本、長崎、佐賀、福岡と四県が見渡せる。九州自然歩道が通りミカンの花が咲く丘は何度でも訪ねたい場所だ。

〔山域の魅力〕熊本市西方に目立つ金峰山、その北側に突峰を連ねて並ぶ二ノ岳、三ノ岳。この山々は古い火山で、カルデラの外壁を成す山と言われている。

峠の茶屋でつとに有名な金峰山に隠れて人気は今一つの二ノ岳、三ノ岳(㊴-1)。二ノ岳は熊ノ岳とも呼ばれる一等三角点の山である。東西面から眺めると、この山は裾野から天を突く山頂を持ち、その間はたおやかな稜で結ばれ、わずか七〇〇㍍弱ではあるが登高欲をそそられる。

金峰山から続く九州自然歩道は、二ノ岳、三ノ岳を経て玉名へ至る。各山頂も九州自然歩道の一角で、展望もよく歴史的にもおもしろい。

また、熊本市から至近距離にあり、週末にはハイカーの数も多い。山麓に果樹園が広がりミカンの花の季節は、花の香りに包まれた登山が楽しめ、ウグイス、ホオジロなど野鳥の声が心地よい。

野出の登山口から山頂にかけては、立派な広葉樹の森が残り、カシ、シイ、エゴノキ、ヤマツツジの花も見られる。

二ノ岳、三ノ岳とも展望がすばらしい。宇土半島、天草諸島、有明海の正面に島原市街、雲仙、多良山系、晴天早朝には佐賀の天山方面まで見渡せる。東は阿蘇山、九州山地の山々が一望できる。熊本、長崎、佐賀、福岡四県を見渡す一大展望台である。

〔山道案内〕39　▽歩行時間＝五時間

野出バス停→二ノ岳→林道→三ノ岳→三ノ岳公民館→農協河内支所バス停→野出バス停

▽二万五千図＝伊倉、植木、肥後船津、熊本

熊本市交通センター発野出バス停行バスか河内方面行バスで追分けバス停下車。追分けバス停は変形十字路にあり、道標に従って北上する車道五〇㍍で野出へのコンクリート道へ入る。

果樹園から野出集落のバス停東側、ガ

㊴-1　峠の茶屋方面から眺めた二ノ岳（左）三ノ岳（右）

㊴-2 胸突八丁の坂とあるが名前ほどの坂ではない

㊴-3 山頂から北に三ノ岳が待っている。右手植林が2006年伐採され展望がよくなっている

㊴-4 二ノ岳山頂からこの山地の盟主金峰山が南に見える

㊴-5 三ノ岳山頂も二ノ岳に劣らぬ雰囲気を持つ。展望がよい

ソリンスタンド脇が登山口だ。

　二ノ岳方面の斜面に取りつき車道登りで集落のコンクリート道を直上する。集落最上部に達し立派な二の岳登山口の道標を見る。

　山道となり落石防護壁を左右に見て、丸木段を歩く。竹林から見事な照葉樹の森の中を登る。ジグザグを切る丸木段道があり坂は「えびね坂」と呼ばれ植林中にえびねが植えられている。

　すぐ林道へ飛び出し、横切り、胸突八丁坂の立札の場所に出る(㊴-2)。左側が植林となり古い安山岩の露出地を行く。登り一辺倒から平坦な道になると一息つける。

　すぐ登りとなるが、落葉を踏みながら歩くと長くは続かず、右手から河内大多尾方面からの登山道が出合う。そこは山頂の一角で、正面に祠が待っている。

　山頂は南北に細長く、東西は樹が切られて、ベンチがある(㊴-3)。休憩と展望を得るにはよい一等三角点の頂である(㊴-4)。ミカンの開花時には風に乗った甘い香りがただよう。

　東に四メートルも下ると自然石があり安政五年正月、杉桧松を植樹した碑があり村役、庄屋と石工の名前の彫り込みがあり、その植えられた樹々は平成一八年正月前後に伐採され、東の展望が開けたのである。

　三ノ岳へは北へ丸太段を急下降し、東の展望を見ながら行くと西側が自然林となり傾斜も緩んで、のんびり歩ける。

　伐採が入り展望が開けてくると、林道が出合い、平坦地からわずかで右手に三ノ岳への登山道が分かれる。

　植林の道から照葉樹林となり、露岩が

現れ石塊を縫って登ると、あたりにシイが目立ち、春にはヤマツツジも見られる。ここからしばらくで三ノ岳の気分がよい草付山頂に飛び出す。

山頂広場は西面が開けてベンチもある。東・北面は樹木に囲まれ、落着いて休むのによい場所だ。展望は二ノ岳方面が特によい。広場の北側には立派な石垣に数体の地蔵が祀られており、夏は樹陰で心地よい（39－5）。

下山は、北へ下ると車道終点に出て、右上の三岳観音社境内から遊歩道に入る。電波塔を左に見て樹林の道を下り、植林地を屈曲して過ぎると三ノ岳集落の車道に出て道を右に取る。

わずかに下ると三ノ岳公民館に出る。右に分岐する車道歩きで、ＪＡ河内支所バス停へ出る。右に道を取り車道歩きで左手に金峰山を眺めながら、野出バス停へ戻る。

▽**参考コースタイム**＝追分けバス停（50分）野出バス停（50分）二ノ岳（50分）三ノ岳（40分）三ノ岳公民館（1時間）ＪＡ河内支所バス停（50分）野出バス停

〔**問合せ先**〕熊本市役所河内総合支所☎096・276・1111、熊本市役所茅野出張所☎096・277・2001、熊本交通センターバス停案内☎096・354・6411

熊本県
山域40

金峰山《きんぽうざん》（665・1m）

金峰山、県内では最初に県立公園に指定された場所である。自然史跡も多く毎日登山の道場として話題豊富な都市近郊の山。

〔山域の魅力〕金峰山は、北の二ノ岳、三ノ岳とともに西山山地と呼ばれ、金峰山を中央火口丘とする複式火山をなし、中央に窪地を持つ。断層運動により多くの山々に分離したという説と、多くの火山の集まりで断層運動によりカルデラらしい地形となったという説がある。

県内初の県立公園として昭和三〇年四月に指定された。飽田三山と称される金峰山、熊ノ岳、聖徳寺山の一帯と立田山が公園区域をなす。

公園内には、宮本武蔵が座禅を組み「五輪書」を書いたという岩窟（霊巌洞）や、熊本の商人淵田屋儀平奉納の五百羅漢、東陵永璵の開山と伝える雲巌寺（岩戸観音）がある。

夏目漱石の（草枕）ゆかりの峠の茶屋跡や小天温泉、西南戦争の古戦場田原坂、吉次峠、肥後耶馬渓、本妙寺、小萩園など、見所が多い。

山麓一帯での温州みかん栽培の歴史は古い。山腹のミカン園では春の開花期の

㊵-1 峠の茶屋は夏目漱石ゆかりの地である

㊵-2 さるすべり入口から電波塔が立つ金峰山頂を眺める

㊵-3 金峰山頂には展望台、茶屋、神社があり毎日登山者の数が多い

㊵-4 途中の松尾集落から見上げる金峰山

㊵-5 霊巌禅寺入口

㊵-6 宮本武蔵が五輪書を書いた霊巌洞

香りが春風に乗って流れ、みかんの花咲く丘にふさわしい山だ。

〔山道案内〕40

▽**歩行時間＝三時間三〇分**

峠の茶屋バス停→大将陣→さるすべり入口→金峰山〜車道→松尾平山→霊巌洞→平バス停

▽**二万五千図＝熊本、肥後船津**

熊本交通センターから河内方面バスに乗り、峠の茶屋バス停下車(㊵-1)。茶屋下手の駐車場から茶屋に上り、突切って、竹林脇の車道へ出る。登山者はこの車道に一〇台駐車可能な場所に駐車する。

竹林越しに金峰山を望みながら車道を緩く南進すると、金峰山頂へ向かう車道に出会う。すぐ前方が大将陣で、大きく右左と屈曲する車道を直進して西進すると、左手が宅地開発で開け、T字路に達する。右上がさるすべり登山道(㊵-2)、左が大将陣神社、さらに道脇の立派な建物がトイレである。

登山道は、鳥居をくぐって登るが胸突く急登ではない。背後には宇土市や熊本市街が見える。さるすべり登山道より傾斜がゆるやかな九州自然歩道が並行してジグザグに斜上する。

数回登山道を突切ると車道に出る。

車道を横切ると正面に名札と登山回数の回数一覧表がある。最高登頂者は八千回以上。脇からコンクリート車道が出合い、わずかで山頂に飛び出す。茶店、展望台、神社があり、登山者で毎日賑わう山頂である(㊵-3)。

東は熊本市内から阿蘇山、南は熊本平野、遠くに九州山地、八代海、宇土半島、天草諸島、西は有明海、雲仙方面と大きく開けた展望だ。

山頂南の車道をわずかに西進して、すぐ樹林へ入り登山道を下る。屈曲する車道先端で右折、大将陣・岩戸分岐があり、車道を下る。しばらくでみかん畑にコンクリート道が下る。

車道を二度突切り下ると、正面に松尾小学校に突き当り右折する(㊵-4)。岩戸・滝分岐T字路から林道歩きで正面に霊巌禅寺が見えてくる(㊵-5、㊵-6)。

寺の東から上手の駐車場へ向かう。平バス停は寺から往路一〇分で右折、急斜面の村道から谷を渡り、右下に小谷を見て歩くと河内川が近づき、県道河内線に出る。左にわずかで平バス停である。

寺の駐車場から車道歩きで下川床に出る。平から下川床まで、河内川沿いに歩くと奇岩が見られ、ここは肥後耶馬渓の名がある。

▽**参考コースタイム**＝峠の茶屋（45分）さるすべり登山口（45分）金峰山（40分）大将陣・岩戸分岐（45分）松尾小（10分）岩戸・滝分岐（5分）霊巌禅寺（20分）平バス停

〔問合せ先〕熊本市役所☎096・328・2111、熊本市役所河内総合支所☎096・276・1111、熊本市観光案内☎096・352・3743、熊本交通センターバス案内☎096・354・6411、松村タクシー☎096・276・0001

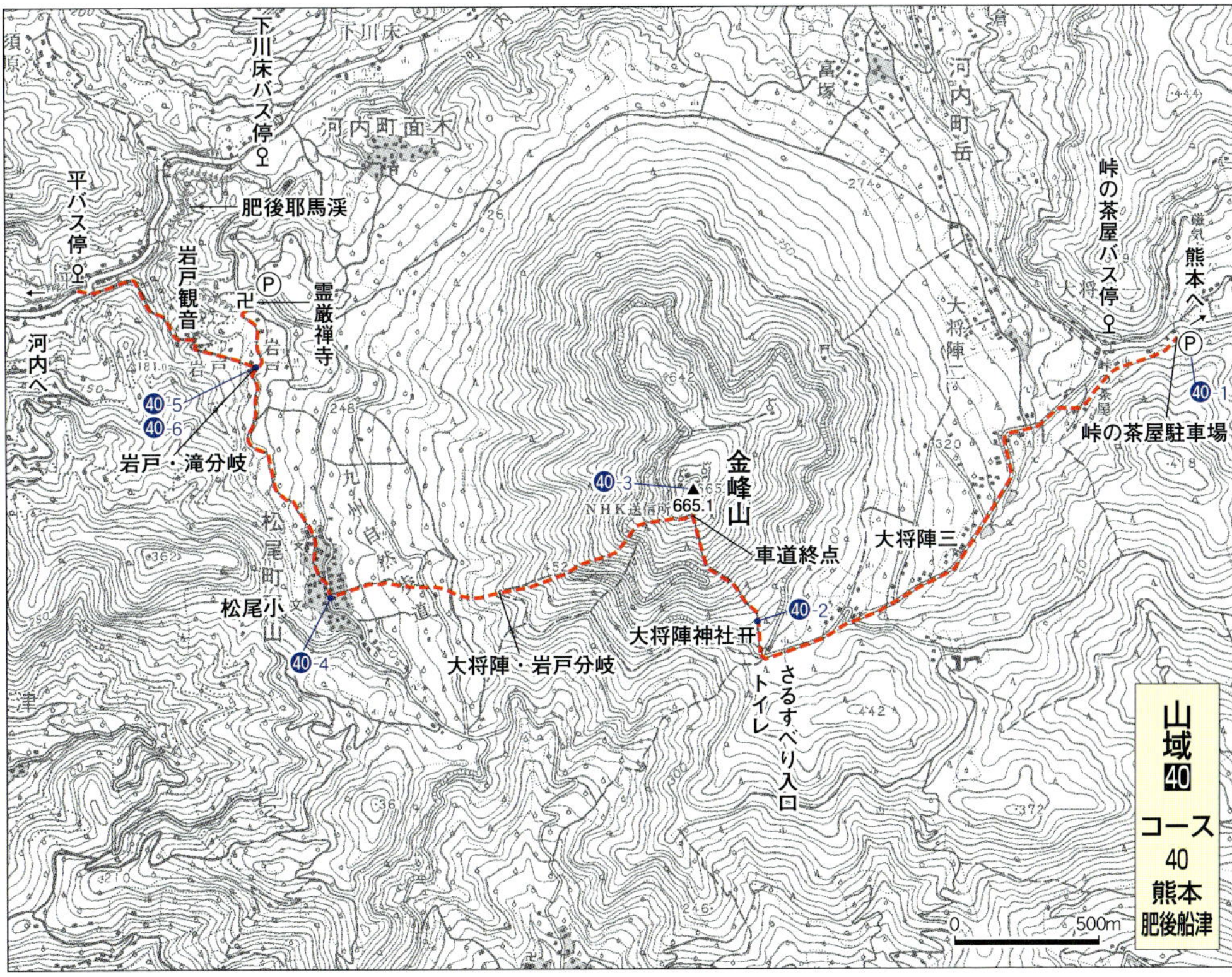

熊本県

山域41

丸山《まるやま》（391・9m） 観音岳《かんのんだけ》（473m）

小岱山《しょうたいさん》＝筒ヶ岳《つつがたけ》（501・4m）

県北の名山、近郊県民健康ゲレンデとして毎日登山で知られる山。四周からの登山道が完備されており四季を通して自然の移ろいを楽しめる。特にミツバツツジ開花期は一見の価値あり。

〔山域の魅力〕小岱山は県北西部に位置し、有明海に面した南北に細長い山体を張っている。花崗岩からなる山体は、玉名市から荒尾市にかけて、南から丸山、観音岳、筒ヶ岳のピークを連ねる。最高点は筒ヶ岳である。

登山道は各地からあり、どのコースも整備されていて、「毎日登山」各地の健康登山者が山頂に集う。

早春にはヤブツバキの群落、ヤマザクラ、初夏にはヤマツツジ、ミツバツツジの群落が見事に花を咲かせ、登山者の数も一番多い季節である。

樹木が茂る稜線は適当に巨石が点在して、格好の見晴らし台となり、有明海の奥に雲仙、天草諸島から多良山系、天山、荒尾、大牟田、玉名の市街が広がり、南には金峰山方面、東は遠く阿蘇の山々を望むことができる。狭い山頂ながら展望第一の丸山。観音岳は広々とした草原の山頂にベンチもある。

観音堂は天候急変時は避難所として有難い。筒ヶ岳は樹陰の広場で、大牟田、荒尾が指呼の間である。

一帯は環境庁自然保護区に指定され、県立公園でいろいろな野鳥が見られる。ここでは蛇ヶ谷公園から九州自然歩道を歩き、筒ヶ岳を往復しよう。

〔山道案内〕41 ▽歩行時間＝五時間三〇分

蛇ヶ谷登山口→丸山→観音岳→筒ヶ岳往復→蛇ヶ谷登山口 ▽二万五千図＝玉名

登山口の蛇ヶ谷公園は玉名温泉の奥座敷的な場所で、登山に都合がよい。標識に従って駐車場から歩く（㊶―6）と、すぐ左手に展望所を見て、樹林に入るとハゼの実、ツバキの花の蜜と野鳥の餌も多く、冬場はバードウォッチングによい。

道脇にササが目立ってくると笹千里だ。左下から車道がのびて広い駐車場を突切る。車道からツツジの丘を越え丸木段を登る。右へ曲がり際にベンチがあり、左手は玉名市街から雲仙の眺めがよい。

頭上の緑を楽しみ緩い登りでキャンプ場分岐に出てすぐ、右上が丸山展望所で休憩によい（㊶―1、㊶―2）。

観音岳を目指すとすぐ、右に石貫・広福寺分岐がある。丸山から筒ヶ岳稜線は初夏ツツジが花を咲かせる。鞍部に下るとスダジイの巨木、ヤブツバキの森となり、ここも三月は踏場もないほどの、ツバキの落花が見られる。

短い急登で行手が開けて観音岳山頂の広場に飛び出す。南側は展望がよく、北側には地蔵堂がある。各所にベンチがあり、レクリエーション広場である。

筒ヶ岳へ向うとすぐ七峰台の岩塊となり(㊶−3、㊶−4)、北面の展望が開けて、西には荒尾展望台の尾根が望まれる。

道脇にツツジが見られ、ここからわずかで荒尾登山道が府本へ下る。約五〇メートルで屋根にベンチ付の立派な展望台へ寄り道もよかろう。分岐から照葉樹林の鞍部へ急下降、登り返して気分の良い樹林から筒ヶ岳巨石を左に見ると、最高所の筒ヶ岳である(㊶−5)。北面から大牟田、荒尾の市街地、晴天時は遠くに佐賀の天山も見える。

㊶−1 丸山展望台から玉名市街と奥左から木葉山、三ノ岳、二ノ岳方面の眺めがよい

㊶−2 丸山展望台から観音岳を望む

㊶−3 山頂からわずかに西進すると七峰台の展望台に達する。東方向に阿蘇方面が見える

㊶−4 七峰台から筒ヶ岳（左端）が見える

㊶−5 筒ヶ岳の頂は粗林の日陰があり夏場はよい。展望は荒尾・大牟田の市街が望める

㊶−6 菊池川河畔から小岱山を望む

山頂は展望と休憩にはよい木陰と日だまりがある。下山は西へ急斜を下ると三差路があり、北は平山へ、府本は西へ尾根を下る。しばらくで車道へ達し、平山登山口に着く。車道を左に取ると玉名市の蛇ヶ谷公園へ帰り着く。

　下山は往路を歩くのが近い。府本からタクシーを呼んでもよい。

▽**参考コースタイム**＝蛇ヶ谷登山口（1時間10分）笹千里（50分）丸山（40分）観音岳（30分）筒ヶ岳（2時間20分）蛇ヶ谷登山口

〔問い合わせ先〕 玉名市役所☎0968・75・1111、荒尾市役所☎0968・63・1111、熊北産交玉名営業所☎0968・57・0100、玉名温泉観光案内☎0968・[redacted]2961

熊本県
山域42

八竜山

はちりゅうざん（498m）

八竜山は球磨川下流左岸、坂本町の西に面し、旧坂本村建設の八竜山天文台やロッジが設けられシーズンは賑わう山頂。八代市街から天草諸島の展望がよい。

※地図は127頁に掲載

〔山域の魅力〕八竜山は坂本町の中央を流れる球磨川左岸にあり、登山口のある下流今泉から容易に登れる。五万図では標高四九九・九メートルが八竜山とあるが、二万五千図ではその五〇〇メートルほど東側球磨川寄りの四九八メートルピークが八竜山とある。

八代市街地から眺める八竜山は、日奈久方面に竜の頭が八つ続いて見えるので、山群を八竜山と呼ぶと思われる。

球磨川沿岸道の完成前は、坂本方面の住民は、荒瀬の渋利からこの山を越えて、八代・日奈久方面との交流があったという。

山頂は植林で覆われ展望は得られないが、山頂の展望台や天文台広場からの球磨川河口から天草諸島の眺めは雄大だ。

登山道も整備がなされ、登山口は国道から数百メートル入った場所で、バス数台は駐車可能な広場がある。トイレもあり、毎日登山の愛好者も多い。

〔山道案内〕42

▽歩行時間＝二時間三〇分
今泉駐車場登山口→あずま屋→八竜山往復
▽二万五千図＝坂本

国道二一九号線今泉で八竜山登山口を示す案内に導かれて、山側に向かうとすぐ右手にトイレ付の広場があり、駐車場は広くて便利である。

駐車場南面の尾根を登る道が八竜山頂まで続き（42―1）、途中要所にベンチ、あずま屋があるのは有難い。ただ、コースに水場はない。しかしあずま屋には水道が設置されているが水は持参しよう。

ガレた道を直線で登ると植林帯を行くようになる。幅一〜二メートルの登山道は、地形に合わせて強弱の斜面を登る。二〇分も歩くと最初のベンチがあり、樹林帯なので展望は得られない。

注意したいのは、この登山道は山頂から真北に伸びる尾根上に付けられており、二万五千図の登山道とは別ということである。地図上の破線は現在使われていない。

ベンチの先で送電線が横切り目印によい。現在の二万五千図は送電線が地図上から消されて目印がなく不便となった。しかし、再度記載されるとのことである。

さて照葉樹林と樹林帯をぐんぐん登ると、いったん登りを休んで、再度の急登で行く手に立派な休憩舎（あずま屋）が現れ、背後に球磨川と市街の展望が開けている（42―2）。JR、高速道、国道、新幹線と整備された交通体系が一望できる。

高度が標高三〇〇メートルを超えると市街はもちろん島原半島が見え、雲仙の平成新山が印象的だ。ベンチが点在し稜線が迫ると直進した登山道がジグザグを切って、荒れた作業道に突き当る。左右に伸びる道を右手に歩くと急登から解放され、左頭上に天文台の建物を見て、変形十字路に出る(㊷−3)。直進は山頂へ、左は展望台へ、右はロッジを経て渋利へ下る車道だ。

直進して山頂へ出ると、鉄製の避雷針付の展望台があり西面の展望が良い(㊷−4)。山頂からすぐ西の斜面に大小数軒のロッジがある。

天文台は季節によって計画的に開館がなされている。展望台周辺のベンチからそよ風に吹かれて展望を楽しむのもよい。西面五〇〇㍍の三角点四九九・九㍍峰は植林がなされ展望は得られない。

山馴れた登山者は、春・秋の季節に西進し里山を楽しんで、日奈久へ下山するのもよい。このルートは読図に慣れた登山者の世界だ。一般登山者は往路を下山する。

▽**参考コースタイム**＝今泉駐車場登山口(20分)第一ベンチ(5分)送電線(25分)八竜山頂(25分)あずま屋(30分)作業道(10分)八竜山頂(25分)あずま屋(35分)登山口

【問合せ先】八代市役所観光課☎0965・33・4115、八竜天文台☎0965・45・3453、日奈久温泉センターばんぺい湯☎0965・38・0617、神園タクシー☎0965・32・2121

㊷−1 八竜山今泉登山口から丸木段登りで始まる

㊷−2 あずま屋から球磨川と八代市内の展望

㊷−3 天文台と山頂分岐から天文台を望む

㊷−4 狭い八竜山の展望塔と避雷針

熊本県

山域43

八丁山

はっちょうざん（376・1m）

八峰山

はっぽうざん（574・3m）

八代市東部に位置する八丁山・八峰山は八代の里山として古くから親しまれる山。週末利用の登山に適当な山で市民に親しまれている。

〔山域の魅力〕 八代平野の東に連なる山で、球磨川左岸の八丁山から左に連なる八峰山にかけての稜線は、道標は少ないが、登山を目的とした人々が歩き、わずかに踏跡が残り、それを辿る山歩きは、案内が乱立する山を歩くのと違って新鮮味があり、味わい深い。

　登山の初心者が地図を使って山を歩く。登山を終えた達成感を味わうのによい山系である。私もここで山とともに育って、ヒマラヤ、ヨーロッパアルプスを登ることになった。

　連山ゆえ稜は左右に曲がり、大小の上下を登り返し、方位を確かめ現在地を知るたびに心は騒ぎ、脳の活性化に役立ち、肉体も若返る。植生は、山麓から頂にかけ植林地、雑木林、下地はシダにヘゴ、さしたる藪はない。

　八代宮の東山上にある宮のため、上宮と呼ばれている社の跡地にはクス、カシ、植林された杉の大木が茂り、県の保存林に指定された場所もある。

　八丁山の岩上から眺める球磨川の蛇行、送電線を守る林界からの展望がよい。八峰山は植林で覆われている。整然と立つ杉・檜の森林の中を歩く心地よさは何ものにもかえがたい。

〔山道案内〕43

▽**歩行時間＝六時間一五分**

宮地戸崎の河原登山口→八丁山→送電塔・上宮越→上宮→林道・川床分岐→八峰山→上宮→上宮越→林道→子安観音→戸崎の河原登山口　▽**二万五千図＝坂本**

　八代妙見神社のガメが舞う祭りが行わ

㊸-1 八丁山頂からは東面球磨川の流れが見られる

㊸-2 八丁山の樹間から八代市街の眺望

㊸-3 送電塔広場から眺めた八峰山（左）と龍峰山（右）

㊸-4 上宮の祠の広場は広く整地された樹林の中だ

れる戸崎の河原（宮地の水無川の河原）の右岸の砂の空地に駐車可能な場所がある。

　八丁山から北へ伸びた尾根末端に地蔵堂があり、そこが登山口となる。尾根を伝うと展望台があり、春はあたり一面桜が美しい。

　展望台から痩尾根を南進すると、頭上に送電線が通り右手に春光寺からの登山道が合流する。雑木林に竹林が混ざる道から、植林に入ると足元左手にわずかに水が流れる場所を見て、ヘゴの茂る山道を左に廻り込むと、送電塔の下に出る。さらに植林から山腹を横切って、涸谷を越えて急登わずかで、尾根に出る。右手に送電塔を見て、尾根伝いに直登すると八丁山頂に着く（㊸－1、㊸－2）。

　東に進み、直進する尾根をはずれ、南にカーブして東進する。わずかな上下二度でヘゴの茂る植林を東進して稜線を北へ向かう。

　緩い登り二度で雑木林のピークから左手に向かうと、子安観音からの登山道が左手に出合い、上宮越に達する。さらに送電塔の広場が右上にある（㊸－3）。

　平坦な稜線を北に向かうと、クス、シイ、スギの森となり、樹林に覆われた空間は広い。祠が残る広場は掃除が行き届いて清々しい（㊸－4）。

　広場の左手から樹林の道をわずかで、水場の広場に達する。古くは社があった場所を過ぎると、林道と川床分岐に出る。右上への踏み分けが八峰山への道である。

　標高四八三メートルの尾根まで上り北進すると植林となり平行する東側の尾根の植林が見えている。標識がない尾根登りで植林中の八峰山頂に達する。

　右手に伸びる稜線は六三〇メートルの無名峰を経て沓原越へ出て袈裟堂へ下る道があったが、現在通る人はない。興味ある登山者は時間に余裕があればこの道を歩いてみるのもよい。

　一般の登山者は上宮越まで往路を戻り、西面に向かう急斜の、よく踏まれた登山道を下る。クスの巨木が立つ森を下ると林道へ出る。林道は入り口からゲートが閉められ通行は歩くしかない。

　林道出合から左に一〇メートルも歩くと右下

に子安観音分岐があり、正面谷底へ向って急激に下る。転滑落に注意して下ると、谷にわずかに水流を見て、谷の左手に出て下る。古い民家跡地、果樹園跡地を見て谷沿いに下ると、荒れた車道に達する。

右下に子安観音の堂があり、水流の谷を渡って堂に出る。観音から谷を左に渡り、左上すると車道終点に出る。右下に高速道を見て車道歩きで、県道に合流。水無川の橋を渡って下流に歩き、懐良親王の御陵から登山口に帰着する。

▽**参考コースタイム**＝戸崎河原登山口(1時間30分)八丁山(1時間20分)送電塔・上宮越(20分)上宮(20分)林道・川床分岐(40分)八峰山(35分)上宮(10分)上宮越(30分)林道(20分)子安観音(30分)戸崎河原登山口

〔問合せ先〕八代市役所観光課☎0965・33・4115、神園タクシー☎0965・32・2121

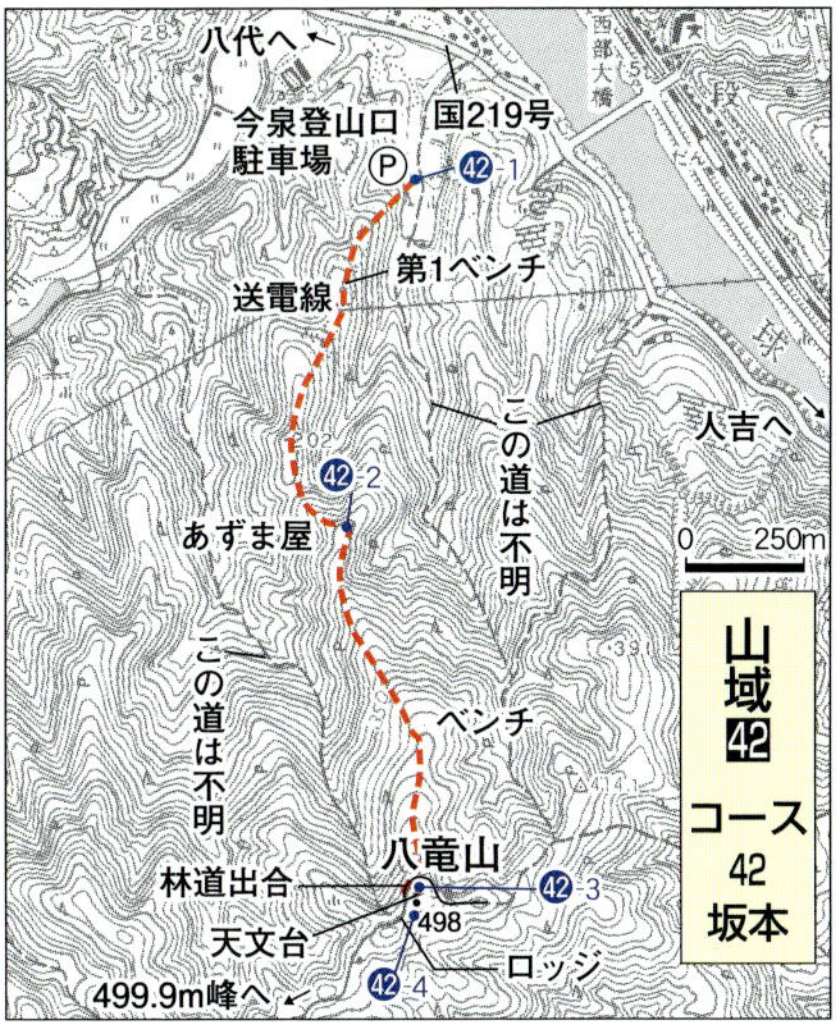

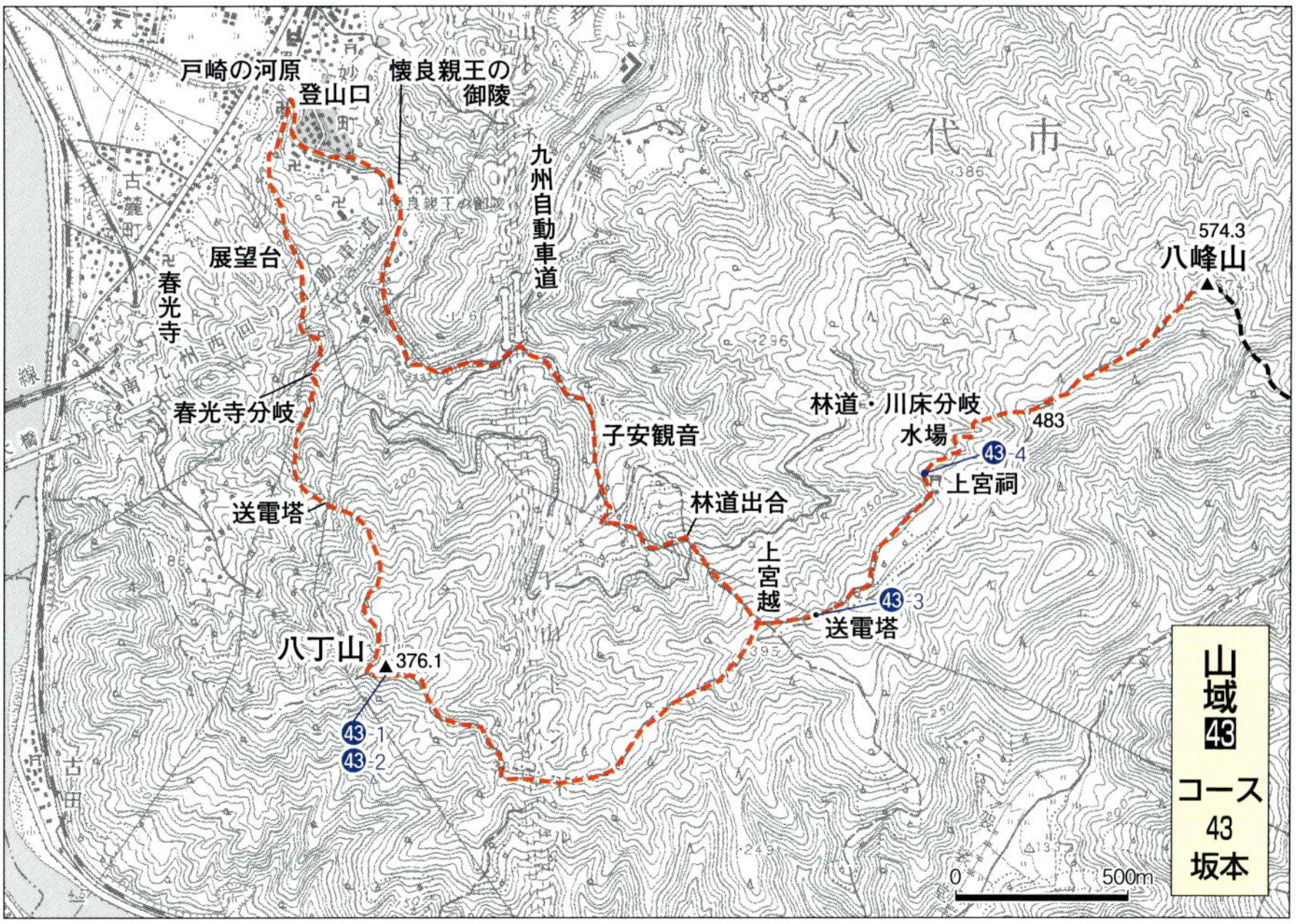

熊本県
山域44

竜峰山《りゅうほうざん》（517・2m）　鞍ヶ峰《くらがみね》（489m）　竜ヶ峰《りゅうがみね》（541・8m）

八代平野、天草諸島、雲仙の展望台。近在の老若男女がこぞって登る。市民に守られ市民が登る里山。

㊹－1　竜ヶ峰から見る竜峰山の全容

〔山域の魅力〕八代平野のイグサ生産は日本一であったが、現在、海外からの輸入物に押され減退した。現在はトマトを中心に、野菜園芸が注目され、中国を目標に八代ブランドを夢見て平野の活気が伝わってくる。

平野から眺める山脈は球磨川の南に八竜山群、八丁山、八峰山、北に竜峰山、竜ヶ峰と長い山脈を作り、両者とも竜の形が特徴的だ。

八代に伝わる民話の「彦一ばなし」の舞台で、天狗が住む山、天狗の隠れ蓑を彦一がうまくだましとる、という話で知られる。

両山とも展望はよく、四〇年も昔は各々の山頂への登山道があった。南の東片町に石段登山口が出来てから、八代山の会の有志が開拓に心掛けて、現在の立派な縦走路が完成した。休憩所、道標完備で安心して歩くことができる。

登山口も八ヶ所が山頂に続き、何処からでも登れる山として近郊の老若男女が事あるごとに登っている。

縦走は石段登山口から北の氷川町東陽支所まで。中心的な登山口は、川田町東熊野神社登山口である。

〔登山案内〕**44**　▽**歩行時間＝六時間五分**

石段登山口→一九〇メートルピーク→謝鳥峠→送電塔→竜峰山南肩公園→竜峰山→辻峠→鞍ヶ峰→電波反射板跡地→竜ヶ峰→宮原分岐→林道→豊の内バス停

▽**二万五千図＝鏡**

石段登山口は、九州自動車道八代ＩＣより山側に向い、用水路を渡ると十数台分の駐車場がある。ここから約八〇〇段の石段登りで上部の広場の南面に太師堂、正面に送電塔を見てしばらく登る（㊹－2）。一九〇メートルピークの左手を巻いて鞍部に下り、休憩所から北向に登りが続く。雑木林が植林に変わると標高二二六メートルから下りとなり休憩所を見て鞍部に至り左手に登る。この場はみかん園の跡地だ。

わずかに登ると平地に出て右折、稜の東側を歩く。休憩所を見てすぐ車道に出る。直進して右にカーブする場所が稜の取付で仏を祠った家屋がある。

㊹-2 階段登山口上部から眺めた八代市街

㊹-3 竜峰山南肩公園

㊹-4 竜峰山山頂展望台から山頂広場の眺め

㊹-5 竜ヶ峰の頂から西に八代海、宇土半島を望む

謝鳥峠からほぼ稜線上の道となり、緩い傾斜道を歩くと石灰岩のカルスト地形の稜歩きとなる。石灰岩を避け、乗越して歩くとカルストピークに達し、その先が送電塔の広場である。

展望はないが北へ向かう。すぐ植林となり緩い登りで五合目分岐に達し、左手に道が分かれる。五合目駐車場広場への道だ。そのまま直進して植林から雑木林を行くと、石灰岩が露出した稜がやや下りとなり山頂南肩の公園に達する。広場にはあずま屋、トイレ、ベンチがある(㊹-3)。

北に、丸木段歩きで竜峰山の頂を目指す。クサリの手掛かりを使うとすぐ山頂広場に飛出す(㊹-4)。西側に展望台、東に休憩舎、直進が目指す竜ヶ峰だ。展望台から八代市街、東の九州山地方面と視界が開けている。山頂一帯は平坦地がしばらく続く。右に焚火の場所を見て、稜は狭くなり、石灰岩の巨石が露出する場所（カルスト地形）を乗り越えて行く。

右に石灰洞の案内を見ると、石灰岩はなくなり歩きやすくなる。緩く上下を二回繰返すと、左が興善寺町、右が坂谷の分岐地＝辻峠だ。

峠から短い急登で植林のピーク鞍ヶ峰を越え、鞍部に下り開けたカヤ野を登り返すと、電波反射板跡地に出る。南に竜峰山の眺めがよい(㊹-1)。

雑木林を歩くと平坦地わずかで竜ヶ峰の山頂に達する(㊹-5)。西面の展望と日だまりがあり休むのに良い場所だ。展望は宇土半島や熊本平野が見渡せる。

北へ向かうと植林帯の下りから、緩く登り返してさらに下る。展望は樹間から

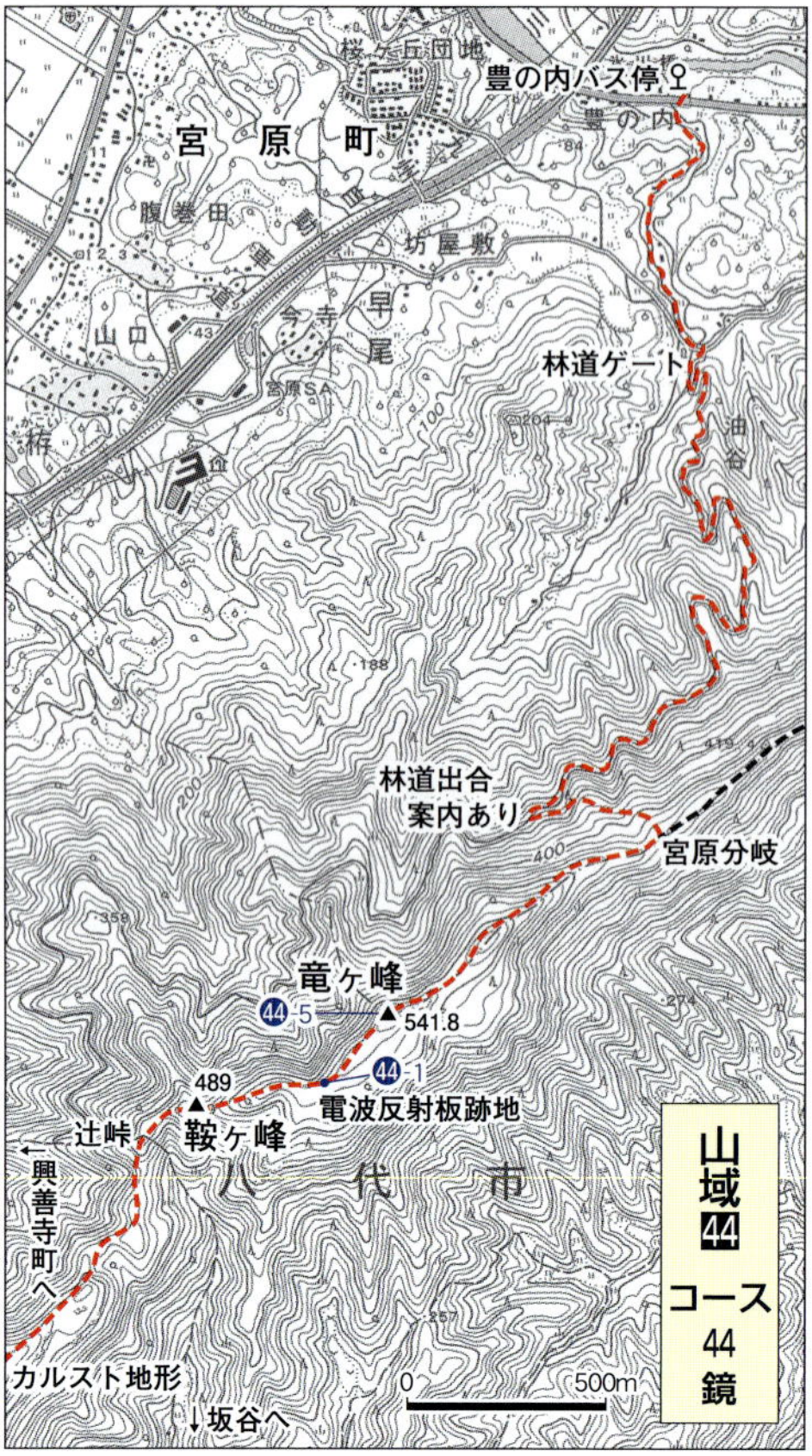

西に宮原方面が見える。標高四〇〇メートルあたりまで下ると道標（宮原分岐）が現れ、直進すると東陽町、左が宮原町、油谷、早尾の案内がある。直進は赤山峠から左手の赤山へ下山か、さらに直進して運動公園から役場支所へ下山できる。左へ道をとりここから宮原町へ下山する。

西へ向かうかすかな踏跡、古いテープを目印に歩く。やや左に曲がって山腹の古い道から涸谷を横切ると、すぐ林道に飛出す。漁民の森と登山口の立派な案内があるが、登山道は立派ではない。

林道を約二キロ歩いて油谷のゲートに出て、左に取り橋を渡って右に歩いてバス停へ下山する。

▽**参考コースタイム**＝石段登山口(30分)P一九〇m(30分)謝鳥峠(30分)送電塔(20分)五合目分岐(20分)竜峰山南肩公園(20分)竜峰山(50分)辻峠(15分)鞍ヶ峰(35分)竜ヶ峰(40分)宮原分岐(15分)林道(1時間)豊の内バス停

〔問合せ先〕八代市役所観光課☎0965・33・4115、氷川町宮原振興局☎0965・62・2311、八代神園タクシー☎0965・32・2121、氷川町宮原観光タクシー☎0965・34・5678

熊本県
山域45

上福根山《かみふくねやま》（1645・3m）

九州中央山地国定公園地域の新緑紅葉とツクシシャクナゲで知られている。五家荘平家落人伝説に思いをめぐらせながら一泊登山を楽しむのもよい。

〔山域の魅力〕旧八代郡泉村、現八代市五家荘南部に位置し、古生代の地質からなる。標高一三〇〇㍍付近から頂上にかけて、ブナ林が広がり、ツクシシャクナゲ、クマザサが茂り、登行を困難にしていた。山頂付近から南方山犬切に至る一帯は、九州中央山地国定公園域で保安林となっている。久連子、縦木、椎原方面三ヶ所から登山できていたが、縦木コースは林道途中が崩壊し、回復したが平成一八年の水害で再崩壊。以後久連子コースから岩宇土山越で山頂を目指していたが、オコバ谷が大崩壊。崩土は久連子川まで達し、福寿草群落が消失寸前で道迷い遭難まで起きた。

椎原コースは茶臼山からのヤブコギ、植林を伝っての杣道利用は迷いやすい。一般登山者は案内人付きが前提となるため、文章では解りずらい。

いずれにしても難路であり、安易に入山して道迷いでもされたら大変で、それなりの装備と読図に慣れた登山者のみの世界となっている。

岩宇土山から上福根山の現況であるが、岩宇土山福寿草群落帯から山頂までの土質が石灰岩地帯特有のもろさがあり、足場が定まらず雨でも降れば滑落の危険が大である。下山のオコバ谷は分岐わずか下手から、久連子川まで崩土が走り、下山時に崩落の右手を取れば、オコバ谷出合まで左に横切ることができず退路を断たれ、稜まで登り返すことになる。谷中

㊺-1 植林からクマザサが現われると行手に上福根山の稜線が見えてくる

㊺-2 行手に上福根山、右手に茶臼山、左手に山犬切と五ヶの山々を眺めて登る

は転落の危険がつきまとう様子となっている。そこで樅木横平から上福根山へ突き上げるコースの紹介をする。

〔山道案内〕45　▽歩行時間＝六時間五五分

横平林道入口→横平上福根登山口→北尾根出合→一四二八メートルピーク→痩尾根→上福根山　▽二万五千図＝椎原

国道四四五号吐合から樅木方面へ向う。高尾産業を見て、ヘアピン状に右折する横平林道が登山口。高尾産業近くの空地に駐車するか、林道登山口にも数台の駐車は可能だ。

屈曲する林道を登り地図上の標高一〇〇〇メートルあたりにも空地があり駐車できる。右にカーブ左にカーブ地点の斜面に踏み分けを探すか、林道右上に立派な標識がある。

植林は、成木林で見通しがよい。右手に尾根を見てジグザグを切ると、約一時間で北の尾根と出会い標高一三〇〇メートルピークに立つ（㊺－1）。

わずかに下りさらに登ると痩せた稜からあたりは風の害で荒れた森林となる。クマザサが茂る急登となり一四二八メートルピークに達し尾根は左折する。正面右手に茶臼山、行手南方に上福根山を眺める（㊺－2）。

わずかに下り緩い上下で視界がきく尾根となり、痩せた稜線の短い場所を通過する（㊺－3）。尾根は幅を広げブナの巨木が茂り森林浴が快適。登り一辺倒でシャクナゲが多くなり（㊺－4）、クマザサ、ブナ、シャクナゲ林の中を登ると左上の台地に出て展望がよい。特に北面の眺めがよい。

㊺-3 左手に向霧立山地の連山が見える

㊺-4 尾根は幅を広げるとシャクナゲ群落帯が広がり、初夏の花は綺麗だ

㊺-5 残雪の上福根山尾根越に市房山（奥右）、二ツ岩方面が顔をのぞかせている

㊺-6 シャクナゲ畑を左に折れると、そこは上福根山の頂だ。石灰岩が点在する

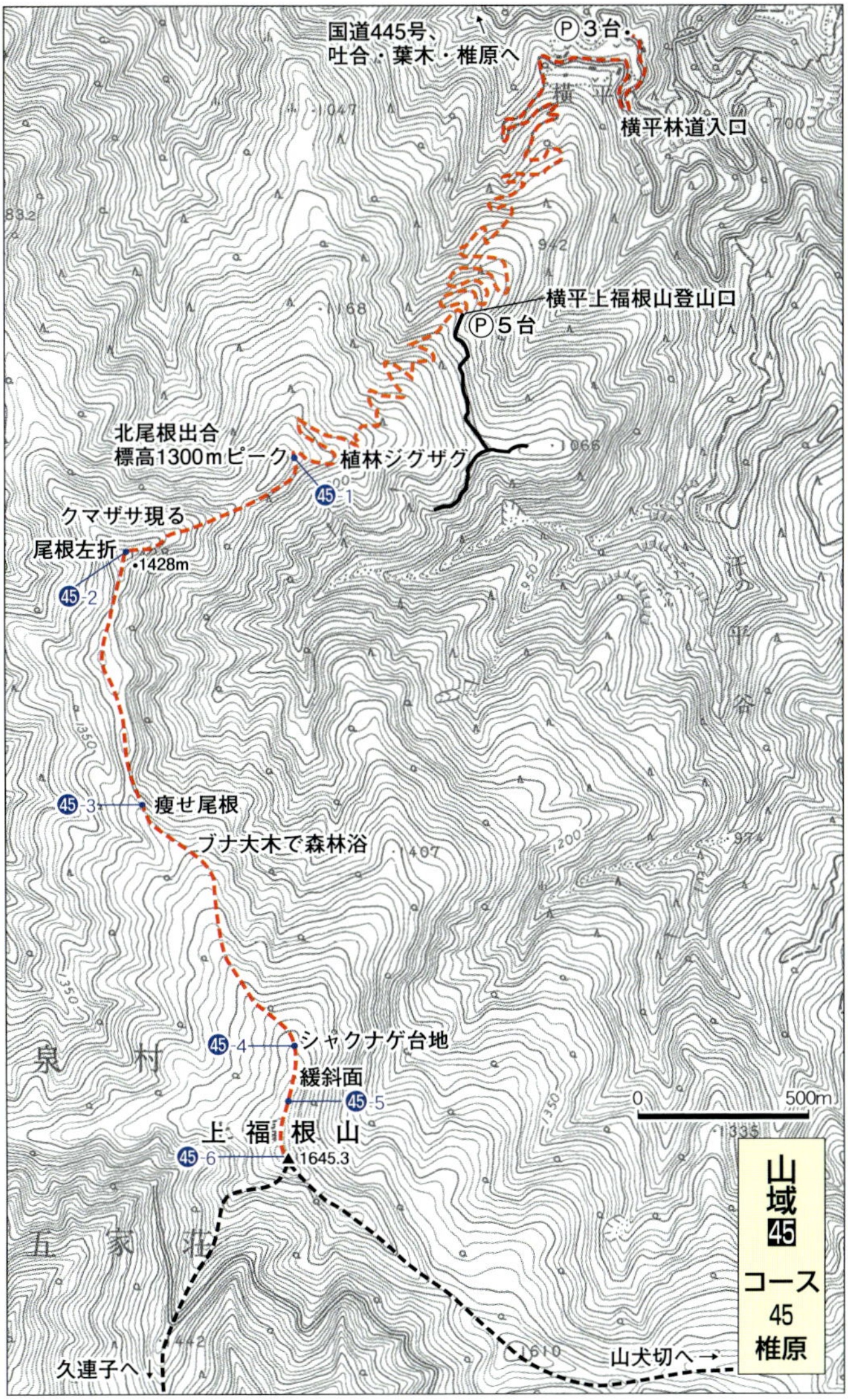

南進すると西は緩斜となり、正面に上福根山、稜線越しに市房山方面が望まれる(㊺－5)。ほぼ平坦な樹林帯から石灰岩の点在する上福根山の山頂に飛び出す(㊺－6)。展望は樹間から北面国見岳方面が見渡せる。

山頂の東は、山犬切から福根越方面で踏跡は薄い。南の久連子方面の登山道は開けている。

▽**参考コースタイム**＝横平林道入口(40分)横平上福根山登山口(1時間)北尾根出合(45分)一四二八メートル(40分)瘦尾根(1時間)上福根山(40分)瘦尾根(40分)一四二八メートル(30分)北尾根出合(30分)横平上福根山登山口(30分)横平林道入口

〔問合せ先〕八代市役所泉支所☎0965・67・2111、もみき山荘☎0965・67・5201

熊本県

山域46

三角岳

みすみだけ（405・9m）

暑いさ中の登山では雲竜台から海に飛び込みたい衝動にかられる。雲竜台や天翔台から船の汽笛とエンジン音を聞きながら、白い航跡を眺めていると爽快な気分になれる。

〔山域の魅力〕宇土半島の突端三角町の山で、九州自然歩道の一角でもある。稜線は南北に伸びて、南端の天翔台は安山岩が露出し、その上からの展望は抜群。三角の町から周囲の島々が指呼の間で、山に来て海を強烈に印象づけられる山でもある。

三角瀬戸の潮の流れが波打ち、暑いさ中の登山では、海に飛び込みたい衝動にかられる。

船の汽笛、エンジン音、白い航跡など海を身近に感じられる山だ。遠く八代海、八代市、あるいは目を転じ、雲仙島原方面と展望は素晴らしい。

この山は古い溶岩からなり、特にその角閃安山岩は各所に露出し、展望、休憩場所を提供している。

山腹はモッコク、シャリンバイ、シイ、カシの暖地性樹木に覆われ、山麓は植林とみかん畑となっている。三角岳山頂は、

㊻-1 登山口から登るとすぐ頭上に甘夏みかんの樹が見える

㊻-2 天翔台分岐にもベンチがある

㊻-3 天翔台から三角港を望む

㊻-4 雲竜台から三角瀬戸を眺める。正面は大矢野島だ

㊻-5 雲竜台の登山者と背後は三角岳

㊻-6 三角岳の頂は広い草付で石像や大木、ベンチがある

巨樹に囲まれ山の神の祠や石像が立つ草原で、ベンチもあり休むに適した場所だ。

〔山道案内〕46　▽歩行時間＝三時間

三角岳登山口→三角岳・天翔台分岐→天翔台→分岐→雲竜台→三角岳　▽二万五千図＝三角

熊本市からの交通が便利。JR、バスで三角町役場を目指す。

九州自然歩道三角岳登山口標識を見て、民家横を山側に登る。自然歩道の大きな案内板からみかん畑を見て(㊻―1)丸太組の立派な道をジグザグ登りで、展望休憩所へ。

植林からシイ、カシ林に変わると尾根の広い鞍部に達し、三角岳・天翔台分岐である(㊻―2)。

道を南に取ると短い上下一五分で、安山岩の露出した台地天翔台だ(㊻―3)。あたりの展望が開ける。まさに三百六十度の展望だ。台地にはテレビ塔と後藤是山の句碑が立つ。

「みはるかす島山青し冬うらら」。冬の晴天時、日だまりも多く登山適期とうたっている。

三角岳へは、分岐へ戻り樹林の中を西へ辿る。尾根は幅を狭め北へ向かい、鞍部へ降りて緩い登りとなる。雲竜台への道である(㊻―4、㊻―5)。狭い稜は安山岩が露出して、何処でも登れる。

末端にはイワマツ、ヤマツツジも見られ、やがて台地に達する。三角瀬戸、西港の眺めがよい。

雲竜台からは登り一辺倒で、長くはないが本格的な登りだ。樹林に囲まれ展望はなくなる。竹林の小鞍部から三〇分も登ると傾斜は緩み、稜左側は植林となる。樹林との境をのんびり歩くと、しばらくで山頂に着く(㊻―6)。

頂は草原で夏場は草が茂りベンチが見えなくなるほどだが草が刈られた冬場は日だまりとなる。標識、山の神の祠、石像があり、樹木で囲まれた静かな頂である。

▽**参考コースタイム**＝三角岳登山口(30分)三角岳・天翔台分岐(天翔台往復30分)(20分)雲竜台(40分)三角岳(1時間)三角岳登山口

〔問合せ先〕 宇城市役所三角支所☎0964・53・1111、三角タクシー☎0964・52・2611

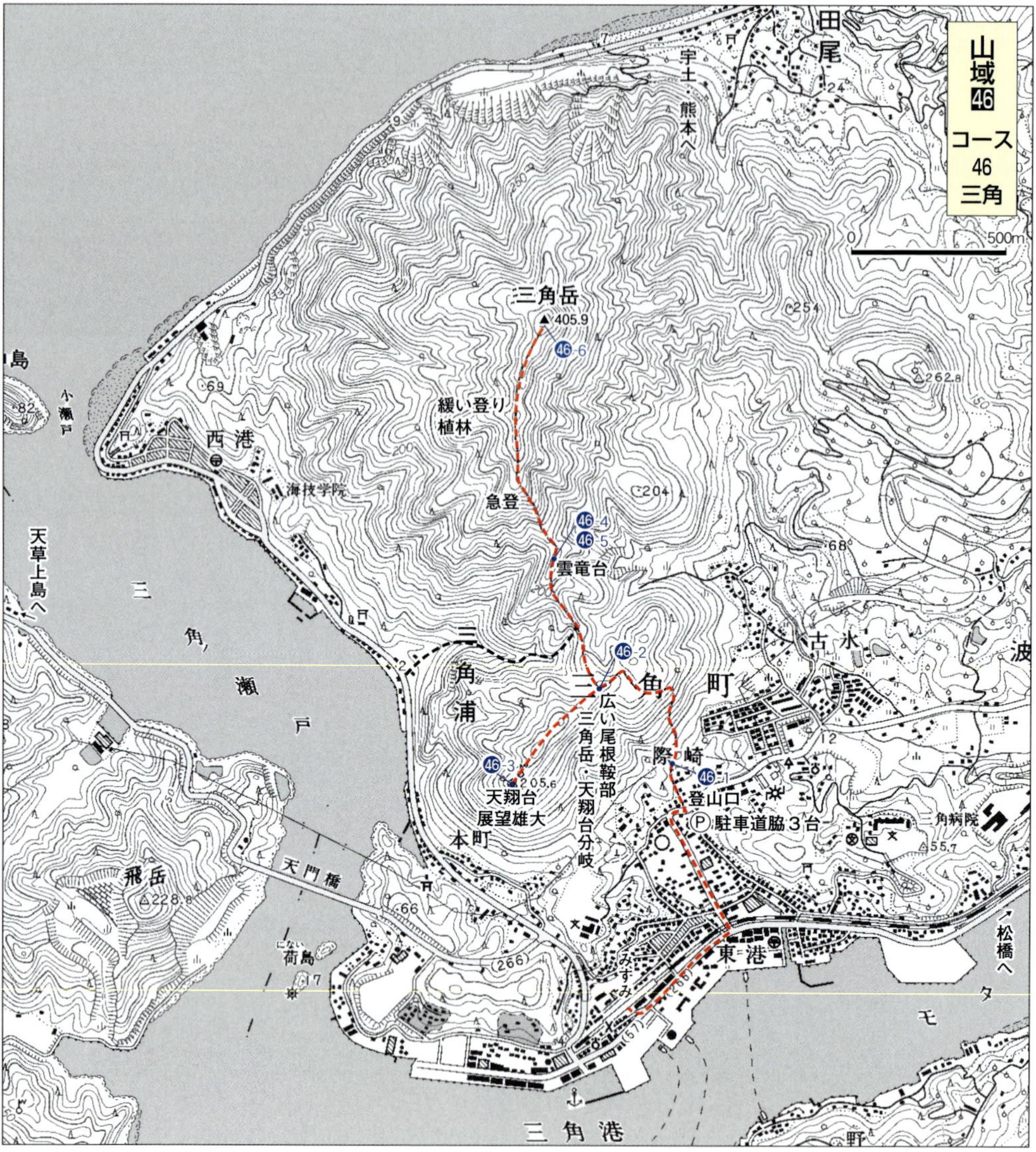
山域46
コース
46
三角
0
500m
田尾
宇土・熊本へ
三角岳
405.9
46-6
緩い登り
植林
急登
46-4
46-5
雲竜台
204
254
262.8
68
古氷
波
46-2
広い尾根鞍部
三角岳・天翔台分岐
三角町
際崎
46-1
登山口
Ⓟ駐車道脇３台
三角病院
55.7
46-3
205.6
天翔台
展望雄大
本町
三角浦
三角ノ瀬戸
西港
海技学院
69
82
小瀬戸
島
天草上島へ
飛岳
228.8
天門橋
荷島
17
66
(266)
みすみ
東港
松橋へ
モタ
三角港
野

熊本県

山域47

念珠岳《ねんじゅだけ》（502・8m）　烏帽子岳《えぼしだけ》（470m）　龍ヶ岳《りゅうがだけ》（469・6m）

霊山と呼ばれた上島観海アルプス最高峰と国名勝の龍ヶ岳は上天草一の展望台である。野口雨情は「阿蘇や雲仙、霧島までも龍ヶ岳からひとながめ」と詠んでいる。

〔山域の魅力〕天草上島東海岸を南北に連なる連山は、観海アルプスと呼ばれ、その最高峰が念珠岳、南に烏帽子岳、龍ヶ岳と続き、不知火海側に岸壁がそびえ、登高欲をそそる。

姫戸町二弁当峠から竜ヶ岳町尾串にかけて、稜線通しに九州自然歩道が続き、東へ一〇分で念珠岳山頂である。山頂付近に自生するヒモズルは県天然記念物。古来、霊山として知られ、地元では正月ご来光登山で賑わう。

烏帽子岳は自然歩道が西側山腹を巻いて、大作山林道を突切り南進すると、龍ヶ岳の広い山頂に出る。山頂一帯は、礫砂岩からなり、岩石に立ち望める景色は雄大、昭和一一年に国名勝指定、その眺めを野口雨情は「阿蘇や霊仙霧島までも龍ヶ岳からひとながめ」と詠んでいる。

昔は寿ヶ岳と呼ばれたが、東京の画家竜駿介が龍ヶ岳と改名。山頂部は平坦で広く寿ヶ嶽神社、砥石の里碑、ミユイ天文台、キャンプ場、バンガローがあり車道が山頂広場に通じている。

〔山道案内〕47

▽歩行時間＝五時間三五分

二弁当峠バス停→自然歩道入口→地蔵峠→念珠岳→展望休憩所→大作山林道→龍ヶ岳→林道・四阿屋→山の神→龍ヶ岳

㊼−1　道左脇に二間戸方面の道が出合うと地蔵様が迎えてくれる

㊼−2　コースから左上に登ると念珠岳山頂に導かれる。山頂から行手の烏帽子岳、龍ヶ岳を見る

㊼-3 念珠岳山頂から北の眺めは鹿見岳、白岳、次郎丸岳

㊼-4 展望台ベンチから西方、天草最高峰倉岳の眺め

登山口バス停

▽二万五千図＝姫浦、高戸、大島子、棚底

登山口と下山口が違うため自家用車の場合、バスかタクシー移動となる。

二弁当峠バス停からトンネル南口に出て、右折、西へ向かう車道歩きで、東に白岳や次郎丸岳、遠く有明海、雲仙を眺めて歩き、自然歩道入口に達する。

歩道は南へ穏やかな稜線を歩く。植林地だが展望も得られ、旧分岐で古い踏み分けが二弁当峠へ分かれる。

正面に念珠岳を見て、緩い登りで右に大谷への分岐を見る。短い上り下りの後、丸木段や石段の道から三五三・八メートルピークを右に見ながら過ぎる。

植林とカシ、シイの目立つ雑木林、林床はヘゴ、シダの密生した場所を通るが、歩道は整備されている。四二六メートル峰は左を巻くと、正面の樹間から念珠岳の頂が望まれ、ほどなく地蔵が祀られた地蔵峠に着く(㊼－1)。左からの道は二間戸方面へ向う。

コンクリート製丸木段、石段登りで念珠岳分岐に達し、左上の急斜登りわずかで、伐採で展望の良い念珠岳山頂に着く(㊼－2、㊼－3)。ほぼ四周眺めは良い。

分岐まで戻り、山頂西面を大きく巻いて歩く。照葉樹林は気分がよい。左の展望が開け、ベンチのある展望休憩所に着く。ぜひここで休みたい(㊼－4)。

烏帽子岳西側を大きく巻き、落葉の道を南進する。樹木も大きく森林浴が楽しい。わずかに登り四三〇メートル峰から下りとなり、ヘアピン状に東に折れる。さらに下ると、大作山林道に飛び出す。左に下ると龍ヶ岳町下貫、右は尾串で両方ともバス停である。

南に直進する車道もあるが、左上する自然歩道を歩く。ほぼ稜線通しの道はコンクリートで固められ、東側が急斜面だが、標高差一五〇メートルほど高度が上がると楽に歩ける。

行手が開け右下に車道を見ると龍ヶ岳山頂北端に達し、バンガロー脇を抜けて山頂の南端へ出る。展望台をくぐると岩壁上に出て、正面に樋島、御所浦島や小島が点在し、東には九州山地が南北に連

なって見える。

山頂から北に寿ヶ嶽神社を左に見て、バンガローの手前右手が下山口だ。急崖に続く登山道は短くジグザグを切って下る。丸木段からコンクリート段を下り森林浴ゾーンの案内を見ると急坂も終わり歩きやすくなる。

植林となり車道に飛び出す。わずか右手に四阿屋《あずまや》があり休憩するのによい。マツの茂る尾根から左下に急斜面を降りると老杉があり、根元に山の神が祀られ、谷に出る。

橋を渡り小谷沿いに下ると、ヤブツバキ、カシが多くなり、秋はドングリ、春はツバキの落花が足の踏み場もないほどである。林から畑地に出てわずかに下ると、県道に出て左手がバス停である。

▽**参考コースタイム**＝二弁当峠バス停(50分)自然歩道入口(1時間10分)地蔵峠(20分)念珠岳(1時間)展望休憩所(20分)大作山林道(1時間)龍ヶ岳(30分)林道・四阿屋(10分)山の神(15分)龍ヶ岳登山口バス停

〔問合せ先〕 上天草市役所龍ヶ岳統括支所☎0969・62・1111、天草産交松島案内所0969・56・0080、竜ヶ岳タクシー☎0969・62・1100、姫戸タクシー☎0969・58・3456

宮崎県
山域48

平田山《ひらたやま》（194m）

海岸線に亜熱帯樹のジャングルが迫る風景が広がり、アルゼンチンの国花であるジャカランダの花が咲く山。

〔山域の魅力〕宮崎県南、日南海岸沿いに南下するとそこは、冬でも暖かく霜や雪とは縁のない南国だ。ヤシの木陰に濃紺の海が広がる風景は、南の国のイメージがたっぷりである。

宮崎県南、日南海岸のその南、南郷町に道の駅南郷がある。道の駅の裏山、平田山は標高一九四メートル、海岸から一気にそそり立つ山には、遊歩道以外に道は無く、奥深い深山の趣がある。

私が南アフリカ、ケープタウンブラジルに旅した折、ジャカランダの花が、日本の桜と同じく咲くことを聞き、楽しみに訪れた。残念なことに季節がずれていて花の時期は終わっていたのだ。

帰国してからも花名は忘れる事はなかった。五月、新聞の旅の広告を見ると、なんとジャカランダの花見ツアーがあるではないか。場所は宮崎県南郷、長崎県島原半島、早速六月初旬訪れた。

平田山北の山腹にジャカランダの森があり、六月上旬、清楚な夢にまで見た花

㊽-1 南郷の海岸から眺めた平田山

㊽-2 トロピカルバレーから熱帯林の平田山を望む

㊽-3 整備された遊歩道を歩く

㊽-4 ジャカランダの花は何処か日本のツリフネソウに似ている

㊽-5　ジャカランダの森に見事に咲いたアルゼンチンの国花

の実物を楽しんだ。もちろん人工的に植栽されたものではあるが。

平田山の南麓には宮崎県亜熱帯作物支場があり、トロピカルな果物を栽培してある。東面は樹林に隠れた断崖、山頂は名のごとく平坦な地形で東西に長く、展望は登山の途中からが雄大だ。

低山ながら林中を歩くと、人の歩いた気配が少なく、頭上を高く黒々と覆う樹林は、台湾、中国南部、南洋的な雰囲気が漂う。夏はマムシやダニが多いので、冬場の登山がよいだろう。もっとも遊歩道のみを歩くのであれば問題ない。

〔山道案内〕48　**▽歩行時間＝二時間二五分**

エントランスガーデン→トロピカルバレー→恵みの丘→ロックマウンテン→ジャカランダの森→峠の駐車場→平田山→トロピカルドーム→ジャカランダの森→エントランスガーデン

▽二万五千図＝油津、道の駅配布の亜熱帯作物市場モデルコースの案内図

アプローチはＪＲ日南線南宮崎駅から乗車、南郷駅下車(㊽-1)、タクシー一〇分で南郷道の駅に着く。南郷道の駅売店の案内パンフレットに従ってトロピカルバレーへ。左の海岸線、右手や行手の熱帯樹が異国の雰囲気をかもし出している。右折して谷間にある人工の遊歩道を登り、トロピカルバレーのベンチへ(㊽-2)。散策の森、恵みの丘と歩いて、熱帯の森を抜けると東の展望が開ける。

西進して森の中を登ると(㊽-3)岩の露出した丘に達し、ロックマウンテンの丘で展望がさらに開ける。山腹上部を横切って展望デッキを右下に見て西進すると、わずかに下ってジャカランダの森に達する(㊽-4、㊽-5)。車道へ出て左上に車道伝いに登る。峠の駐車場手前から平田山の南面の遊歩道を、右下にトロピカルドームを見ながら、展望デッキに出る。先の作業道終点から、左上の樹林の空間へ登る。

平坦地の落葉を踏み右上わずかに進むと最高点（平田山）だ。展望はない。峠の駐車場まで戻り、左の車道からトロピカルドームへ。

帰路は峠からジャカランダの森まで車道を歩き(㊽-5)、展望広場をへてここは草の広場で休むのによい場所、オーシャン広場デッキへ。ウッドデッキ、木道からエントランスガーデンに戻る。

▽参考コースタイム＝エントランスガーデン(40分)ロックマウンテン(15分)ジャガランダの森(5分)峠駐車場(20平田山往復)(20分)トロピカルドーム(25分)ジャカランダの森(20分)エントランスガーデン

〔問合せ先〕日南市南郷町総務支所☎０９８７・31・１１１３、ジャカランダの開花、南郷町亜熱帯作物市場☎０９８７・64・００１２、タクシー第一交通日南営業所☎０９８７・23・２４５７

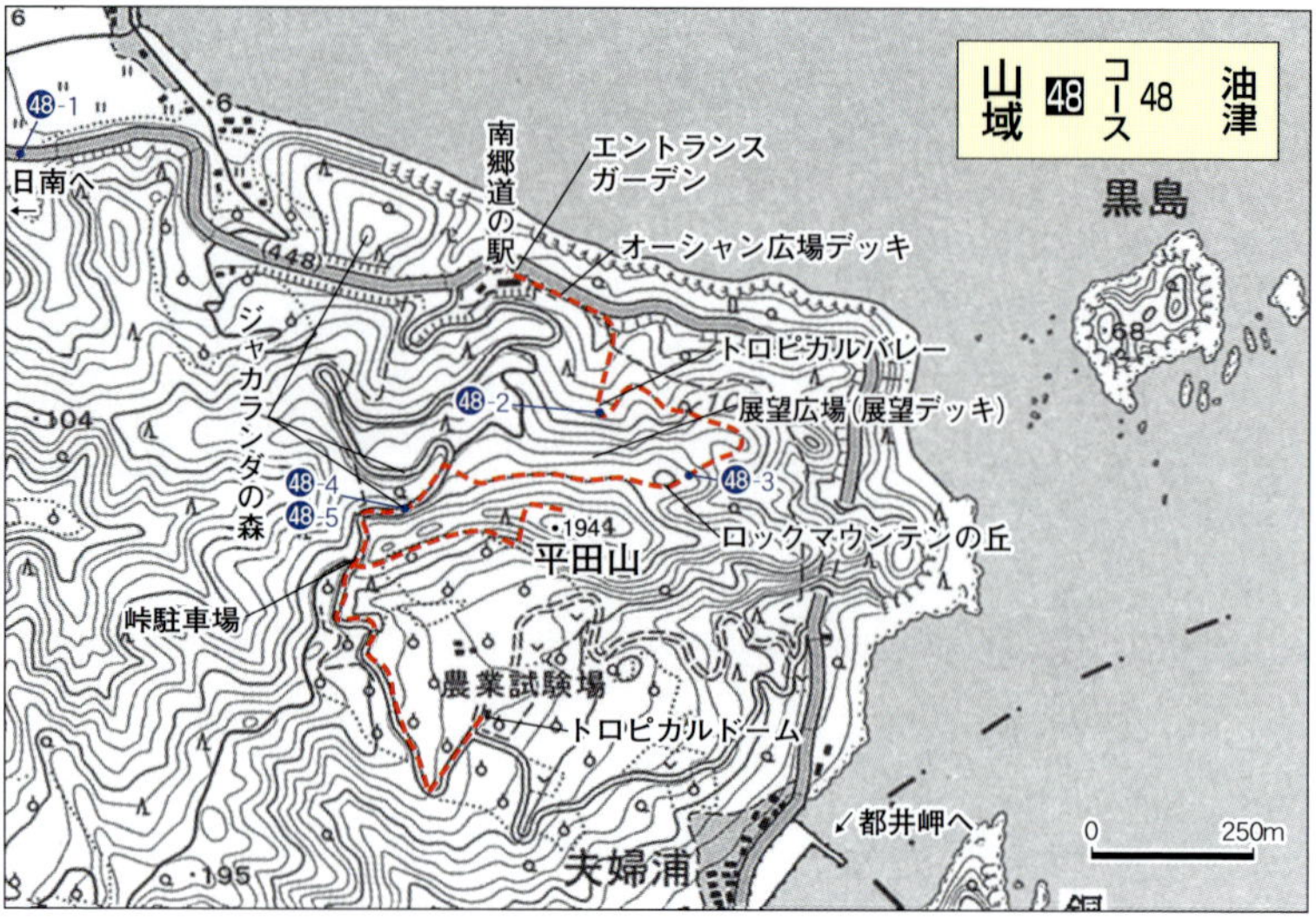
山域 48 コース 48 油津
黒島
68
日南へ
448
南郷道の駅
エントランスガーデン
オーシャン広場デッキ
トロピカルバレー
展望広場（展望デッキ）
ジャカランダの森
ロックマウンテンの丘
194
平田山
104
峠駐車場
農業試験場
トロピカルドーム
都井岬へ
夫婦浦
195
0 250m
48-1
48-2
48-3
48-4
48-5

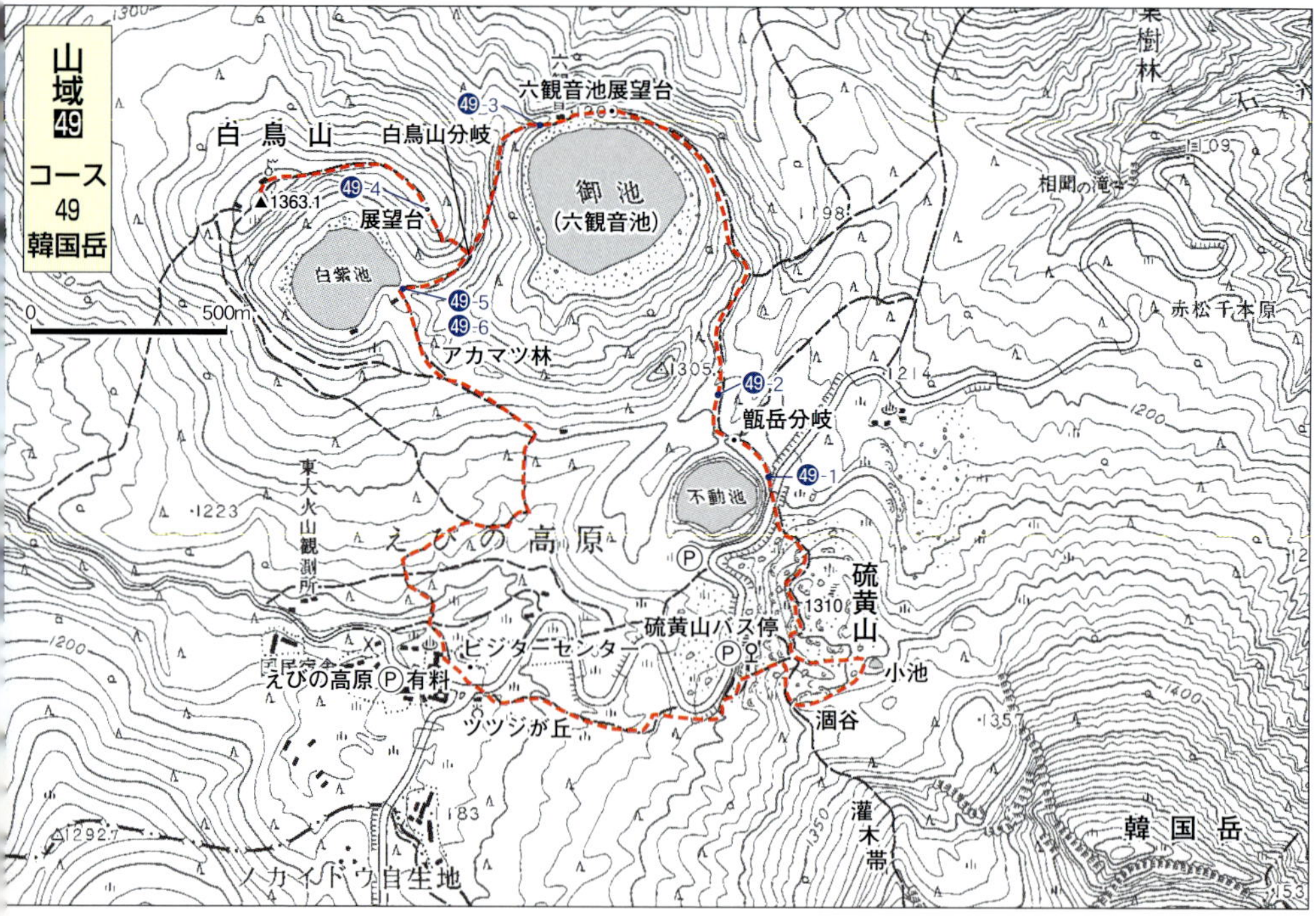
山域 49 コース 49 韓国岳
白鳥山
白鳥山分岐
1363.1
展望台
六観音池展望台
御池（六観音池）
白紫池
アカマツ林
0 500m
1198
相聞の滝
赤松千本原
1305
甑岳分岐
不動池
1214
1223
東大火山観測所
えびの高原
硫黄山
1310
硫黄山バス停
ビジターセンター
えびの高原 有料
小池
ツツジが丘
涸谷
1357
1183
1292.7
灌木帯
韓国岳
ノカイドウ自生地
49-1
49-2
49-3
49-4
49-5
49-6

宮崎県 山域49

硫黄山 いおうやま（1310m） 白鳥山 しらとりやま 1363・1m）

※地図は142頁に掲載

この山域は特別天然記念物ノカイドウ、高原に見られるキリシマミズキ、ツツジヶ丘のミヤマキリシマ、硫黄でえび色に変わるススキ、コースに点在する火口湖など見どころが多い。

〔山域の魅力〕 韓国岳の北面えびの高原は硫黄山、甑岳、白鳥山、えびの岳に囲まれた標高一二〇〇㍍の高原で、周辺には白紫池、六観音池、不動池など火口湖があり、周囲の景色を映している。

野の花、木の花も多い。特別天然記念物ノカイドウがキリシマミズキと共に咲き、初夏はミヤマキリシマのピンクの花に埋る。

秋のススキはつとに有名で、硫黄山から噴出する硫気によって、変色したススキの穂や茎が、えび色に変色することから「えびの」の名がある。アカマツの自然林にモミ、ミズナラ、リョウブなど新緑、紅葉を見るのも楽しい。

〔山道案内〕49

▽歩行時間＝二時間四〇分

えびの高原→硫黄山→六観音池→白鳥山→白紫池→えびの高原

▽二万五千図＝韓国岳

えびの高原ビジターセンター前から車道を横切りツツジが丘に出ると、左折して谷川沿いに硫黄山を目指す。アカマツ林の谷間はキリシマミズキも季節に黄色の花を咲かす（㊾－1）。

谷を渡り登ると硫黄山バス停からの登山道と出合い、韓国岳登山道を見送り、東へ丘を越えると水を湛えた小池に出る。硫黄山の荒涼とした丘を越え、石畳を下ると霧島道路を突切り不動池側へ出て、アカマツ林を甑岳分岐から緩く下る（㊾－

㊾－1　えびの高原から眺めた硫黄山と韓国岳

㊾－2　六観音池へ向け遊歩道を行く

㊾-3 白鳥山展望台から六観音池と背後の甑岳

㊾-4 白鳥山へ向う途中から冬の六観音池

㊾-5 白紫池と白鳥山

㊾-6 白紫池畔のオオカメノキの花

2）。

スギの老木が現れると六観音池展望台に出る。青く澄んだ水面は湖岸の緑や紅葉を映す。この池は霧島で最も美しい湖の一つで、深さ一四メートルの酸性湖で不動池と同じ色をして、白い砂浜が一段と湖を美しく見せている（㊾－3）。

すぐ道脇に馬頭観音が祀られ、遊歩道は登りとなる。分岐から右上する白鳥山への道へ入り展望台に出る。東に六観音池から甑岳、韓国岳、大浪池、えびの岳と景色が開ける（㊾－4）。

白鳥山の頂を往復して、先の分岐へ下り南進するとすぐ白紫池《びゃくしいけ》の湖畔に出る（㊾－5、㊾－6）。アカマツ林に入り右左と大きく迂回しながら下ると、展望台を道脇に見て、わずかで不動池への遊歩道と硫黄川を突切ると、ビジターセンター前に帰着する。

▽**参考コースタイム**＝えびのビジターセンター（30分）硫黄山（10分）不動池（30分）六観音池（40分）白鳥山（20分）白紫池（30分）えびのビジターセンター

【問合せ先】 えびの市観光商工課☎0984・35・1111、宮崎交通小林営業所☎0984・23・3123、林田産業交通霧島営業所☎0995・78・2003

宮崎県 山域50

矢岳高原《やたけこうげん》（600～800m）

高原からの景観は、旧国鉄時代の狩勝峠、姨捨山越、矢岳越は日本三大車窓と呼ばれる。他にもウェスタンスタイルのオートキャンプ場で楽しむことができる。

〔山域の魅力〕 矢岳は熊本県人吉市の南部と宮崎県えびの市の境界付近にあり、鉄道としては珍しいループとスイッチバックを併用し、矢岳高原二キロを越えるために多くのトンネルがある。

近くの大畑《おこば》の地名も焼畑に由来する場所で、現在は植林施業地。展望台から南方に開ける霧島連山が見渡せ、下に加久藤盆地が展開、その中を川内川が緩やかに蛇行しながら東西に流れ、春は新緑とワラビ、秋はススキと紅葉の景勝地である。

かつて昭和の俳人種田山頭火、詩人野口雨情も訪れ、絶景の思いを作品に残している。高原には牧場、茶畑が管理され、矢岳高原ベルトンオートキャンプ場、遊興施設、パラグライダー、ハイキングコース、ウッドデッキから望む展望など楽しい一日を過ごせる。

登山口のJR肥薩線矢岳駅から往復四時間弱。車利用では人吉市、南はえびの市から県道で三〇分程だ（㊿－1）。

〔山道案内〕50

▽歩行時間＝三時間四〇分

JR矢岳駅→登山口→車道出合→ベルトンオートキャンプ地展望台→矢岳高原標高七二〇メートル広場→車道出合→登山口→矢岳駅　▽二万五千図＝加久藤、肥後大畑

矢岳駅構内にはD51の展示場があり、下山時ゆっくり見学しよう。駅舎から西進してT字路を左へ歩く。左手肥薩線踏切を渡ると、広場が登山口である。イラ

㊿－1　川内川上流から眺めた矢岳高原

㊿－2　ベルトンオートキャンプ場から高原の眺め。山頂からパラグライダーが飛ぶ

㊿-4 展望台から眺める霧島火山群と加久藤盆地

㊿-3 高原南面、野口雨情の歌碑が立つ展望台と高原の眺め

㊿-5 加久藤盆地を蛇行する川内川の流れ、中央奥に桜島が見える

ストの登山説明板を右に見て、山側に続く車道を歩く。

杉林は立派な大木、頭上には送電線が南北に横切る。右に涸谷を見ながらのんびり歩く。やがて谷が二分しその中央の車道はすぐ駐車空地となり、終っている。右手の涸谷に丸太橋があり、渡って涸谷沿いに上流へ向かう。

七月下旬にはキツネノカミソリが谷沿いを飾り、浅くて広い谷沿いは植林で、かすかな踏跡とテープの目印を伝う。二俣となり、左俣沿いに辿るとわずかに水流を見て、古い小さな堤がある。踏跡も次第に立派になり二分する（仕事道分岐）。右の道は展望のよい丘を越えて車道へ、左はわずかで女竹の密生した中に幅広道に出て、車道に飛出す（車道出合）。

車道出合から左は矢岳駅方面への県道、右が高原だ。大きくカーブして続く車道歩きで、展望が開け高原の一角に達する（㊿－2）。左下にロッジ、右上にオートキャンプ場の管理舎の本館がある。

駐車場右手が、ベルトンオートキャンプ場の入口。米国のウェスタンスタイルのキャンプ場である。遊歩道を直進し、シーズン中は開く売店とトイレを右に見て、三差路の左を南進する。丘に出てウッドデッキの展望台に達する（㊿－3、㊿－4、㊿－5）。右に「雨のしらせか霧島山に、雲がまた来てまたかかる」と野口雨情の歌碑が立つ。

草原の眼前に霧島連山の雄大な眺めが開けている。売店脇から急斜面の車道を登ると、左手に「田のかんさー」の案内がある。これは「田の神様」を宮崎弁で呼んだもので、小林、えびの地方の水田地帯でみられる神様である。

山頂からの展望はさらに開けて、のんびり家族で休むのによい広場。南面はパラパントの発進場所でもある。帰りは往路を戻る。

▽**参考コースタイム**＝JR矢岳駅（15分）登山口（50分）車道（40分）ベルトンオートキャ

ンプ場展望台（ウッドデッキ）（20分）矢岳高原標高七二〇ｍ広場（10分）ウッドデッキ（40分）車道出合（30分）登山口（15分）矢岳駅

〔問合せ先〕えびの市観光商工課☎０９８４・35・１１１１、ベルトンオートキャンプ場☎０９８４・37・１０３３、休業期間☎０９８４・35・１１１１、人吉市役所☎０９６６・22・２１１１

宮崎県
山域51

石堂山

いしどうやま（1547・4m）

山岳展望ミツバツツジ、ツクシアケボノツツジの観賞も楽しく急峻な山容は登高欲をそそる山。

〔山域の魅力〕石堂山は、市房山、天包山と並ぶ米良三山の一つ。九州中央山地国定公園に属する山で、標高一二〇〇《メートル》付近は緩傾斜地もあるが、全体に急峻。特に山頂までの南北に続く稜線の登りは、尻張坂と呼ばれる痩せ尾の急坂が続き、いくつも山頂と見紛う似せのピークを越える。

一ツ瀬川を挟んで市房山と対峙し、春はツクシアケボノやミツバツツジが咲き、夏はブナ、ナラの緑、秋はカエデの燃える紅葉、冬は樹氷と四季折々の姿を登山者に見せてくれる。

井戸内峠を林道が開通する前までは、登頂に九州一、二の時間と体力を要する山であった。

〔山道案内〕51　▽歩行時間＝五時間三〇分

井戸内峠→五合目登山口→六合目・上米良道出合→林道→石堂山→井戸内峠

▽二万五千図＝石堂山

村所から国道二六五号で上米良を目指し、井戸内集落から峠への道標に従う(51−1)。峠から左折する林道で道脇に駐車する。平成一八年当時大雨災害で林道が崩壊したので確認を。

ゆるく下り左に曲がると崩壊地を越えて西進する。ヘアピン状に右折する場所が登山口。登山届箱と標識あり。杉林に入り北へ向けてジグザグの急斜、緩むと左上尾根に六合目の標示がある。

痩せ尾根の急斜で北に取ると、左伐採跡から市房方面が見渡せる。石混じりの急斜面は滑落に注意して、樹林に入ると尾根の台地で一息つける。樹間から行手に石堂山が見える。

しばらく緩急繰返して尾根歩き、痩せて右下に谷の源頭を見ると、短い胸突く急登で荒れた林道井戸内線に出る。

林道を二〇〇《メートル》も北にとり、正面に石堂山へ続く急斜の稜線を見て、左の登山道に入ると本格的な急登となる。伐採の影響かブナ、ナラの大木、ネジキなど灌木の立枯が目立つ急斜を登りに登る。まさに尻張坂の急登である。

時折尾根の段差で一息入れて振り返ると、南面の展望が開ける。初夏はアケボノ、ミツバのツツジ類が目を楽しませるが、痩尾根では気を緩めず、慎重かつ確実に歩を進める(51−2)。都合一〇回ほどの眼前のピークを乗越すと、石堂山に達する。

北を除いた展望がよく、西に市房山、遠く霧島連山、掃部《かもん》山地、南に天包山(51−3)、一ツ瀬川河口、宮崎市街、龍房山《りゅうふさやま》、オサレ山、空野《そらんの》山、地蔵岳、奥に尾鈴山塊、東に遠く大崩山塊と山岳展望が広

51-2 九合目、樹間から石堂山山頂方面を見る

51-1 井戸内峠近くから眺めた市房山

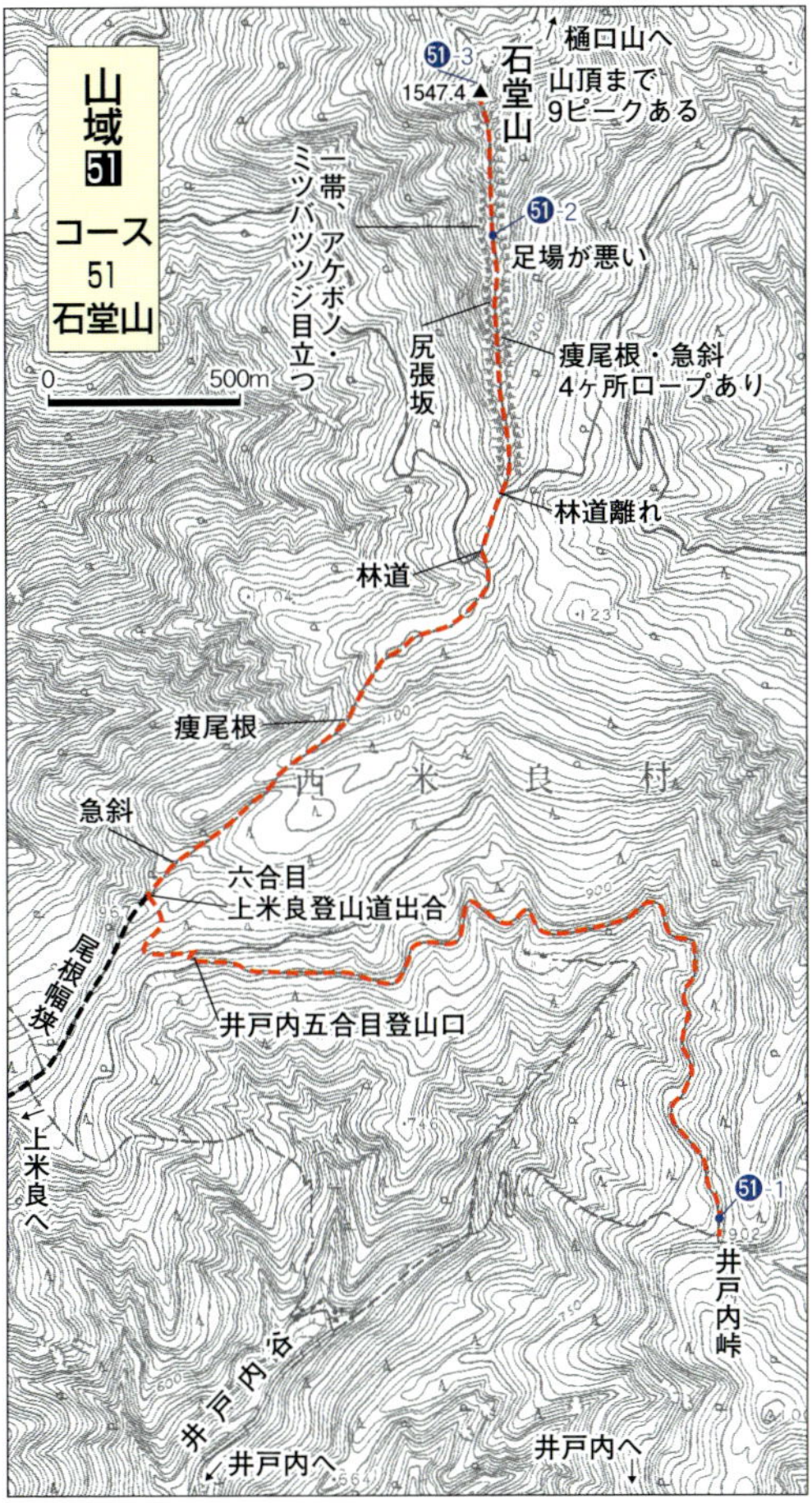

51-3 山頂南方の眺め、突峰は天包山

がっている。暑い季節は北側に樹陰があり、登山道は樋口山へと続いている。

下山は特に林道までと、六合目手前は転滑落に注意して歩く。

▽**参考コースタイム**＝井戸内峠（40分）五合目登山口（20分）六合目上米良登山道出合（1時間）林道（1時間10分）石堂山（1時間30分）六合目（10分）五合目（40分）井戸内峠

〔問合せ先〕 西米良村役場☎0983・36・1111、西米良村村営バスも役場内、宮崎交通バス宮崎営業所☎0983・43・0026

宮崎県

山域52

大崩山
おおくえやま（1643・3m）

鹿納山
かのうやま（1567m）

花崗岩上からの大森林の展望がすばらしい。初夏のツツジの種類は二〇種を超え、登山道を彩る。魅力あるコースが多いが経験者向きである。

〔山域の魅力〕大崩山は言わずと知れた山塊の盟主。祝子川からの登山道はいずれも盛況で、登山者の数が多い。

鹿川《ししかわ》からは鬼の目山、鉾岳、大崩山、鹿納山へとあるが、祝子川の清流、岩峰コースの変化があまりにもきらびやかで、話題性に富むのに対して、宇土内コースは樹林帯のみで地味だ。しかし、このコースは大崩山頂までは近くて楽なコースである。踏分け程度の場所、ササがうるさいコースもあるが、ブナの巨樹やその間を埋めるアケボノツツジ、シャクナゲは見事で、自然が身近な山歩きとなる。人工の手があまり施されていないコースを辿って、大崩山、鹿納山の展望を楽しむコースを紹介する。

〔山道案内〕52　▽歩行時間＝七時間

大崩山宇土内谷登山口→大崩山→鹿納山分岐→鹿納谷鹿納山出合→鹿納山→鹿納谷鹿納山出合→鹿納谷登山口

▽二万五千図＝祝子川、大菅、見立、木浦鉱山

52-1 秋は紅葉、春は新緑と自然林は空気がうまい

52-2 わずかな上下の尾根筋から大崩山の頂を望む

52-3 クマザサに一本の踏分けは鹿納山への分岐だ

52-4 岩が露出した石塚は休憩場所として大崩本峰より快適だ

52－5　石塚の露岩の展望台から西方面の眺め。左から釣鐘、日隠山

52－6　山頂から南に左から鹿川峠、鬼ノ目山、国見岳と雄大な眺め

登山口から鹿納谷林道が伸びるが、下山に歩くことにして、大崩山には荒れて崩壊した林道を宇土内谷沿いに歩く。

土砂崩壊で石原のような道を歩く。終点から左手植林に入り登ると、大・小ジグザグを切って、植林にクマザサが現れると自然林の登りとなる。尾根に登り着き右折、尾根通しの道となる(52－1)。

ブナの巨樹、ケヤキ、ナラ、ナツツバキ、カエデ、シロモジの落葉樹にツゲが混じり、高度が上るとツクシアケボノツツジが現れる。

視界が開け、背後に釣鐘山、日隠山、鹿納山の特異な岩峰が左手に見えている。傾斜も緩んで一度わずかに下り、だらだらと登る(52－2)。鹿納山分岐を左に見て(52－3)、さらに中ゼ松谷分岐、平坦となり左手から湧塚方面メインルートが出合う。

右折してほぼ平坦なクマザサ道を南進すると、行手左手に露岩があり、中央を登ると展望雄大な石塚の岩上に達する(52－4、52－5)。大崩山頂は南に五分で達する。休憩は石塚がよく、まず山頂を踏んでこよう(52－6)。

鹿納山方面は分岐まで戻り登山口方面へわずかで右折、細々としたササの一本道を進み、稜線に出て右下に中ゼ松谷が樹海を広げ、高差一五〇メートルの下り。左植林、右自然林でブナの巨木が目立っている。登山道は標識がなく、たまに古いテープがわずかにある。読図と踏分けを探して稜線を確実に歩いてゆく。

倒木、ササの濃い場所でも主脈ははずさずに歩く。三つの鞍部を過ぎて西へ向けての急登となる。下った分高差一五〇メートルの登りで、一四九〇メートルピークである。展望はない。右折して北へ。一旦下り再び登り返す。ササがうるさい場所だ。一四五七メートルピークに立つと、樹間越に鹿納山の岩峰が見える。

やや左手に向きを変えわずかに下降すると、西側の展望が得られる。わずかな上下で一五〇〇メートルピークに達し、左下から鹿納谷道が出合う。

ここから稜線は痩せて東西方面が急激に落ちている。露岩上からの展望がよい。痩せた稜は岩稜となり、大崩山方面の展望がよくなる。岩稜から急下降し、樹林帯に入ると、権七小屋谷の道が右に出合う。

急登で鹿納岩壁基部に達し、左に巻いて北に出ると、南にわずかに登り鹿納山頂に達する。

遮るものなく大崩方面、五葉岳、お姫山、鹿納の野が指呼の間である。

下山は鹿納谷・鹿納山出合まで戻る。ここから幅広尾根の急下降。稜から右折、ブナ、ヒメシャラ、ナツツバキ、カエデ、ミズナラなどの落葉樹林帯を下る。

一直線に下りアケボノツツジが少なくなると、谷音が聞こえて鹿納谷へ飛び出し、林道終点の登山口に下山する。

ここから林道歩き一時間で大崩山宇土内登山口へ戻る。

▽**参考コースタイム**＝宇土内谷登山口（1時間30分）鹿納山分岐（40分）大崩山（20分）鹿納山分岐（1時間）1490メートル（30分）鹿納谷・鹿納山出合（40分）鹿納山（40分）鹿納谷・鹿納山出合（40分）鹿納谷登山口（1時間）宇土内谷登山口

〔問合せ先〕 北方町役場☎0982・47・2001、あさひ観光タクシー☎0982・47・2227

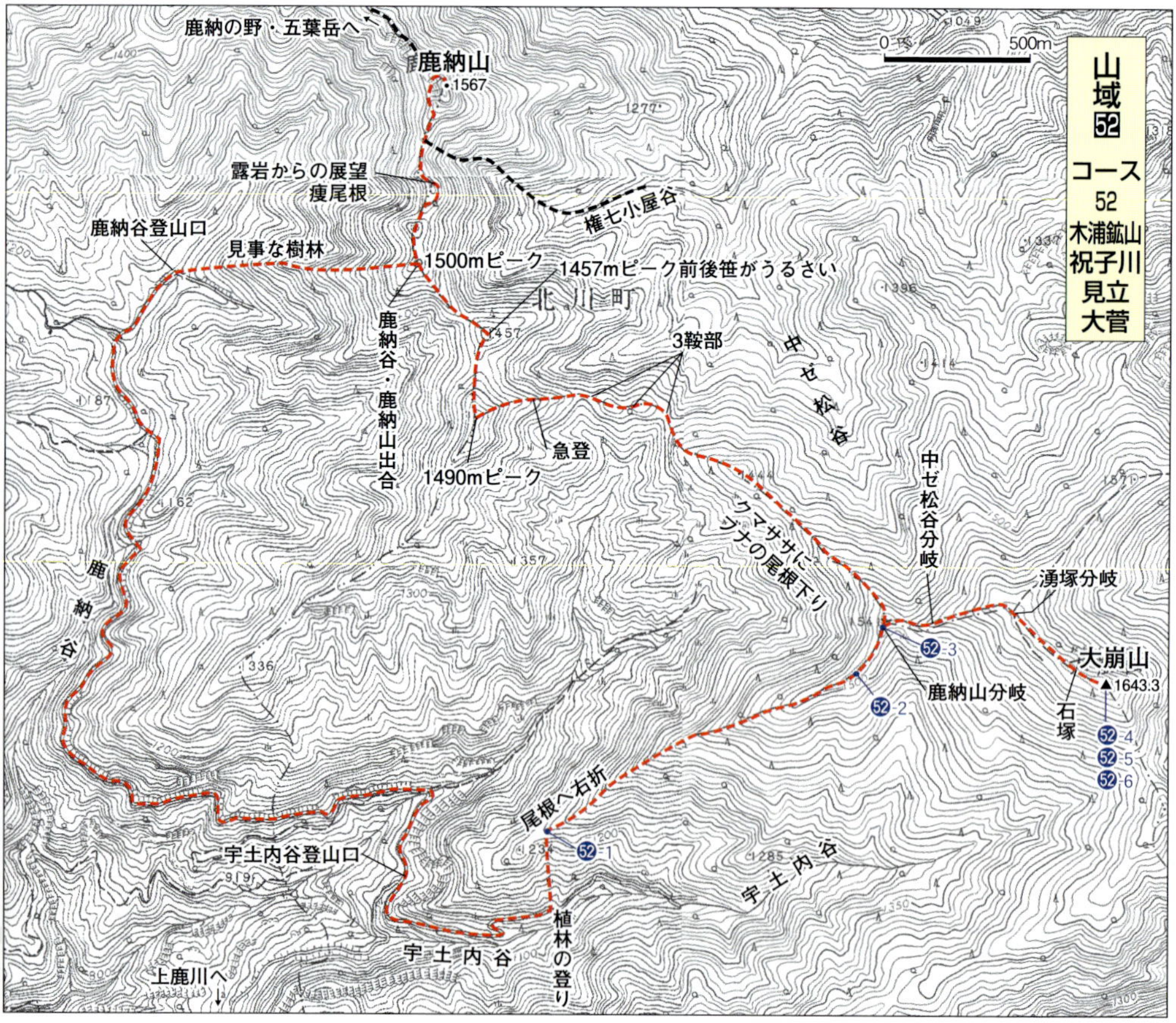

宮崎県
山域53

桑原山（八本木山）

くわばるやま（１４０７・９ｍ）

※地図は157頁に掲載

一味ちがう山。アケボノツツジ、シャクナゲ、ドウダン、ミツバなど新緑紅葉のすばらしさは大崩山と遜色ない。大崩山塊から大崩本峰を眺めると新鮮な景色が開ける。

〔山域の魅力〕大崩山塊では比較的登山者の少ない山であるが、急峻な山容、山頂一帯に残る自然林など、大崩山とは一味ちがった大崩山の登山を楽しむことができる。

新緑、紅葉、ツクシアケボノツツジと自然は大崩山と同様すばらしい。展望は、大崩山、小積岩を正面から眺めることができるので、新鮮な姿で大崩山方面を眺めることができる。

東面からの登山口は林道の伸び具合で矢立峠に接近し、登山者は山頂まで近いコースに集まるので、近年西側矢立谷からのコースは登山者が通らず消失しかけている。

矢立谷は祝子川小岩屋集落から谷沿いの林道終点から、谷沿いの杣道を利用して、源流の急登で峠へ達していた。

登山口までは延岡から国道一〇号から国道三二六号に入り、北川町下赤か上赤で、広域基幹林道下赤上祝子線に入る。仁田ノ内集落手前から、林道を黒内へ向う。黒内谷手前から急斜の林道が谷沿いに左上する。

近年黒内谷源流は伐採の手が伸びて荒れている。

〔山道案内〕53

▽**歩行時間＝五時間四五分**

桑原山（八本木山）登山口→林道登山口→矢立峠→一三〇〇メートルピーク→桑原山

▽**二万五千図＝木浦鉱山、祝子川**

黒内谷を右下に見て荒れた林道が源流

53-1 八本木山の別名を持つ桑原山を登山口から眺める

53-2 矢立峠は植林の中だ

53-3 樹間から西側に大崩山方面が見える

53-4 標高 1300 mを越えると山頂は近い

に向かう。谷に最接近すると行手は伐採地で林道は荒れているので用心して運転する。

桑原山登山口にある「八本木山登山口」の案内板を過ぎて、現在は荒れた林道を終点まで登り、終点左手に林道登山口の案内がある。

車道堀切から植林をジグザクで、尾根が近づく。しばらく植林を尾根沿いから尾根上を歩くと、九三八メートルピーク右側を巻いて稜に出る。矢立峠である（53―2）。

峠から北へ取る。しばらくは右側が植林でさしたる登りではないが、植林境に達し胸突く急登が高差三〇〇メートルも続くので焦らず登る。

自然林を一直線に登る。ササが現れ時折露岩を縫い、岩上を越える。立木やササを手掛かりに一時間もあえぐと傾斜はゆるみ、ササが濃くなり、倒木の乗り越しに苦労する。行手が広がると、背後の稜も足下となる。

標高一三三〇メートルの山頂前の峰からツクシアケボノツツジ、ミツバツツジ、ドウダンツツジが目立ち、東西急斜で痩尾根となる。やや下ると左側植林地となり大崩山の展望が得られる（53―3）。二枚ダキ、小積岩などが指呼の間。南側に祝子川ダム湖、民家まで見える。

一旦鞍部に降りてクマザサが尾根を埋めた坂を登り返す（53―4）。幾度か露岩を越えると狭い稜の一角に桑原山の頂がある。

展望は樹間から、日向灘、可愛《えの》岳と主に西と南が開けている。下山は往路。

▽**参考コースタイム**＝桑原山（八本木山）登山口（50分）林道登山口（30分）矢立峠（1時間30分）1300メートル（40分）桑原山（1時間30分）矢立峠（15分）林道（30分）桑原山（八本木山）登山口

〔問合せ先〕 北川町役場☎0982・46・2001、宮交タクシー☎0982・32・5431

宮崎県 山域54

木山内岳

きやまうちだけ（1401.2m）

自然林の豊かさツクシアケボノツツジ開花期の初夏や、新緑紅葉のすばらしさは主峰大崩山に比して遜色なし。入山は初心者には無理。読図登山経験を積んでから挑戦しよう。

〔山域の魅力〕大崩山塊登山路は、坊主、湧塚、三里河原などが一番人気で、盟主に一歩も二歩も譲ってはいるが、自然林の豊かさ新鮮さでは一歩も引けを取らない。

道標があり、道は踏跡が明瞭ならば、山登りなど、百貨店のエスカレーター同様、足を動かすだけで、山頂へも何処へも行ける。しかし、そのような登山では今ひとつ達成感がない。登山が面白いのは突然の天候変化、読図、経験によりコース設定、その他色々と、思いを巡らし目的を達して、満足する。苦難を乗り越えて完成した行動で、今日の登山は充実していたと思うのである。

さていつもの私の悪い癖はやめて、登路は藤河内タテマツ谷からのものが一番であるが、祝子川喜平谷から登ることができる。近年大雨、台風とあり、倒木、土砂流出により谷筋は荒れた場所もあるが、山慣れた登山者は迷うことはない。

喜平越から山頂までは急登だがブナ、ナラ、カエデ類、ツガの巨木にミツバツツジ、ツクシアケボノツツジ、ドウダンと初夏は新緑、開花と豊かな自然が待っている。勿論紅葉も素晴らしい。

人臭さがなく、静かなのが一番。山を一人占めできる。

〔山道案内〕54 ▽**歩行時間＝六時間**

大崩山登山口→喜平越谷→喜平越→木山内岳 ▽二万五千図＝木浦鉱山、祝子川

大崩山登山口から多くの登山者と共にそれぞれのコースを歩く。大崩山荘前で坊主コースを分け、さらにしばらくで湧塚コースを分ける（54－1）。右手に避難岩屋を見て歩くとやがて行手に巨石を並べ重ねた谷が現れる。これが喜平越谷である（54－2）。

谷の左右どちらにも赤テープの目印があり、踏跡はかすかで、今まで登った山の経験が役に立つコースだ。

谷の両側を通って登る。以後赤・黄のテープ、ケルン、かすかな踏跡を確かめながら行く（54－3）。滝はないので心配はない。ほぼ谷の右手を歩く。

樹林に露岩、砂地、倒木、巨石と縫って上流目指す。決して谷に入ることなく右の山腹に高上りすることなく谷沿いを行く。

アカガシ、ハイノキ、ヒメシャラ、ナラ、ケヤキ、カエデ類が茂り、ツガ、ブナの巨木も現れ、頭上の自然は豊か。

標高一〇〇〇メートルあたりで谷中となり、すぐ右岸に沿う。このあたり台風の害で倒木が多く道は不明瞭。その時は谷を上流へ忠実に伝う。何処かに目印がある。テープ、ケルン、古いものでもよい、探

54-1 樹間から小積岩峰、湧塚方面が見える

54-2 木山内岳への登山口は喜平谷である。谷の右手沿いに登る

54-3 谷に滝はなく、テープとケルンが目印だ

54-4 喜平越から東方の眺め。左が新百姓山

すと安心する。

谷は標高一一〇〇メートル前後で開けて、大きく二分岐する。水流の多い巨石の谷が本流、それは左の谷。

傾斜が急な谷をぐんぐん登ると、崩壊地となり倒木混じりの足場の悪い谷登りで、巨石や水も消えて、ガレ場となると源頭だ。左上はササが現れ行動中に左上から目を離さぬこと。落石にも注意。

左上に赤テープを探したら、谷斜面から落石、滑落しないようにササ帯に登り着くと、かすかでも稜を目指して踏分けを探す。

恐らく道を違えても稜線には出る。その位置が、踏分け道であれば正しい道だ。ここが喜平越(54-4)。道なしの稜線か、ヤブの場合は迷道だ。

山頂は右手。ヤブの場合ヤブをこいで稜線の踏跡を探す。稜の踏分け道は木山内岳へ通じる。一日ヤブをこいでも山頂へ達せないのはおかしい。その場合、喜平谷入口まで戻る。

稜線は初夏新緑、アケボノツツジが本峰コースより素晴らしい。右手に樹間から湧塚、大崩方面を眺めて木山内岳山頂に達する(54-5)。山頂は樹林の中。わずか東に移動すると東面の展望が開け、正面に桑原山が座っている(54-6)。

▽**参考コースタイム**＝大崩山登山口(30分)大崩山荘(1時間)喜平谷分岐(1時間30分)喜平越(40分)木山内岳(1時間20分)喜平谷分岐(1時間)大崩山登山口

〔問合せ先〕 北川町役場☎0982・46・2001、北方町役場☎0982・47・2001、宮崎交通☎0982・32・3341、あさひ観光タクシー☎0982・47・2227

❺❹-6 山頂からわずか東にササをこぐと桑原山方面が開ける

❺❹-5 クマザサと樹林に囲まれた木山内岳山頂

宮崎県

山域55

可愛岳

えのだけ（727.7m）

険しい地形に歴史と伝説の多い山。展望は延岡市街、日豊海岸、大崩山などが見渡せて雄大。岩場が多いコースは経験者と同伴で歩こう。

〔山域の魅力〕　険しい地形と歴史や伝説の多いこの山は、延岡の北に位置し、国道一〇号俵野附近から眺める姿もよい。

延岡駅から北川方面バスに乗り、俵野バス停下車、登山口まで二〇分とかからない。

山麓は植林されているが、シダ類の種類も多く、山頂一帯カシ、シイ、ヤブツバキ、サザンカなどの常緑広葉樹の自然林におおわれている。

南面には花崗斑岩が露出して崖を成し、のぞき岩、烏帽子岳からは、日豊海岸国定公園、蛇行する北川の下流、延岡市などが一望のもとである。東西に細長い山頂一帯は、鋸の歯のように奇岩が立ちならび、岩塊に立てば、北西に大崩山塊が衝立のように並んでいる。

山頂は鋸歯の奥の平地で展望がよく、北面大内谷川沿いの山腹に林道が拓かれ、可愛岳方面、烏帽子岳北面、二本杉上手に登って来る。

登山は夏以外ならすべてよく、冬は格好の日溜りが随所にできる。週末一日、西郷軍が軍議を開いた南州翁寓居跡や御陵伝説地を訪れて、歴史と健康回復を兼ねての登山には願ってもない山である。

〔山道案内〕　55

▽歩行時間＝五時間五〇分

俵野→二本杉→烏帽子岳→南尾根分岐→可愛岳→南尾根分岐→ザレの頭→俵野

▽二万五千図＝延岡北部

西郷資料館前の駐車場から、北面登山口に向う。左手に可愛神社を見て両側は墓地。尾根に直進して、尾根通しに左折。

55-2　植林を登りつめると左手の展望が開け烏帽子岳に着く

55-1　尾根の緩斜面の常緑樹林帯を登る

55-4　鋲岩を乗越し縫って西進すると山頂へ達する

55-3　前屋敷から稜に直上して稜線を西進する

55-5　茶畑、栗畑から俵野の集落へ下山する

道脇に西南戦争時の無縁仏の墓石が並んでいる。

　浸食された山道を登る。常緑樹や植林帯を行く(55-1)。ウラジロ、ヘゴが茂りジグザクの急登もあるが歩き易い。広い尾根に続く道は尾根右側につけられ、可愛集落が見えている。

　さらに登ると鞍部に出て左側を登り、一ヶ所樹間から展望が広がる場所がある。「陰平」である。登山道脇はカシ、シイやスギ植林となり、やがて尾根の南側の道となる。山腹に転石が目立ち、ヒサカキ、ヤブツバキが南国の太陽を浴びてつややかな緑の葉を輝かせる。

　水場の標識があり、杉林左手に五〇メートルで水場がある。古くは右上の標識に「二本杉」と記されていた。探しても杉は見当らない。

　あたりは急斜となり登山道はゆるく右側にカーブし、稜線への急登わずかで稜線の一角に出る。広い稜へ北側から林道が登り、稜の北側を西進する。林道出合は鬼の舟の立札が巨石の間に立つ。

　右側に林道を見て西進。林道と離れ植林中を緩く登ると、稜も幅を狭め左手に空間が開け、樹林とカヤ野の境に烏帽子岳の標識を見る(55-2)。

　左手草原から東や南の展望が開け、東に鏡山、北川の蛇行、日豊海岸が見渡せる。一休みするには良い山頂である。

　しばらく稜線を伝い、少し下ると右に露岩があり、大崩山塊、藤河内方面の眺めがよい。ゆるく下ると稜にはメダケが茂り、南の山腹をトラバースすると、南尾根ルート分岐に達する。

　見事な常緑樹林から前屋敷(55-3)を過ぎると、登山道は二分し、直進は稜へ、左はのぞき岩への道。のぞき岩は小さな広場で東から南にかけての展望がよい。日豊海岸、北川、延岡市街と開けている。右上する踏分けは不明瞭な場所もあり、不安定な急斜で稜線道に出合う。

　あるいは前屋敷に戻り、ジグザグの急

斜で岩場の稜線へ上る。鉾岩の岩場で稜を忠実に西進する（55－4）。鋸歯状の岩は乗り越し、巻いて辿ると稜の西端に出て、平坦地となり、可愛岳山頂に達する。

展望は雄大。下山は往路を南尾根分岐まで帰る。分岐から南に常緑樹の一本道をジグザグに切ると、右上にのぞき岩を樹間から望む。

尾根右側に下ると三足川源流に下り、岩場にロープもある。水が流れ小滝を下ると、ザレの平に出て谷と離れて左尾根へ近づく、古いが立派な道を歩く。やがて左の広い尾根に達し、荒れた古い林道広場に出る。ザレの頭である。

植林の尾根左手に出て、立派な杣道歩きとなる。樹間から左下に俵野集落を見て、マンノ、ばんと岩、ひべら山、シシノカキなど意味不明な立札を見て植林から（55－5）栗畑となると左手集落に出て、駐車広場に下山する。

▽**参考コースタイム**＝登山口（30分）陰平（1時間）稜線鬼の船（40分）烏帽子岳（30分）南尾根分岐（20分）のぞき岩（40分）可愛岳（50分）南尾根分岐（20分）三足川源流（10分）ザレの頭（50分）登山口

〔問合せ先〕北川町役場☎0982・46・2001、宮崎交通延岡営業所☎0982・32・3341

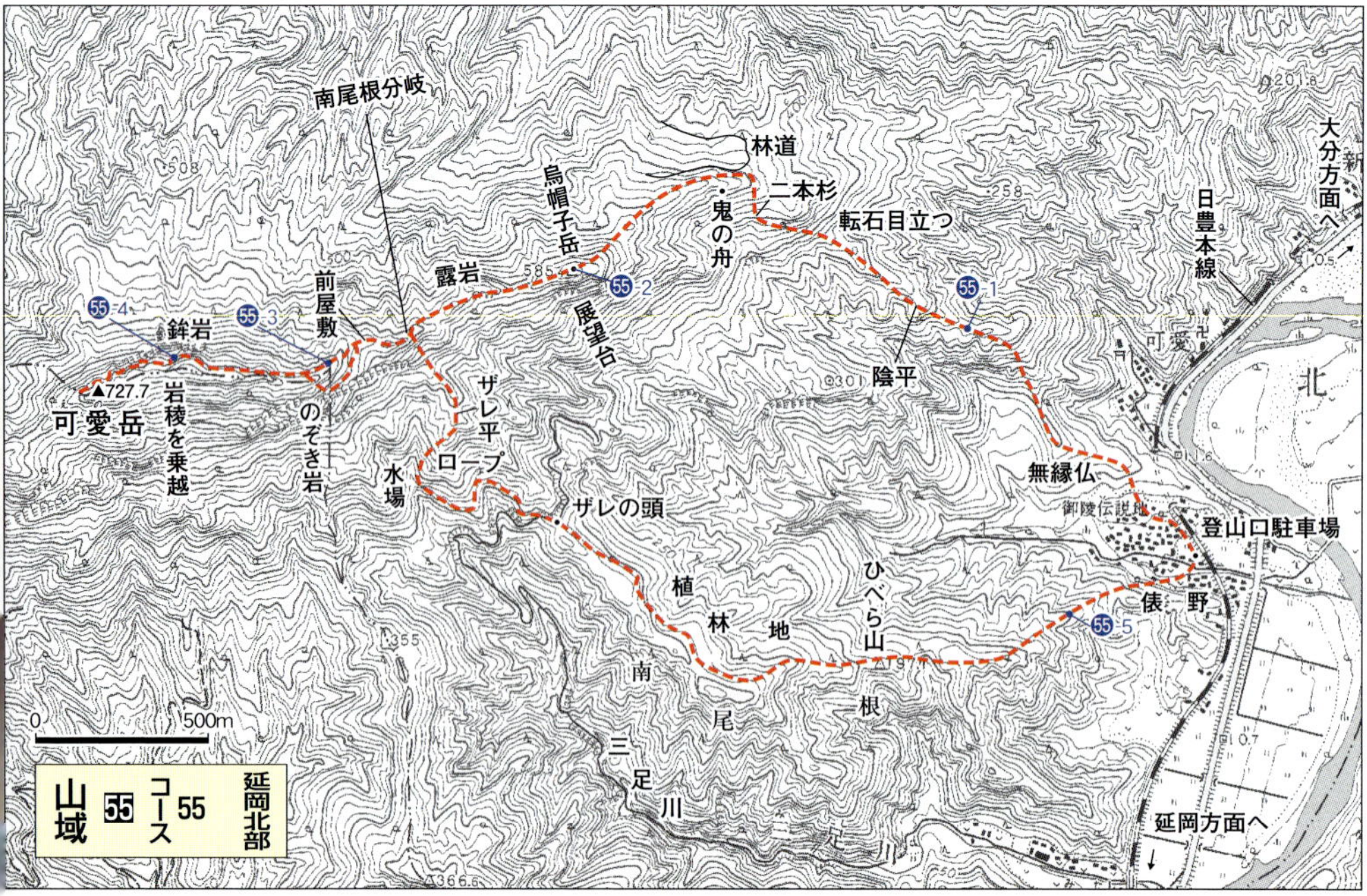

宮崎県
山域56

赤川浦岳《あかごうらだけ》（1231.9m）

※地図は165頁に掲載

登山基点となる高千穂町拓の滝鍾乳洞は国名勝、秋元の福寿草は県名勝、高千穂峡は国名勝で、それぞれ天然記念物。天孫降臨神話の町から登山道の花と山岳展望を楽しめる山。

〔山域の魅力〕九州の山で知らぬ所なしと自負していた私であるが、赤川浦岳は、近くを通るにつけ、いつも心に残る隠れた山となっていた。

場所は高千穂町北部に位置する山で、祖母山系障子岳から西に延びる稜線上にあり、東は親父山、黒岳、南に玄武山、西は国見岳と高度を下げる。

西側に崩野峠、東部黒原越の峠越の中央にある。山頂部は祖母火山岩、南に延びる山体は砂岩や粘板岩となり、長年浸食作用により険しい山容を呈しており、北部山麓五ヶ所高原（三秀台）と呼ばれ、阿蘇火山裾野末端でもある。

登山は交通事情が悪く、タクシーか自家用となる。車で高千穂町五ヶ所を目指し国道三二五号上河内から新五ヶ所高原トンネルを出ると三秀台に達し、大谷川手前を右折。宮の上集落を過ぎて右折、林道田原越線に入る。しばらくで三差路田原越線広場（56−1）に出て左折。黒原越を目指すが、広場から直進し、林道わずかで赤川浦岳山頂に登れる。

黒原越への林道は奥は荒れているので、空地があれば、営林作業の邪魔にならぬよう駐車し歩く。

56−1 五ヶ所方面から赤川浦岳を望む

56−2 案内板が立つ黒原越が赤川浦岳登山口

56−3 背後に祖母山、黒岳、三尖などの山が連なって見える

56-4 露岩でクマザサが消え、展望台が開ける

56-5 山頂から阿蘇方面の眺めがよい

〔山道案内〕 56　▽歩行時間＝三時間

林道田原越線広場→黒原越登山口→展望台→岩塔→突峰→赤川浦岳→林道→林道田原越線広場　▽二万五千図＝祖母山

林道田原越線広場から杉植林帯を東に歩くと、すぐ谷が現れ、尾根に突当る。林道は尾根の左に巻き込み右上へと登って行く。北側五ヶ所の視界が開け、黒岳、祖母山、遠く阿蘇まで見えてくる。

黒原越は広場となり右手に大きな案内板が立ち(56―2)、右脇クマザサ帯の尾根にある一本の踏分け道が登山道だ。

クマザサを分けるとすぐ左下から、上野から来た九州自然歩道と出合う。西に短い上下でササが切れた岩場の展望台から、背後に祖母山、黒岳、親父山が望まれる(56―3)。

短い上下で適当にササが薄い場所から、南北の展望が開ける(56―4)。初夏はネジキ、ナラ、ブナの新緑、ミツバツツジ、アケボノツツジが彩を添え、登山に変化を与えてくれる。

正面に特徴ある岩塔が現れ、左巻きで越え、塔上に立つと展望が雄大だ。さらに奥にも再度突峰が現れ、左に巻く。

西進し左に植林尾根が出合うと、尾根西端が赤川浦岳山頂で、阿蘇五岳が西奥に見え、北眼下に三秀台や五ヶ所の集落が点在する(56―5)。

下山は北西方向の尾根通しに急下降、右下に崩壊谷を見て鞍部からテープに導かれて下る。下部は林道が横断しているので、何処に降りても林道に出る。

林道を右に取り、植林帯を下るとわずかで左手の展望がよくなり、林道田原越線広場に下山する。

▽参考コースタイム＝林道田原越線広場(50分)黒原越登山口(20分)展望台(20分)岩塔(20分)突峰(30分)赤川浦岳(30分)林道(10分)田原越線広場

〔問合せ先〕 高千穂町宮交バスセンターから五ヶ所までのバスは町営バス。高千穂町役場☎0982・73・1200、宮交タクシー☎0982・72・2121、宿泊　社のリゾート高千穂荘☎0982・72・3255

宮崎県

山域57

黒岳

くろだけ（1455・3m）

諸塚村西端の山。地元自治体は登山者に気を配り登山口駐車場はかなり広い。石灰岩地層の山は岩塔・岩峰が露出、珍しい植物が見られ早春には福寿草が咲く山。

〔山域の魅力〕諸塚村と椎葉村との境界にある山。揺岳から南進する稜線は黒岳に至り、さらに南下して横尾峠に達する。

山頂部は緩斜面の平頂で、かなり広いのに対して、それ以下は侵食作用を受けて、黒ダキをはじめ急峻な地形をなす。山頂は樹林とクマザサの密生地で展望はない。黒ダキ岩峰上には黒ダキ社があり、その東端からの展望はすこぶる雄大。

山腹は植林で埋められているが、早春はフクジュソウが見ごろだ。諸塚山北山麓秋元にもあるが、両山のフクジュソウ共、群落を人工的に痛め、それに気がつき慌てて人工的な手段で保護している。

九州では石灰岩質地帯にフクジュソウが見られ、早春は、八代から津久見まで横切る石灰岩質の山が賑わいを見せる。仰烏帽子山、白髪山、国見山、宇土内山、上福根山、黒岳、諸塚山などが有名である。しかし、火山灰土にもあるのはあまり知られていない。九重山群東面にも見られる。黒岳山頂一帯わずかに自然林が残り新緑紅葉、黒ダキ岩峰のヒメコマツ、ミツバツツジが目立つ。

〔山道案内〕57

▽**歩行時間＝二時間三〇分**

黒岳登山口→黒ダキ→黒岳→カゴダキ→黒ダキ→登山口 ▽**二万五千図＝胡摩山**

アプローチは不便で、国道五〇三号に入り、諸塚村宮の元から小原井川沿いに上流へ。猟師藪の集落を抜けて紋原《もんのはら》開拓までは立派な車道(57−1)。紋原から林道

57−1 絞ノ原集落から黒岳（左）を望む。中央はカゴダキ

57−2 鳥居を見ると、黒ダキ展望台に達し、右折すると祠がある

57-4 山頂手前カゴダキ分岐から北方にカゴダキ、中間に七ツ山の連山、遠くに阿蘇山も望まれる

57-3 黒ダキ展望台から近くに七ツ山、奥に大崩山塊の山々が遠望できる

57-6 樹木に囲まれた広場中央に三角点がある草付の静かな黒岳山頂

57-5 黒岳登山道からニクダキ方面の稜線を見る

を黒岳登山口の案内で伝う。

登山口の駐車広場は小学校運動場ほどの広さである。中央に登山口がある。登山道は杉植林に突込んで、ジグザグを切って登る。早春はバイケイソウの若芽が目につく。

杉林を大きくジグザグを切ると、右上に樹間から黒ダキの岩峰が望まれる。植林界からすぐ自然林となり、小鞍部を右手に見ると丸太作りの鳥居が右上にある（57-2）。

東の岩峰に取り付き、岩峰上に出て黒岳社の脇から東の岩塔上に立つ（57-3、57-4）。ヒメコマツ、アセビ、ネジキ、リョウブの灌木に混り春はミツバツツジの花が咲く。展望は四周良好、足場が悪いので転落には注意して展望を楽しむ。

西は黒岳への尾根、東は断崖、眼下に猟師藪、紋原集落。遠く尾鈴山、祖母・傾山群、大崩方面、六峰街道の連山、北に赤土岸、大仁田、諸塚の山々と風に吹かれて雄大な展望を楽しむ。

小鞍部から尾根の急登。すぐカゴダキ分岐を見て直上すると（57-5）、正面に大岩を見ての尾根登り。粗末な檜林となり左上すると北の展望が開ける。大崩、九重、阿蘇と見てカゴダキ分岐を右手にして、左へ平坦地を歩くと、クマザサが刈られた山頂広場に出る（57-6）。

黒岳山頂は平頂で、古くはクマザサが密生し、東面に空地がわずかであった。今はササは刈られ、広場に三角点柱と山頂標識に、巨木が点在するのみ。春・秋の日溜は快適。もうこれ以上の山の手入れは必要なし。諸塚村の山はどこも人工の手が伸びすぎているようだ。

自然に手を加えすぎると、そのうち山の形も変えてしまう。熊本県と福岡県境の町に岳間渓谷があり、谷にブルドーザーを入れて巨岩を移動し人為的な渓谷を作り、夏場に冷を得る谷を作って人を呼ぶ。岩野川下流は川をコンクリートで舗装し中に岩を点在させるという。これは少しやりすぎではないか。

山頂で休んだら往路を下る。カゴダキの展望岩まで往復五〇分はかかる。

▽**参考コースタイム**＝登山口（30分）黒ダキ（30分）黒岳（30分）カゴダキ（40分）黒ダキ（20分）登山口

〔問合せ先〕諸塚村役場☎0982・65・1116、諸塚タクシー☎0982・65・0105

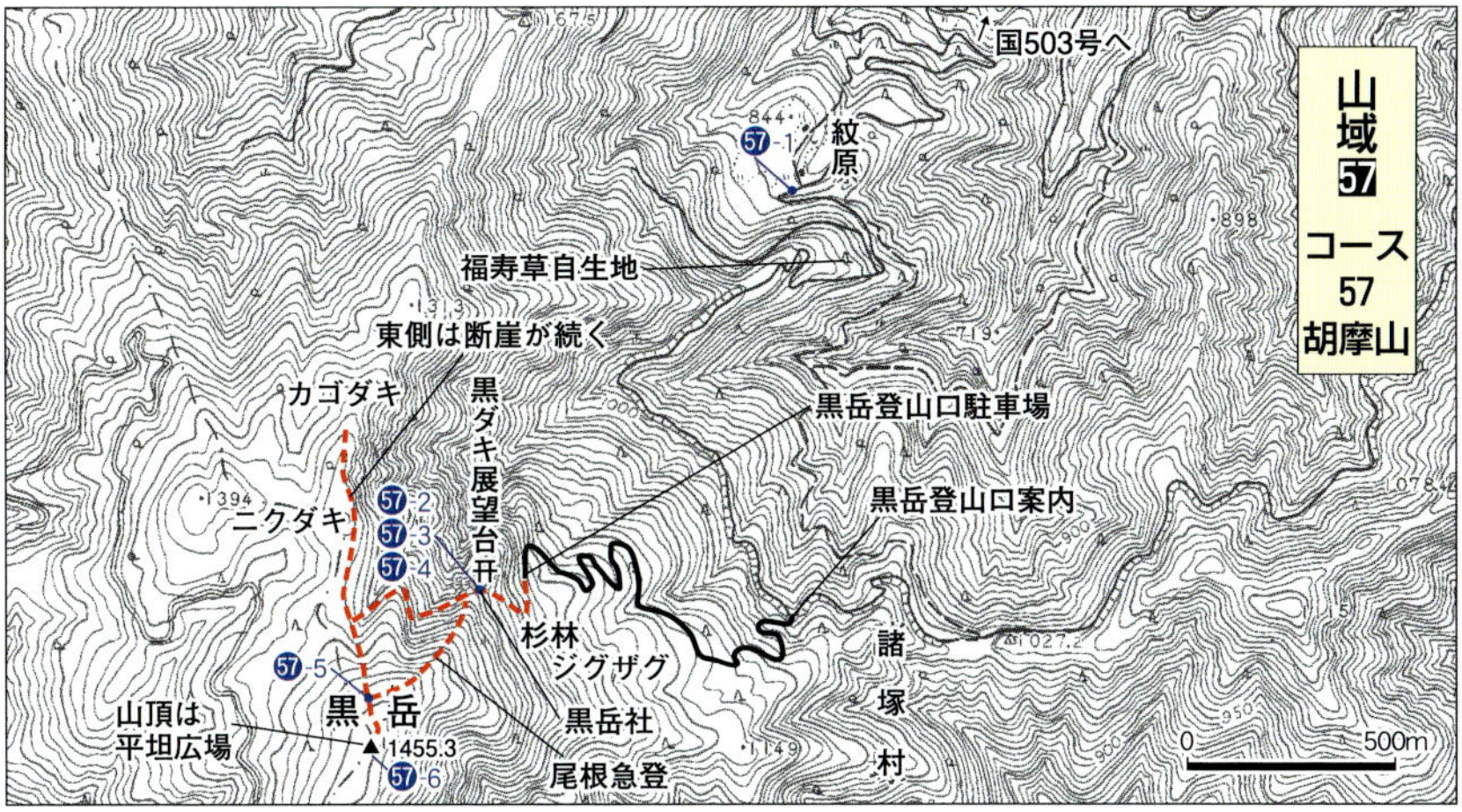

宮崎県
山域58

二上山男岳《ふたがみやまおたけ》（1030m）　二上山女岳《ふたがみやまめたけ》（989.1m）

三ヶ所神社境内の天然記念物しだれ桜、シャクナゲ園と二上山東方女岳のツクシアケボノツツジは九州では開花が一番早く、労せず観賞できる。

〔山域の魅力〕西臼杵郡高千穂町と同郡五ヶ瀬町の境界に位置する九州山地の山。山名通り二つの際立つピークが並び、南西の男岳、北東の女岳からなる。

高千穂町押方、小谷内と五ヶ瀬町宮の原にそれぞれ二上神社があり五ヶ瀬町の神社は三ヶ所神社と改称されている。

九州でアケボノツツジを観賞するには、深山群落へ辿り着くまで体力と時間を費やすことになる。初心者にとってまさに高嶺の花である。しかし容易に見られる穴場がある。そこが二上山女岳であろう。標高わずか一〇〇〇㍍の高度で開花が早い。

アプローチは、熊本と延岡を結ぶ国道二一八号線、五ヶ瀬町三ヶ所交差点で南進、わずかで宮の原集落入口で、六峰街道の標識に従う。

山岳道路を伝い女岳と男岳の稜線を堀切で越える場所の左手が女岳登山口。道路脇に五台の駐車スペースあり。

〔山道案内〕58　**▽歩行時間＝二時間**

女岳登山口→女岳山頂→登山口→男岳登山口→男岳→登山口→女岳登山口

▽二万五千図＝三田井、馬見原、鞍岡

東へ向う尾根に丸木段の道がある。植林わずかで自然林となると早速アケボノツツジの群落となる(58―2)。アカガシの巨樹、ブナ、ナラ、カエデ、リョウブ、モミ、ツガに混じって咲く。

稜線は痩せて狭く、斜面に入らないように注意。途中ベンチ、手すりなどがあり、登山口から二〇分で女岳の鉄製展望台がある。展望は祖母山、高千穂町、九重山群、阿蘇と近くに花越しに男岳を眺めることができる。

女岳登山口に帰り車道を五〇〇㍍も杉ヶ越方面に歩くと右上に遊歩道が登る(58―1)。四月下旬から五月上旬ごろ、入口には見事なミツバツツジが咲いているだろう(58―3)。鉄製階段を登ると三ヶ所神社上宮に達し、展望が開ける(58―4)。右側急峻な登山道から植林を登り、自然林に出て東へわずかで男岳山頂に着く。展望は得られない。山腹は両山共急峻なので、行動に注意したい。

▽参考コースタイム＝女岳登山口(20分)女岳山頂(10分)登山口(10分)男岳登山口(40分)男岳山頂(30分)登山口(10分)女岳登山口

〔問い合せ先〕五ヶ瀬町役場☎0982・82・1700、高千穂町役場☎0982・73・1200

㊳-2 女岳のツクシアケボノツツジの開花は九州では一番早く見られる

㊳-1 杉越南面から眺めた二上山、男岳

㊳-4 シャクナゲの花越しに揺岳方面西の眺め

㊳-3 男岳登山口では満開のミツバツツジが迎えてくれる

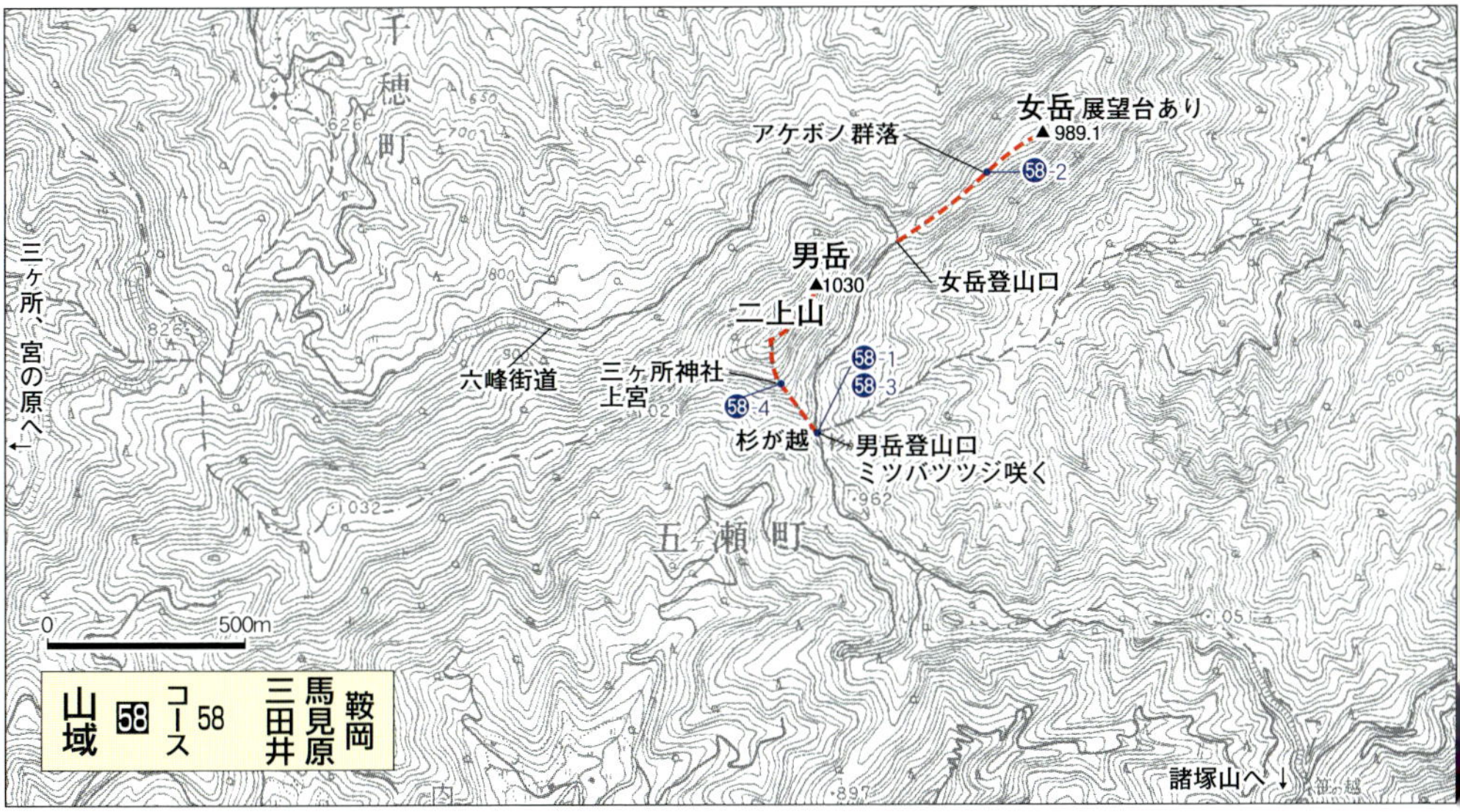

鹿児島県
山域59

大浪池最高点《おおなみいけさいこうてん》（1411・4m）

平成二三年の噴火で現在登山禁止の山だが、早春のマンサク、初夏のミヤマキリシマ、キリシマミツバツツジ、さらに湖面に映える新緑紅葉を眺めながらファミリーハイクには絶好の山域だ。

〔山域の魅力〕火口湖大浪池は韓国岳南西に濃紺の水を湛え静まりかえっている。水面の直径六五〇メートル、火口壁最高点は一四一一・四メートル、周囲4キロ、水深一二メートルといわれ、内壁は急崖で樹木が茂っている。

火口壁には遊歩道があり一周できる。特に南壁から霧島連山、錦江湾、桜島の眺めは雄大。火口壁は早春はマンサク、初夏は新緑に混じってミヤマキリシマ、キリシマミツバツツジ、秋は紅葉がよい。大浪池の伝説は、池近くに村里に、お浪という娘がいて、年わずか一〇歳であまりの可憐さに、池の主の恋の的となってしまった。やがてお浪は、魔力に誘われて湖に身を沈め蛇に変った。お浪の母親は娘恋しさにいくたびも湖畔にやってきたが、今は手をとりあうこともできず、蛇となった湖中の娘と悲しい対面をした。

火口壁南に大浪池休憩舎、北の鞍部に韓国岳避難小屋がある。

〔山道案内〕59 ▽歩行時間＝三時間

大浪池登山口↓休憩舎↓大浪池最高点↓韓国岳避難小屋↓えびの高原分岐↓大浪火口西壁↓休憩舎↓大浪池登山口

59-1 霧島の秋は緑と紅が混在している

59-2 池の南から西側の眺め、奥は韓国岳

59-3 池の南から東壁の紅葉

59-4 大浪池最高点と案内板を見る

59-6 韓国岳避難小屋は池の北側にある

59-5 大浪池最高点から新燃岳と高千穂峰を眺める

59-7 西壁から韓国岳を振返る

▽二万五千図＝韓国岳、霧島温泉

バス停が登山口で、大浪池まで立派な遊歩道歩き。山腹を左斜めに登るとアカマツ、モミ、カエデ、ヒメシャラが茂り、緑の森林浴ができる(59-1)。右に折れて石段や石畳の道となりジグザグを切ると、左に休憩舎が現れ、火口縁に達する。

熔岩が重なる壁から静かな湖に影を映し、奥に韓国岳を見る(59-2)。南壁に沿って登るとミヤマキリシマ、キリシマミツバツツジが群落を作り、要所にベンチもある(59-3)。火口最高点は案内板とベンチがある小広場(59-4、59-5)、火口側は絶壁で足がすくむ。遊歩道は時折見える湖面や高千穂を望み、下りとなると壁と離れて北に下る。

平坦となり右手樹林に韓国岳避難小屋(59-6)を見て韓国岳分岐に出る。カヤの茂る広場は休むのによい。

西進すると木道となり、えびの高原分岐に達し、左上する登山道が火口西壁巡りである。ササや灌木が茂る一本道を登ると右に曲がる。左灌木帯には展望台もある。西壁はすぐ灌木帯を抜けて南に進む(59-7)。

左右が開けて、左の大浪池側熔岩塊は絶壁となり展望がよく、右背後はえびの高原方面が開ける。ベンチや広場を点々とみると次第に下りとなり、休憩舎がある大浪池広場に着く。ここから湖面に出ることもできる。下山は往路である。

▽参考コースタイム＝大浪池登山口(40分)休憩舎(30分)大浪池最高点(30分)韓国岳避難小屋(5分)えびの高原分岐(50分)休憩舎(25分)大浪池登山口

〔問合せ先〕 牧園町役場観光商工課☎0995・76・1111、霧島町役場観光商工課☎0995・57・1111、林田産業交通霧島営業所☎0995・78・2003

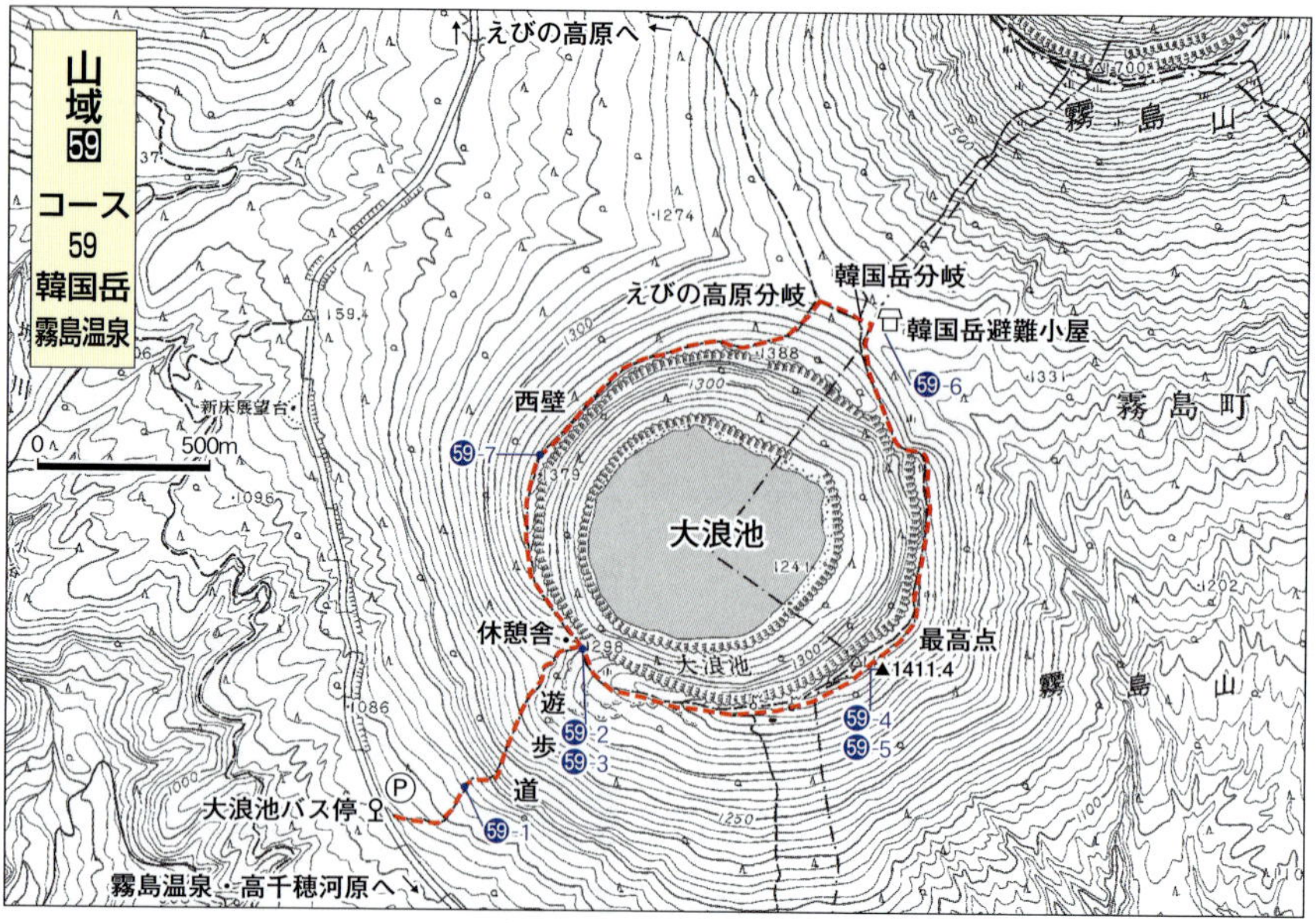

山域59
コース59
韓国岳
霧島温泉
えびの高原へ
えびの高原分岐
韓国岳分岐
韓国岳避難小屋
霧島山
霧島町
西壁
大浪池
休憩舎
遊歩道
最高点
▲1411.4
大浪池バス停
霧島温泉・高千穂河原へ
新床展望台
59-1
59-2
59-3
59-4
59-5
59-6
59-7
0
500m

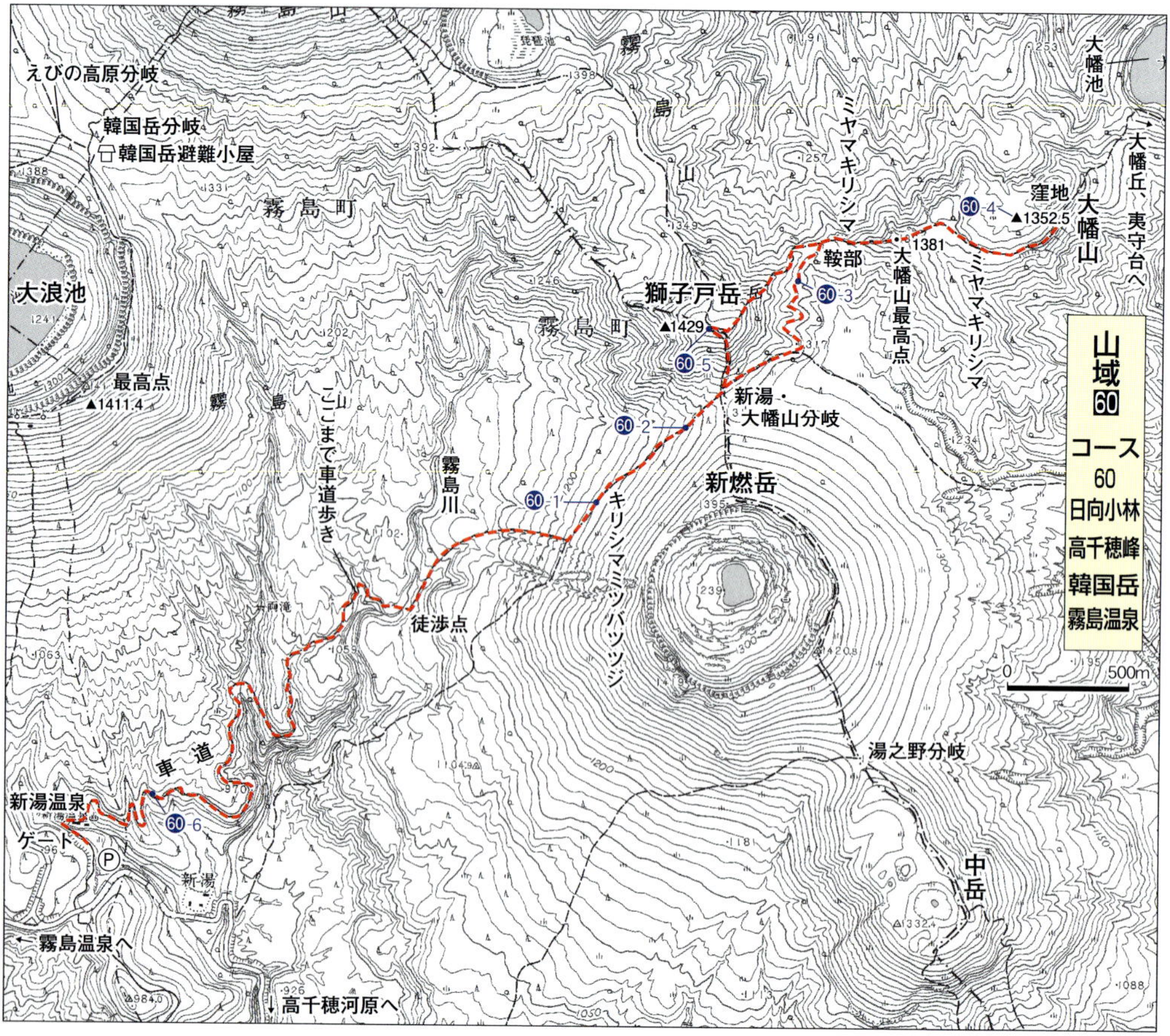

山域60
コース60
日向小林
高千穂峰
韓国岳
霧島温泉
えびの高原分岐
韓国岳分岐
韓国岳避難小屋
霧島町
大浪池
最高点
▲1411.4
霧島山
ここまで車道歩き
霧島川
徒渉点
車道
新湯温泉
ゲート
新湯
霧島温泉へ
高千穂河原へ
キリシマミツバツツジ
新燃岳
新湯・大幡山分岐
獅子戸岳
▲1429
鞍部
1381
大幡山最高点
ミヤマキリシマ
窪地
▲1352.5
大幡山
大幡池
大幡丘、夷守台へ
湯之野分岐
中岳
60-1
60-2
60-3
60-4
60-5
60-6
0
500m

鹿児島県
山域60

大幡山
おおはたやま（1352・5m）

獅子戸岳
ししこだけ（1429m）

※地図は170頁に掲載

新燃岳・霧島山（噴火で登山禁止）・獅子戸岳稜線鞍部はキリシマミツバツツジのすばらしい群落が見られる。五月中旬が見頃。大幡池は明るい火口湖でミヤマキリシマ群落の穴場的エリアとなっている。霧島南部の展望台。

〔山域の魅力〕獅子戸岳は霧島山縦走コースで中間点にある山。山頂南面の一部を除いて灌木で覆われ、新緑紅葉以外は特徴はなく、大幡山の分岐点として、また新湯方面へのエスケープルートとしての距離は短い。

大幡山は縦走コースから離れて登山者の数は少ないが、大幡池の明るい火口湖を持ち、二〇〇メートルのなだらかな丘が取り囲む。大幡山の三角点は池の南西五〇〇メートル地点にあり、最高点はその西六〇〇メートルの場所一三八一メートルである。両山共高千穂峰方面の展望がよい。

獅子戸岳、新燃岳南北斜面はキリシマミツバツツジの群落があり、花の季節は新湯方面からの登山者が多い。

〔山道案内〕60　▽**歩行時間＝五時間五分**

新湯→霧島川→新湯・大幡山分岐→大幡山→獅子戸岳→新湯・大幡山分岐→霧島川→新湯

▽**二万五千図＝韓国岳、霧島温泉、高千穂峰、日向小林**

新湯温泉を右下に見て林道を歩き（60－6）、大浪斜面の二つの谷を横切ると林道は終る。四つめの谷は霧島川、河原を飛石で渡り新燃岳西斜面に取りつく。

砂地から樹林帯に入り、新燃火口西壁崩壊谷と離れ北東に登る。あたりはキリシマミツバツツジ群落が続き（60－1）、五月中旬はツツジ一色となる。左上手に獅子戸岳斜面が望まれると傾斜も緩み（60－2）、新湯・大幡山分岐に出る。

南北の登山道は韓国・高千穂縦走路で東へ直進するのが大幡山への道。獅子戸岳と新燃岳鞍部を東へ進み（60－3）、獅子戸岳側斜面を東北へ斜上すると獅子戸岳の尾根へ出る。右へ尾根通しはミヤマキリシマ群落を行く短い登りで、大幡山最高点一三八一メートルは裸地のピークだ。大幡山の山頂は更に東へ進み、ミヤマキリシマの灌木帯の中を通り北に窪地を見て達する（60－4）。正面に大幡池を見る。この池まで足をのばしてもよい。池は西端から下って湖畔に出る。一周して戻る。東端には人工の排水溝があり山麓の水源となっている。

獅子戸岳の尾根出合から灌木帯を西進わずかで山頂に出ると、展望は四周雄大だ（60－5）。南へガレた斜面を急下降で新湯・大幡山分岐に出ると、あとは往路を下山する。駐車場は林道ゲート手前の空地である。

▽**参考コーススタイム**＝新湯（1時間）霧島川（1時間）新湯・大幡山分岐（50分）大幡山（30

⑥⓪-1 キリシマミツバツツジのトンネルを行く

⑥⓪-2 ミツバツツジの樹間から獅子戸岳方面が見えてくる

⑥⓪-3 新燃岳斜面に高千穂峰が姿を現す

⑥⓪-4 大幡山から左に夷守岳、中央に丸岡山の眺め

⑥⓪-5 獅子戸岳から望む大幡山

⑥⓪-6 林道から新湯温泉の眺め

分）獅子戸岳（15分）新湯・大幡山分岐（40分）霧島川（50分）新湯

〔問合せ先〕 牧園町役場観光商工課☎0995・76・1111、霧島町役場観光商工課☎0995・57・1111、林田産業交通霧島営業所☎0995・78・2003

鹿児島県

山域61

大箆柄岳《おおのがらだけ》

（1236・4m）

ツツジ、カニコウモリ、タカクマホトトギスなど高隈山地特有の植物が見られる。南国的な雰囲気が濃い樹林と峻険な山容で登山者の人気は高い。

〔山域の魅力〕高隈山地は大隅半島基部にあり、山地北面は花崗岩、南面は灰緑色の安山岩と対照的。山地の主峰大箆柄岳をはじめ、一〇〇〇メートル以上の山六座を連ね、登ると山の深さに驚かされる。

大箆柄岳山頂近くはブナ、ナラをはじめ常緑樹のアカガシ、イスノキ、シャリンバイ、モッコク、サザンカなどの自然林が黒々と茂り、南国的な雰囲気の濃い森林となり、モッコク、シャリンバイの咲く五月は山ツツジの季節でもあり、佐多ツツジやタカクマミツバツツジ、さらに九州脊梁に多いアケボノツツジも見られる。

古くから岳詣りの行事が行われ、旧暦三月四日、白山の神社に詣り、健脚組は尾根縦走に挑み白山に始まる七岳を詣るという。

登山道も整備され、さらに鹿屋から大箆柄岳を越えて、垂桜へと九州自然歩道もあり、季節を問わず登山者は多い。

61-1 花崗岩の岩上から北の七岳方面の眺め

61-2 花崗岩の岩上から西の垂水方面の眺め

61-3 稜線に出ると平坦となり杖捨祠がある。ここから先、杖は必要なし

61-4 行手に大箆柄岳山頂が見えている

61-6 大篦柄岳を過ぎると御岳、妻岳が近くなる

61-5 南から大篦柄岳山頂を望む

61-7 スマン峠の道標。分岐にはベンチもある

〔山道案内〕61

▽**歩行時間＝六時間一〇分**

大野原林道登山口→展望台→杖捨祠→大篦柄岳→スマン峠→スマン峠登山口→大野原林道登山口

▽**二万五千図＝上祓川、百引**

垂水から高峠方面垂桜へ、大野原林道登山口は数台駐車可能。東へ幅広尾根が伸びる。緩い登り一キロで左下水場の標識があり、傾斜が出て緩く右へ曲がる。

五合目を過ぎると行手に花崗岩が露出し、右から高峠、七岳、真西に垂水、南に白山、横岳、平岳、妻岳と開けている(61-1、61-2)。

浸食道は急斜、小ピークを越え一段落と思う間もなく、急登で尾根を合わせ右に曲がって登りに登る。

稜線に出ると平坦となり道脇に杖捨祠がある(61-3)。杖はいらないと合図よく南に向かう(61-4)。大篦柄岳の柄は地元で笹の意味。道脇は笹の密生地となる。緩い鈍頂二つ目が大篦柄岳の頂である。東は樹林、西は展望雄大、北に桜島が噴煙を上げている。

道を南へとると、高隈渓谷方面分岐を見て、緩く右に曲がりながら下ると、山頂を右に見る(61-5)。樹林をぐんぐん下るとブナが目立ち、稜線西側を巻くと小篦柄岳分岐がある(61-6)。

南に御岳の展望が開けてさらに下ると、急斜から解放されカニコウモリが茂る広場に出て、ベンチもあるスマン峠である(61-7)。

直進妻岳、東は鹿屋方面が見渡せる。西に侵食された急斜を下るとサザンカが目立ち、一九坂の水場に出、さらに七八九メートルのピークを過ぎるとスマン峠登山口だ。あとは北に向け林道歩きで振出しに戻る。

▽**参考コースタイム**＝大野原林道登山口(40分)水場標識(40分)展望台(50分)杖捨祠(30分)大篦柄岳(1時間)スマン峠(1時間)スマ

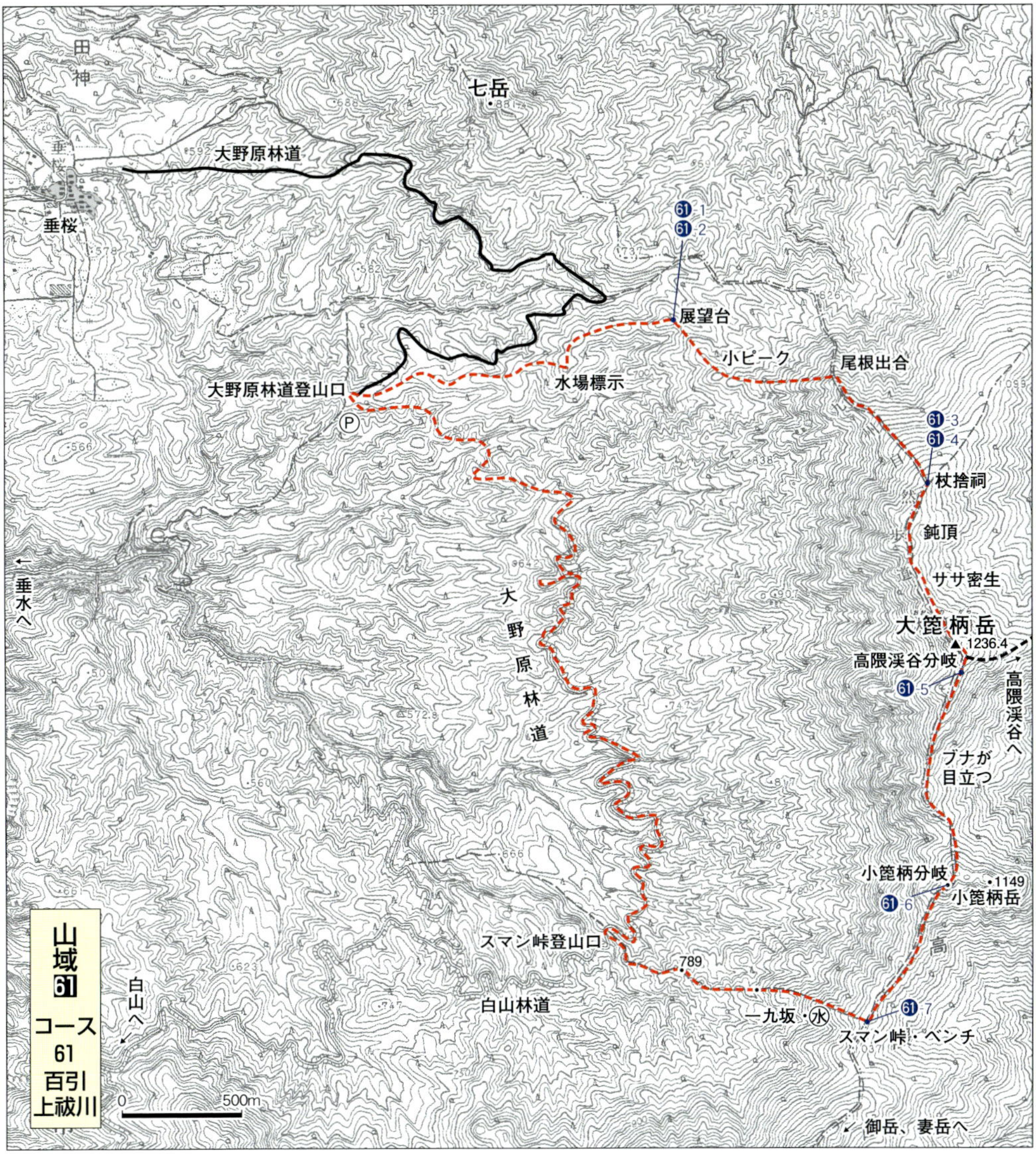

ン峠登山口（1時間30分）大野原林道登山口。

〔問合せ先〕垂水市観光課☎0994・32・1111、鹿児島交通鹿屋支社☎0994・42・3131、南海郵船垂水営業所☎0994・32・0001

鹿児島県
山域62

磯間嶽《いそまだけ》（393ｍ） 中嶽《なかだけ》（394・5ｍ）

鹿児島県内では見るも登るも最もアルペン的な山。登ればスリル満点、展望雄大、登山から下山まで満足感溢れる楽しい山だ。

〔山域の魅力〕　薩摩半島南の南さつま市大浦町にある山で、標高のわりにアルペン的で登山に興味をそそる。山体は四万十層を基盤とし、岩頂は集塊岩が分布し、山頂から半円状に西に落ちる稜線にも多数の岩塊を持つ異様な山体を構成している。

頂上には磯間権現の石のほこらがある。「旧記雑録」によれば、岩石根廻り三四四間、高さ八四間、岩穴の広さ方五尺ぐらいの中に、方三尺の板ぶきの社が西向に建っていたという。

これは敏達天皇一三年僧日羅の開基といわれ、島津氏四代忠宗が戦勝のための祈願をしたと「加世田再撰史」に紹介されている。また、この一帯には珪化木がみられる。

南さつま市国道二二六号で笠沙町越路から県道で大浦川上流で渡瀬橋を渡り左折して数百メートルで右手に林道入口、さらにわずかで左手に大きな畜産団地がある。東の山側には特徴ある磯間嶽が見えている。

〔山道案内〕62

▽歩行時間＝五時間四五分

林道登山口→尾根取付→小坊主・オットセイ岩→林道跡→中嶽→大浦分岐→磯間嶽→大浦分岐→林道→林道登山口

▽二万五千図＝野間岳、加世田、坊、枕崎

林道登山口で磯間嶽登山案内を見て、

62-1　岩稜登りで大坊主岩に突き当る。直登もよいが右巻きで行こう

62-2　中嶽岩塔からの眺め

62-3　ワンコ岩、ゲロ岩と越えて岩の露出部を渡り歩く

62-4 台形の岩場は懸垂下降で正面に磯間嶽の岩峰を望む

62-5 ギャップから磯間嶽への登りはクサリを使って山頂へ

62-6 山頂に立つ標識。四周展望は雄大だ

62-7 山頂から大浦町方面の眺めも雄大だ

稜のゴジラの背も左右が深く樹林へ降りて右から基部を巻いて登ると岩上に立つ。縦走路中間点中嶽の頂である(62-2)。

　稜はこの岩上で直角に左に折れて続いている。ここから右側樹林の急降下で、ワンコ岩、ゲロ岩と越えて急下降(62-3)。山側へ直進右にヘアピン状に折れて歩くと、磯間嶽からの主稜線末端を左にカーブ、登山口から左上の尾根の雑木林を登ると岩場が現れ、樹林から解放される。カシとマタケの林から最初の岩へは右側から稜上へ、凝灰角礫岩は手足場が豊富で、急に岩登りが上達した錯覚には注意、慎重に直登していく。

　岩稜上に大小の岩が突出した大坊主岩(62-1)、小坊主岩を乗り越し、オットセイ岩を越えると樹林帯に入る。急坂が続き三二五メートルピークに着く。わずかに下り、短く登り下ると草が茂る鞍部に出て、古い荒れた林道に出る。

　突切ってわずかに登ると岩場に出て左奥に磯間嶽の岩塔が空に突出して見える。すると正面に台形の岩のテーブルがあり、これに登りテーブルを北に進むと崖となり、ロープが垂らしてある(62-4)。このテーブルは左巻でも行ける。ロープで下降。

　岩に慣れぬ登山者は補助ロープで補助してやると安心だ。

　岩場へ登り返し、田の神様岩を過ぎ、鹿通しの岩を下ると大浦分岐の鞍部だ。鞍部より狭いギャップだ(62-5)。行手は磯間嶽が座り南北から岩で挟まれている。

　ここから磯間嶽は頭上にある。岩は鎖が付けられ、ツタが岩に張りつき、凝灰岩はゴム底にフィットする。山頂は高度感があり、風が強いと大変だ(62-6)。勿論展望は薩摩半島一、二を誇り、四周良好で桜島から開聞岳、野間岳、北には吹上浜まで望まれる。

　基部まで慎重に降りて下山は西、大浦町側へ下る(62-7)。雑木林の不完全な道から、谷沿い、荒れた植林へと続くと林道へ出る。林道は右より支線が出合い、さらに立派な林道を左へ。わずかに登り下ると右に畜産団地を見て、すぐ林道登

山口に下山する。

▽**参考コースタイム**＝林道登山口（20分）尾根取付（1時間）小坊主・オットセイ岩（10分）林道跡（1時間30分）中嶽（1時間）大浦分岐（10分）磯間嶽（10分）大浦分岐（50分）林道（40分）林道登山口

〈**問合せ先**〉南さつま市役所大浦支所☎0993・62・2111、鹿児島交通鹿児島営業所☎099・247・2333

鹿児島県

山域63

刀剣岩《とうけんいわ》（330m）　矢筈岳《やはずだけ》（358・8m）

※地図は178頁に掲載

低山とはいえ峻険そのものの山容。稜線の露岩、瘦尾根、刀剣岩、開聞岩、西郷ドン岩、陰陽石、巨石の山頂と上級者向きの山だ。

〔山域の魅力〕　苔の岳とも呼ばれ頴娃《えい》町最南東部にある山。東斜面は指宿市に属し、指宿カルデラの外輪山をなしている。

角閃石安山岩からなり、指宿カルデラ形成前には火山活動をしていた。浸食はきわめて激しい。

低山ではあるが、変化に富んだ登山コースがあり急峻。登山コースには岩峰の展望台が各所にあり、岩塔や山頂は巨岩の上で開聞岳を間近に、太平洋、東シナ海と山に登り海を見る山。

登山には鹿児島市からの交通が便利。自家用車利用も駐車場が近くにあり駐車可能。

〔山道案内〕　63

▽歩行時間＝三時間三五分

物袋バス停→登山口→西郷ドン岩→刀剣岩→ＪＲトンネル口分岐→矢筈岳→ＪＲトンネル口分岐→トンネル東口→物袋バス停

▽二万五千図＝開聞岳

物袋《もって》バス停へはＪＲ指宿駅か山川駅下車（63-7）。鹿児島交通バス枕崎行バスで開聞駅から二つ目の物袋バス停である。バス停からわずか指宿方面へ戻ると、横断歩道がある。ここから民家の脇を山手に進む。

ＪＲのガード下から農道を進み、三差路を左に取ると、登山口案内がある。

みかん畑の道から自然林に入ると、尾根道の登りで岩の露出した第一展望台に着く。すぐ上手に第二展望台、左に尾

63-1　樹間から西郷ドン岩を見る

63-2　陰陽石を縫って登る

63-3　矢筈岳山頂が近づくと開聞岩展望台があり岩が開聞岳山頂と重なって見える

63-5 下山口鞍部付近は秋にはツワの花が一面に咲いている

63-4 矢筈岳山頂南の断崖は風通しがよい。展望は雄大だ

63-7 物袋バス停近くからの矢筈岳。左が山頂、右が刀剣岩

63-6 農道末端から端正な開聞岳の姿が望まれる

根を巻き登ると左手に西郷ドン岩がある(63-1)。左手から立木登りで岩を突張り登ると、西郷ドンの頭に立つことができる。

元に戻り急登で右手に陰陽石(63-2)、鞍部から直登で巨石帯を乗り越すとピークへ出る。左は植林で頂へ向うとカシの巨木帯となり、北東へ向う。

岩を左からロープでまわり込んで、刀剣岩へ出る。あたりに樹木が茂るが高度感が出て緊張する。ナイフリッジからロープと木の根をつかんで越えると尾根も幅を広げ、JRトンネル口への分岐がある鞍部へ着く。

巨石を縫って西進し鞍部をさらに登ると、開聞岳にそっくりの開聞岩展望台に出る(63-3)。さらに西進すると矢筈岳山頂巨石の上に達する。南の展望が特によく、海岸線から登りの尾根が読み取れ、開聞岳へと広がっている(63-4)。

しばらく風に吹かれたらトンネル口分岐まで戻り(63-5)、直下降は長くは続かず、すぐ右に横切って緩い斜面を下る。山容は急斜面だが、下山道はのんびり下れる。植林の平坦地から右手に谷を見て、古い草道となり南面の展望が開ける(63-6)。

農道へ出てトンネル東口の下を抜けて国道へ出て左折すると、バス停はすぐだ。

▽**参考コースタイム**＝物袋バス停(10分)登山口(50分)西郷ドン岩(45分)刀剣岩(10分)トンネル口分岐(35分)矢筈岳(20分)トンネル口分岐(30分)農道(15分)物袋バス停

〔問合せ先〕頴娃町役場☎0993・36・1111、鹿児島交通指宿営業所☎0993・22・2211

鹿児島県
山域64

桜島湯之平展望所
さくらじまゆのひらてんぼうしょ（373・7m）

噴煙、火山性地震、降灰、噴石、火山ガス噴出など活火山のパワーをまざまざと感じさせる山を間近に仰ぐことができる。

〔山域の魅力〕桜島は古い記録には向島と記されていた。その名の由来には、桜島が鹿児島の向こうにあるため、東西南北いずれにも海に面しているためなど、諸説がある。

桜島は神話の世界に登場する木花佐久《このはなさく》夜姫《やひめ》にちなんで「咲夜島」と呼ばれていたものがのちに「桜島」と転称した説、島の大守だった桜島忠信の姓からとった説がある。

桜島は鹿児島湾（錦江《きんこう》湾）の北に位置し、北岳（御岳《おたけ》）、中岳、南岳の火口を持つ円錐状の火山が連なった火口島で錦江湾国定公園、霧島屋久国立公園の一部をなす。

霧島火山帯に属し、姶良カルデラ南端にある。桜島火山にある三峰のうち北岳（一一一七㍍）が最高峰。文明、安永、大正、昭和と大規模な噴火を続けている。

とくに大正三年（一九一四）南岳の噴火では、山頂東南部から流出した熔岩流によって、大隅半島と陸続きになった。このときの様相をいまに止めているのが島の南部に広がる大正熔岩である。現在も火山活動は続いており、爆発、噴煙、火山性地震、降灰、噴石、火山ガス噴出など、絶えず火山現象が見られる。

桜島の山岳には登ることはできないので、間近に活火山のパワーを感じ取れるコースを歩いてみよう。

〔山道案内〕64

▽歩行時間＝三時間三〇分

赤水バス停→愛宕山→湯之平展望所→小池→袴腰　▽二万五千図＝鹿児島南部、鹿児島北部、桜島南部、桜島北部

鹿児島港（桜島桟橋）からフェリーで桜島港へ渡り、バスかタクシーで赤水バス停へ行き出発点とする。

赤水から湯之平《ゆのひら》展望所、小池へと立派な車道が通じ、車でも行けるが、歩いて桜島を体感したい（64—1）。

国道二二四号線赤水から山側に右折、正面に噴煙を上げる南岳を眺めて歩く。午前は逆光のため山は墨絵のよう。午後は日差しを受けて、灰色の火山灰をまとった斜面に深い雨裂が鮮明で荒々しく迫る（64—2）。

64—1 噴石を避けるための避難壕が各所に設置されている

⓺-2 西陽を受けた北岳の雨裂がすごい

⓺-3 大正熔岩を見て歩くと正面に湯ノ平展望所が見えてくる

⓺-4 湯之平展望所は山と湾の両方の展望がよい

⓺-5 展望台から海と鹿児島市街の眺め

右に熔岩窯元を見て、正面の愛宕枚聞《あたごひらきき》神社を過ぎると、車道は右から社の裏手に大きくカーブする。時折走り過ぎる工事車両の巻き上げる灰神楽を浴びて歩くと、松の茂る愛宕山を左に見る。

車道は大きく曲がり、その都度、錦江湾から鹿児島市、桜島岳が見え隠れする。南岳の前衛峰、引ノ平のピークを右手に見るころ、涸谷に架かる八谷《やったに》橋を渡る。行手に京大防災研究所のある春田山と湯之平展望台が見える（64-3）。引ノ平橋からカーブして右上すると、接近する南岳噴煙に恐怖すら抱くだろう。

春田山分岐から左を巻いて、車道を突切り登ると展望駐車場の南の立派な展望所に着く（64-4）。桜島四合目とある。展望台の屋根は桜の花びらを象った建物で、仰ぎ見る山容や噴煙は圧巻である。

眼下西面は穏やかな錦江湾と鹿児島市街（64-5）、南に遠く開聞岳が浮かんで見える。いったん往路を春田山分岐まで戻り、右折して小池方面への道へ入る。

湯之平の西側を巻きぐんぐん下る。やがて熔岩と灰の世界から解放され、緑の樹林帯へ達して安堵する（64-6）。左の山手に沿って下ると桜河小学校の交差点に出る。

すっかり騒がしくなった小池の町並みから右に海を見て、海岸線から岬を左にめぐると桜島港に帰着する。

▽**参考コースタイム**＝赤水バス停（50分）愛宕山（40分）春田山分岐（20分）湯之平展望台（1時間10分）桜洲小交差点（30分）桜島港

【問合せ先】 鹿児島市桜島支所☎099・293・2525、フェリー、バスも支所で。　鹿児島交通☎099・259・2888

⓸-6 桜島南岳が午後の陽を浴びて噴火する

鹿児島県

山域65

国見山

くにみやま（886・5m）

黒尊岳

くろそんだけ（908・5m）

肝付三名山の二山を登る。登山口の高屋神社は代々御陵として近在の崇敬を集めていた名山。国見山は大隈半島の展望台、黒尊岳は伝説の多い山。

〔山域の魅力〕大隅半島肝付《きもつき》山地は、高山町南部の国見山に始まり、黒尊岳、甫与志岳と南に続き肝付三山と呼ばれる。さらに南に八山岳、荒西山、六郎館岳、稲尾岳など南北に連なり、標高一〇〇〇メートルを切る山ではあるが、花崗岩が露出し、山頂近くに残る照葉樹は残す価値がある。

海抜〇メートルから突出す山体、川は小さいが奥に深く分け入る谷、花崗岩の大きなスラブ滝、滝壷と遡行も面白い。

国見山は高屋《たかや》山または高屋山上陵とも呼ばれ、黒尊岳と同じく内之浦町と高山町の境にある山（65－3）。山体は花崗岩により形成され、北東稜は志布志湾に没し、山麓に高屋神社があり、代々御陵として崇敬をあつめている。

山麓は植林で照葉樹は伐採され、山頂近くにカシ、クス、イス、ヤマモモ、タブ、ニッケイ、ツバキ、サカキ、モチなどが茂っている。

山頂には祠が祭られ南を除き展望雄大。国見平から電波塔の台地に登ると三六〇度の一大展望が開けている。

黒尊岳も肝属山地、国見連山の一つで黒園岳とも呼び、千古から幾多の伝説が残る（65－6）。昔は三山など近在から巡拝があったという。山は針葉樹、広葉樹に覆われ、国見平から国見山、甫与志岳へ至る、国見山系縦走コースも楽しみである。

65－1 北に志布志湾の海岸線を見る

65－2 西方には鹿屋市街、遠く高隈山塊が望まれる

65-3 内之浦から見た国見山

65-4 自然林歩きで鳥居と祠のある国見山に着く

65-5 稜の中央に立つ黒尊岳山頂標識

65-6 内之浦から見た黒尊岳

〔山道案内〕65 ▽歩行時間＝三時間

国見平→国見山→国見平→黒尊岳→国見平　▽二万五千図＝内之浦、上名

垂水から国道二二〇号で串良町、県道七三号で高山町へ。道路標識で国見トンネル・内之浦を見て、トンネル入り口手前から左上の峰越林道を通り国見平へ。駐車スペースは広い。

北は雨量観測所まで稜上を立派な車道が通り、比較的展望はよい。車止ゲートを越えると内之浦側の展望が目に飛び込んでくる(65－1)。

稜の西側へ道が移ると肝付平野、鹿屋市街、高隈山塊、錦江湾とこれも展望雄大(65－2)。車道沿は送電線が平行し、サカキ、イス、ツバキ、モッコク、カシなど暖地性植物が茂り、風害で稜上の樹木は矮小化している。

展望を楽しみ東へ取ると、行手に国見山を望む。車道はヘアピン状に西に向い、カーブから東の稜に立派な踏分けがあり、樹林に突込む。落ち葉の堆積した道はクッションがあり歩き易い。

さしたる登りもなく眼前に測量ポールが立つ三角点に達し、すぐ東側に鳥居と祠があり山の神が祭られている(65－4)。登頂記念の柱が立ち、南を除いた三方の眺めが雄大だ。

展望を楽しみ、往路を車道へ出て電波塔まで南に歩く。高台には大隅半島全体の展望が待っていた。

往路を国見平へ戻る。峠の南側電波塔の下を抜けて稜線上を道は南進する。灌木帯には一本の道が抜けて緩く登り、左手に内之浦から太平洋方面が常に眺められる。大きく下り行手に黒尊岳方面の稜が登って行く。登山道の案内を見て、小さいアップダウンで行手に露岩が現れ、右から巻き登る。

左の展望が開け、すぐカシ林の登りで

黒尊祠分岐の案内と踏跡が右手に分岐する。しばらくの登りでわずかな空地に出ると黒尊岳の山頂標識が立つ（65―5）。東に展望が開ける空間とわずか西に移動すると祠への道が分かれ、西面の展望が得られる。

南の踏分けは八キロ、約三～四時間で甫与志岳である。

ゆっくり休んだら往路を下る。

▽**参考コースタイム**＝国見平（35分）国見山分岐（10分）国見山（30分）国見平（55分）黒尊祠分岐（10分）黒尊岳（40分）国見平

〔問合せ先〕 肝付町役場☎0994・65・251

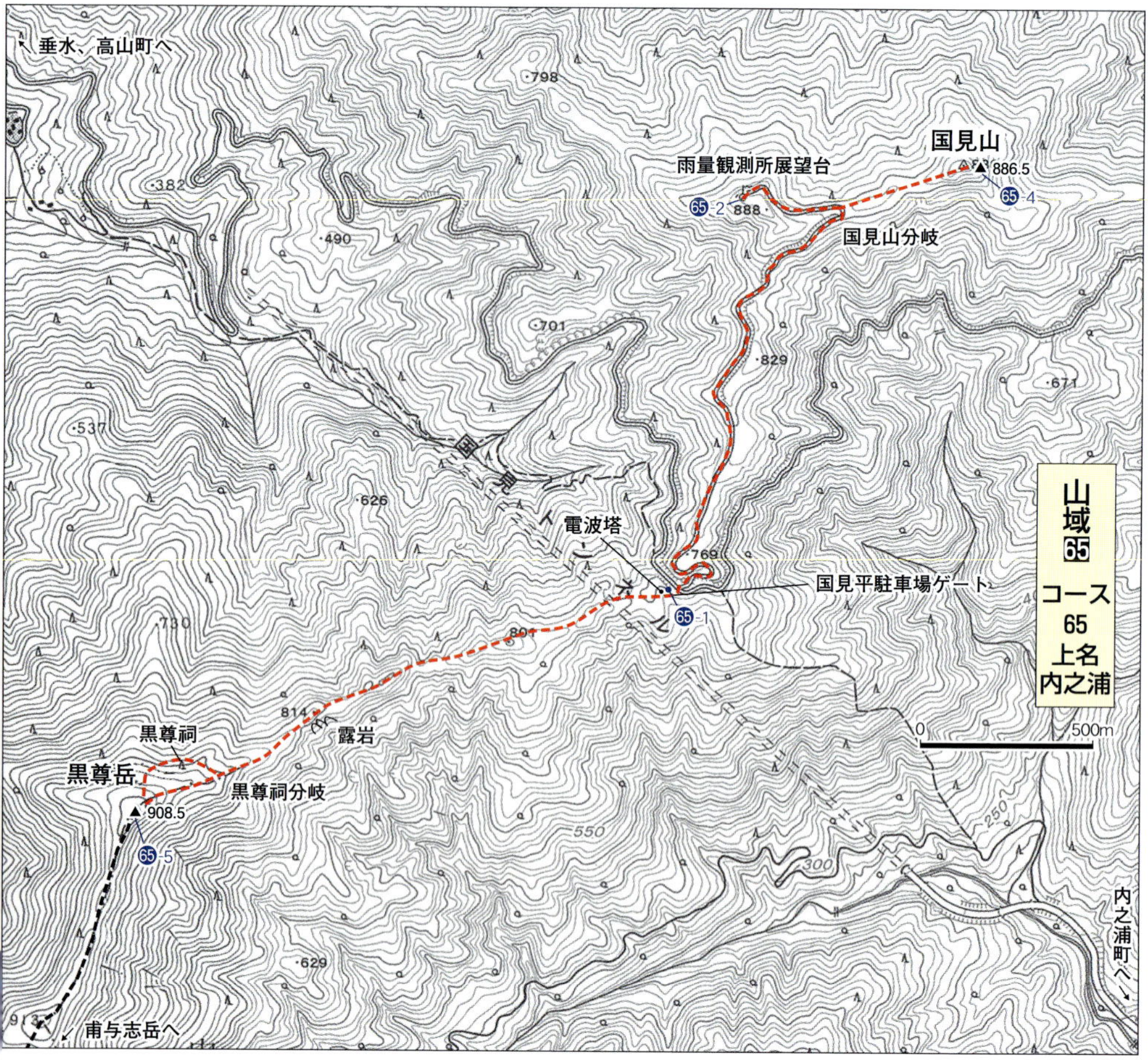

鹿児島県

山域66

六郎館岳《ろくろうかんだけ》（754m）

※地図は190頁に掲載

登山者の数は少ない。登山道も未知の部分が多く案内板は皆無。地図は必携だ。静かな登山で深山にひたり下山後は達成感を味わえる山だ。

〔山域の魅力〕六郎館岳は肝付山地の山で内之浦町と田代町との境にある山。花崗岩からなり、山頂近くを常緑広葉樹林が覆う。北面五郎ヶ元へ流れる谷の源頭を歩けば深山の様相をしている。

当山に源を発して田代町、花瀬川流域には花瀬公園がある。川床は一面平滑な溶結凝灰岩で敷きつめられた奇観を呈し、周辺は古木で覆われ自然が濃い。

登山は整備された登山道はなく、北は五郎ヶ元わずか上手の林道に入り、読図による登山。南は国道四四八号で峠を越えた内之浦町と田代町境から登ることができる。いずれにしても簡単に登れる山ではない。

〔山道案内〕66

▽歩行時間＝二時間二〇分

町境登山口→七〇三メートルピーク→六郎館岳→六八五メートルピーク→林道→登山口

▽二万五千図＝半ヶ石

国道四四八号線内之浦、田代の町境は重岳、五郎ヶ元の峠近くで旧国道が北に離れ、その分岐に六郎館岳登山口が案内されている。

旧道を北へ分かれるとすぐ北へ林道が入り、ゲートがある。

ゲートから三〇〇メートルほど西進すると町境が車道を南北に突っ切っていて、右山側の樹林に入口がある。

スギ林のなだらかな山道を歩くと、左手重岳林道へ出て、すぐ右手に入りしばらく林道と並行する。次第に傾斜がでて

66-1　703mのピーク手前はこの山では一番の急登

66-2　ダウン・アップで立派な尾根道が山頂へと続いている

66-4 山頂の岩上から東の太平洋の展望

66-3 山頂は樹林の中でわずかに東の右側に展望岩があり岩上での休憩は心地よい

尾根に上り、右下に林道が見える。

樹林を忠実に尾根を辿り左に折れて、さらに右、しばらくで左に折れて急登(66-1)。右手樹間から国道の東の山脈が見えている。急坂を登り切ると七〇三メートルピークで鞍部を通して奥に六郎館へ続くピークが見える。

樹林をしばらく下り、登り返すと尾根は立派な一本道となり、行手に山頂方面が開けて見える。やがて東西に続く尾根の最高点に山頂標識と三角点標がある(66-2)。

展望は右脇に巨石があり(66-3)、その上に立つと西を除いたすべてが望まれ、東に肝付町船間の海岸から太平洋を望める(66-4)。休むにもよい岩だ。

下山は巨石を東へ巻くと南に幅広い尾根が伸びて、杣道を下って行くと、テープの目印もあり、緩い下りで左自然林、右植林のコンタを下る。六八五メートル鈍頂で右に道は折れて、植林を下って小谷へ出ると道が開けて、突然林道に出る。あたりは車の駐車空地もある整備された林道だ。

左に取り歩く。林道左は水が流れる小谷となり、谷沿いの道を一キロも下ると谷は左に大きく離れ、登る時に見たゲートに下山する。

▽**参考コースタイム**＝登山口(50分)703メートル(30分)六郎館岳(20分)685メートル(10分)林道(30分)登山口

〔問い合せ先〕 肝付町役場☎0994・65・2511、錦江町役場☎0994・22・0511

鹿児島県
山域67

荒西山《あらせやま》（８３３・７ｍ）

美しい常緑広葉樹の原生林に指定された樹林帯を通る登山は、短い距離でも意外にも急峻だ。山頂一帯は眺望がすばらしい。

〔山域の魅力〕 荒西岳「あらにしだけ」とよばれ「あらせやま」ともいう。肝付町と錦江町の境にある山。肝付山地に属し花崗岩からなる。内之浦側は久保田川の源流で、川は東南に流れ太平洋へ注ぐ。

また錦江側には麓川の源流がある。山頂一帯は国有林の風景林に指定され、広葉樹の原生林に覆われる。山頂にＮＨＫ中継所があり、奥に天狗岩がある。山頂一帯展望に優れる。

大隅半島も六郎館岳や荒西山は公的交通機関も不便で、登山者の数も少なく登山道の整備案内標識も少ない。自家用車と地図が役に立つ。

〔山道案内〕 **67** ▽**歩行時間＝二時間五分**

林道終点登山口→ＮＨＫ電波塔→荒西山

▽**二万五千図＝半ヶ石**

国道四四八号新田峠トンネル西口から南に折れる車道に入る。トンネル上部に達すると、左に入る林道を取り荒西山を目指す。林道終点は崩壊しているのですぐ手前の空地を探す。

舗装林道左手が崩落してすぐ上が林道終点となる。山頂まで一本の尾根が伸びて東西斜面は急峻。尾根も急な登り、コース半ばでコンクリートを道の中心に流した急坂となる。

あせらず一歩一歩確実に登ると突然カヤ野に出てテレビ中継所に着く（67－1）。東は六郎館岳、南に稲尾岳・木場岳、西に野首岳、辻岳など大隅半島南部の山々が望まれ、西遠くには錦江湾から開聞岳も望むこともある。

中継所から尾根を北に向うと荒西山の三角点がある（67－2）。東側の展望が開ける（67－3）。北は八山岳から甫与志岳へ続く尾根で、一五分で天狗岩の展望台に着く。ここから荒西山を望むことができる。

下山は往路を戻る。

▽**参考コースタイム**＝登山口（40分）ＮＨＫ中継所（10分）荒西山（15分）天狗岩（20分）荒西山（10分）ＮＨＫ中継所（30分）登山口

〔問い合せ先〕 錦江町役場☎０９９４・22・０５１１

67－1 テレビ塔の右手に六郎館岳方面の展望が得られる

㊼-3 山頂から右手奥に内之浦の太平洋が広がる

㊼-2 テレビ塔からしばらくで荒西山の頂がある

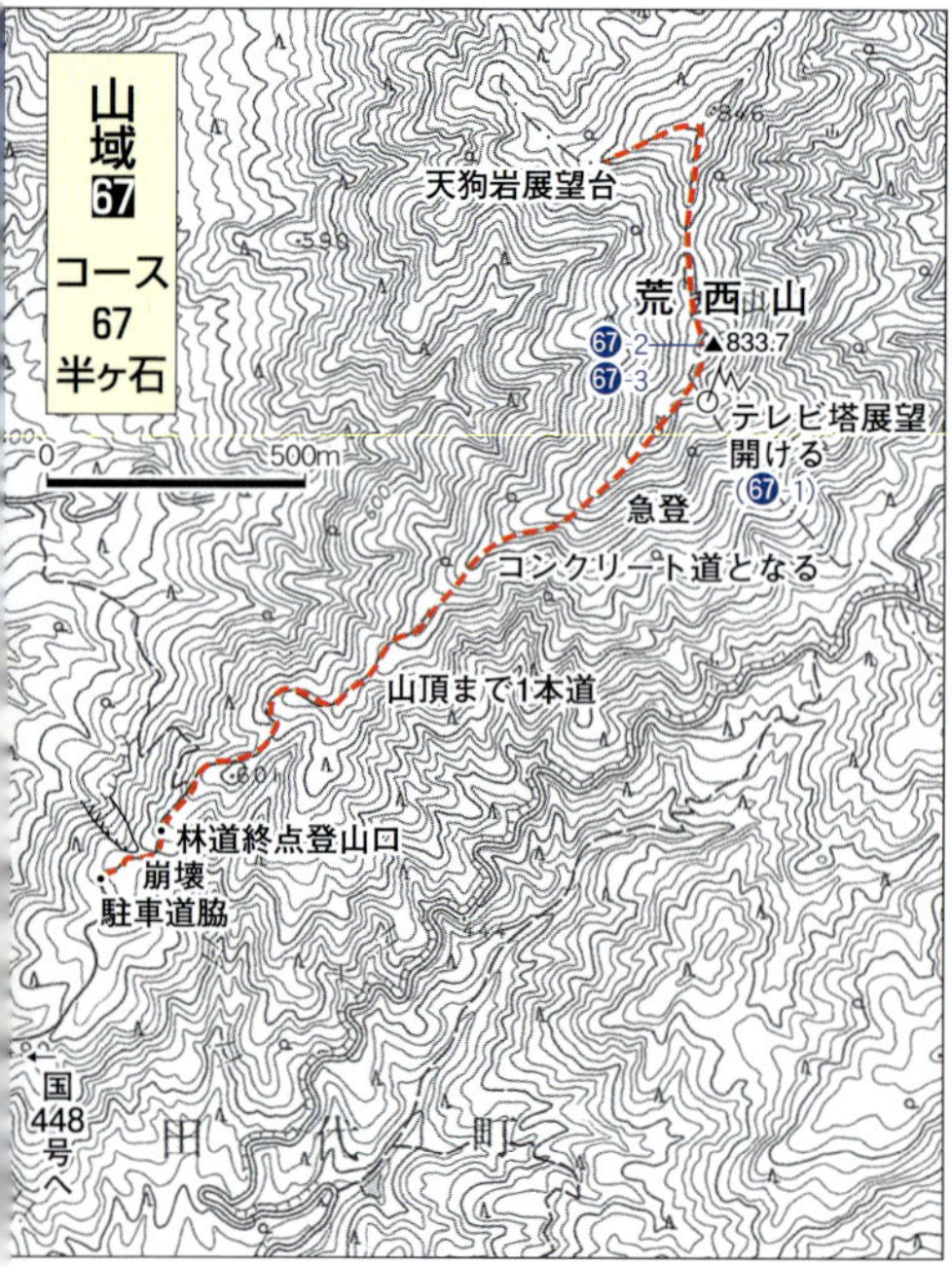

鹿児島県
山域68

木場岳

こばたけ（890・8m）

平坦な地形の巨大な山体をなし、西日本最大級の照葉樹林の自然が見事。山頂近くの花崗岩塊から見渡せる太平洋の海原は印象深い。

〔山域の魅力〕 木場岳は佐多町北東部にあり、肝付山地南端の山で花崗岩からなる。東に続く稲尾岳、六郎館岳、荒西山、八山岳等と大隅半島太平洋側の山は西日本で最大級の照葉樹の自然林が見事である。

山体は平坦な地形で霧の発生時は方角がとりにくい山である（68－1）。中腹まで植林がなされ、山頂部は照葉樹に黒々と覆われ、太平洋側は矮小化した樹木が覆っている。

山頂南にわずかで花崗岩の露出部が、格好の展望台をなし、好天早朝に種子島や屋久島も浮かんで見えるという。

登山には大隅半島の山は自家用車が便利。四輪駆動車であれば心強い。

〔山道案内〕 68

▽歩行時間＝一時間五〇分

登山口→中間点→川の源→木場岳

▽二万五千図＝辺塚

鹿児島方面から国道二六九号線を通り錦江町から国道四四八号にはいり、同町麓から県道六八号線を南下する。

県道を一〇キロも走ると峠に達し、右カーブ基点で左に分岐する大鹿倉林道がある。ほぼ平坦な林道を三キロ弱走ると、大きな案内板の立つ木場岳登山口に達する。駐車スペース三台。

照葉樹林に一本の踏分け道が南に続く。わずかな起伏で尾根や谷を越えて行くと、道脇には番号が印された柱が等間隔で続くので距離の目印となる。

案内板には西南日本最大規模の照葉樹林を三ゾーンに区分し保護してある（68－2）。やがて荒れた林道に達し、空間が開

68－1 伊座敷から東方に木場岳が見える

68－2 見事な照葉樹林の森林浴を楽しむ

68–4 山頂すぐ右手に花崗岩塊がある。太平洋上に種子島が浮かぶ

68–3 最後の沢、川の源は枯れることが多い

68–5 静かな自然林歩きで下山する

け、林道を歩くと浅い小谷が横切り水が流れる。

頭上にアカガシ、イスノキ、タブなどが茂り、山頂まで一〇〇〇㍍の標識を見ると、ほぼコースの中間点である。

ここから小尾根に上り左進すると尾根となる。すぐ階段で涸谷に下って左手に「川の源」と書かれた板があるが、雨季以外は乾燥した涸谷である（68―3）。

ここから右上して尾根歩きとなる。行手の空が開けると、道脇に携帯電話通信可能の案内がある。東方の樹林の視界が開けている。

地図なしでは、何処を歩いているのか、方位も確実には不明な迷路のような錯覚に陥る。乾燥した登山道となり、樹が背をちぢめ木場岳山頂に達する。樹木は二㍍ほどに強風でカットされ、風の強さが想像できる。

山頂のわずか南に休憩と展望によい花崗岩が座っている（68―4）。南に太平洋が輝き、右奥に佐多岬方面が見渡せて、おそらく屋久島もその方向に見えるであろう。下山は往路を下る。木場岳は山頂を往復して登った下ったというより、森林浴で散歩をしたという観が強い（68―5）。方向を違えないよう、地図、磁石は携帯する。

▽**参考コースタイム**＝登山口（25分）中間点（20分）川の源（10分）木場岳（10分）川の源（20分）中間点（25分）登山口

〔問い合せ先〕 南大隅町役場☎0994・24・3111、錦江町役場☎0994・22・0511

鹿児島県 山域69

太忠岳《たちゅうだけ》（1497m）

山麓にはヤクスギ展示の森ヤクスギランドと天文の森がある。太忠岳山頂は五〇メートルにも及ぶタワー状の天柱石があり、その基部で展望を楽しみ、さらに山頂の巨石からも四周の展望を堪能しよう。

〔山域の魅力〕 花之江河方面から東にのびる尾根東端に、角を立てたように目立つ太忠岳の岩塔は高さ五〇メートル。晴れた日は安房からも望むことができ、ヤクスギランドの点景として、なくてはならない山だ。

登山道途中には名のついた杉が多い。「天文の森」とよばれる場所は、天文年間に伐採され、再生したモミ、ツガ、スギの森である。ここは当時の切株、土埋木、切株更新、倒木更新のスギを見る。

太忠岳山頂巨石の基部に立つと、春はサクラツツジ、シャクナゲの花も見られ、安房山麓に広がる照葉樹の新緑が鮮やかで、山頂の露岩に立つと正面の巨石や背後の花折岳と展望は抜群である。

〔山道案内〕 69 ▽歩行時間＝五時間五分 ヤクスギランド→太忠岳登山口→天文の森→稜線→太忠岳往復 ▽二万五千図＝尾之間、宮之浦岳、安房

ヤクスギランドのゲートから林泉橋、荒川橋と渡り、すぐ右上の太忠岳への道を取る。尾根沿いに森を行くとヒゲ長老の杉を見る。

蛇紋杉跡地の裏手へ出て急な登りから天文の森に達し、伐木に生えた双子杉や小田杉を見る。倒木は普通の杉と異なり油脂が多く、朽ちずに土埋木として雨の多い島で数百年も耐えて残る。

緩い登りで広い尾根を越える場所にベンチがあり、天文の森の立札がある（69－1）。短い上下、根の露出した狭い尾根となり、左下に谷が現れ水が得られる。地図一二四〇メートル地点である。

谷と分かれ広い斜面は急登となる。きつい登りにシャクナゲが現れ、花崗岩の基部に達する（69－2）。このような基部は悪天時は休憩によい。行手に桟道が現れ杉の森から右にまわり込み、ひと登りで広い稜線に出る。

このあたりシャクナゲ開花の初夏はみごとである。尾根を西に向うと花折岳や石塚山だが、ヤブも濃い（69－3）。

69－1 天文の森を行く登山者と屋久杉

⑱−3　西側花折岳と右に石塚山を眺める

⑱−2　広い斜面を登りに登ると巨大な花崗岩に突き当る。庇の下は緊急避難所にもなる

⑱−5　展望を楽しむ登山者。あたりに天柱石以外遮るものはない

⑱−4　山頂南面巨石の上から天柱石と安房の街を鳥瞰する

太忠岳はジュラルミンの短いハシゴを登り狭い稜を東へ。短く下り登りを繰り返し、花崗岩の巨石を抜け、大岩の左を巻いて登ると広場が山頂である（⑱−4）。正面に天柱石が立ち、基部の岩に登れる。広場の南の大岩も展望抜群（⑱−5）。下山は往路を取る。

▽**参考コースタイム**＝ヤクスギランド入口（20分）太忠岳登山口（30分）蛇文杉跡（30分）天文の森（1時間）巨石基部（20分）稜上（15分）太忠岳（1時間10分）天文の森（20分）蛇文杉跡（40分）ヤクスギランド入口

〔問合せ先〕屋久島町役場☎0997・43・5900、屋久島観光協会☎0997・42・1019、屋久島交通バス☎0997・46・2221、屋久島交通タクシー☎0997・42・0611

おわりに

これまで山に登りつづけて六〇年、よくぞ健康体であったと両親に対して仏壇で祈る。

私は高齢者が遭難する原因は、岩でも雪でもなく山での病気だと考えてきた。原因のトップは脳梗塞、心筋梗塞である。

早速医学書で、どのような症状が現れるか勉強していた。二〇一〇年一〇月の週末、昼間一二時三〇分、突然トイレで全身の麻痺、言語障害が起こった。

脳クリニックで脳血管狭窄を告げられ、「安静」の指示と薬の投与を受けた。二日後、軽い登山で試すが問題なし。さらに三日後、根子岳登山も問題なく、その夜焼酎を呑んだ。このときも問題なし。ところがその夜九時三〇分、トイレで再度脳梗塞の症状が現れ、救急車のお世話で病院へ。過去に心筋梗塞の病歴が発覚しカテーテル二本を入れる事になり、二週間の入院となった。

退院後、急激な運動は止められ、もちろん登山も中止と告げられた。しかし、私から酒は取れても山は取れないと、常々思っていた。

退院後一〇日もすると登山の虫が騒ぎ出す。子供の監視のもとに九重の暮雨の滝登山口から坊がつるへ登ってみた。病後初めての登山。以後、週一回のペースで初心者コースの山にいつもの二倍の時間をかけた。コツコツと努力を続け、例えば牧ノ戸・久住山往復で七時間、今水・黒岳往復で八時間と、飽きもせず登りつづけて一年、いくらかは復調できた。

その間、穂高、雪の大山と登り、岩や雪も体験。どうも心臓が悪いので、瞬発力が出ない。いや出せないのだ。そのかわり目的地までの長時間に堪えるだけの忍耐力を発揮できた。耐える事である。しかしそれでも山は好きだ。そのうち病前の調子にもどることを信じつつ歩いている。

私は毎朝、体操、ストレッチを六〇年続けている。毎朝体を動かし体調を見ているのだ。そして、運動が出来ない自分は死人と同じだと相変らず山登りを続けている。昼間からテレビの前で時代劇に興じない。老人ではないぞと言いきかせている。どこかの山で本著の読者の方々に元気でお会いしたいから。

吉川満

八丁山　はっちょうざん…………………… 125
八峰山　はっぽうざん……………………… 125
花尾山　はなおやま………………………… 14
万年山　はねやま…………………………… 90
平治岳　ひいじだけ………………………… 38
彦岳　ひこだけ……………………………… 61
檜原山　ひばるさん………………………… 68
平田山　ひらたやま………………………… 140
福智山　ふくちやま………………………… 17
二上山男岳　ふたがみやまおたけ……… 166
二上山女岳　ふたがみやまめたけ……… 166
両子山　ふたごさん………………………… 83
古祖母山　ふるそぼさん…………………… 54
星生山　ほっしょうざん…………………… 48
帆柱山　ほばしらやま……………………… 14

ま

丸山　まるやま……………………………… 120
三角岳　みすみだけ………………………… 134
三俣山（大鍋火口壁・東の峰・中の峰・
南の峰・西の峰）　みまたやま………… 44

や

矢岳高原　やたけこうげん……………… 145
矢筈岳　やはずだけ………………………… 179
矢筈山　やはずやま………………………… 11
指山　ゆびやま……………………………… 44
由布岳（西ノ峰・東ノ峰・剣ヶ峰）　ゆふだけ… 33
緩木山　ゆるぎさん………………………… 96

ら

雷山　らいざん……………………………… 20
龍ヶ岳　りゅうがだけ……………………… 137
竜ケ峰　りゅうがみね……………………… 128
竜峰山　りゅうほうざん…………………… 128
六郎館岳　ろくろうかんだけ…………… 187

《主要山名索引》

あ
赤川浦岳　あかごうらだけ……………… 161
荒西山　あらせやま……………………… 189
硫黄山　いおうやま……………………… 143
石堂山　いしどうやま…………………… 148
磯間嶽　いそまだけ……………………… 176
稲星山　いなほしやま…………………… 51
井原山　いわらやま……………………… 20
内山　うちやま…………………………… 30
可愛岳　えのだけ………………………… 158
烏帽子岳　えぼしだけ…………………… 137
往生岳　おうじょうだけ………………… 99
大崩山　おおくえやま…………………… 150
大浪池最高点　おおなみいけさいこうてん… 168
大箆柄岳　おおのがらだけ……………… 173
大幡山　おおはたやま…………………… 171
大平山　おおひらやま…………………… 30
御許山　おもとやま……………………… 78
か
風師山　かざしやま……………………… 11
傾山　かたむきやま……………………… 56
鹿嵐山　かならせやま…………………… 75
鹿納山　かのうやま……………………… 150
上福根山　かみふくねやま……………… 131
観音岳　かんのんだけ…………………… 120
杵島岳　きしまだけ……………………… 99
北大船山　きたたいせんざん…………… 41
北向山　きたむきやま…………………… 110
木山内岳　きやまうちだけ……………… 155
金峰山　きんぽうざん…………………… 117
国見山　くにみやま……………………… 184
鞍ヶ戸一峰　くらがどいっぽう………… 36
鞍ヶ戸二峰　くらがどにほう…………… 36
鞍ヶ峰　くらがみね……………………… 128
倉木山　くらきやま……………………… 87
黒尊岳　くろそんだけ…………………… 184
黒岳　くろだけ…………………………… 163
桑原山（八本木山）　くわばるやま……… 153
小烏帽子山（大岩）　こえぼうしやま…… 64
虚空蔵山　こくぞうさん………………… 25
越敷岳　こしきだけ……………………… 96
小鈴山　こすずやま……………………… 92
木場岳　こばたけ………………………… 191
小八郎岳　こはちろうだけ……………… 27
権現山　ごんげんやま…………………… 14
さ
桜島湯之平展望所　さくらじまゆのひらてんぼうしょ……… 181
皿倉山　さらくらやま…………………… 14
皿山　さらやま…………………………… 102
三ノ岳　さんのたけ……………………… 114
獅子戸岳　ししこだけ…………………… 171
酒呑童子山　しゅてんどうじさん……… 92
城ヶ岳　じょうがたけ…………………… 87
障子岳　しょうじだけ…………………… 54
小岱山＝筒ヶ岳　しょうたいさん　つつがたけ… 120
白口岳　しらくちだけ…………………… 51
白鳥山　しらとりやま…………………… 143
た
大船山　たいせんざん…………………… 41
高崎山　たかさきやま…………………… 85
高岳　たかだけ…………………………… 102
太忠岳　たちゅうだけ…………………… 193
鷹取山　たかとりやま…………………… 17
田原山　たわらやま……………………… 80
俵山　たわらやま………………………… 107
鎮南山　ちんなんさん…………………… 64
津波戸山　つはとやま…………………… 59
鶴見岳　つるみだけ……………………… 36
刀剣岩　とうけんいわ…………………… 179
渡神岳　とがみだけ……………………… 94
十坊山　とんぼやま……………………… 23
な
中岳　なかだけ…………………………… 102
中嶽　なかだけ…………………………… 176
中摩殿畑山　なかまどんのはたやま…… 70
二ノ岳　にのたけ………………………… 114
根子岳東峰　ねこだけとうほう………… 105
念珠岳　ねんじゅだけ…………………… 137
は
八面山　はちめんざん…………………… 72
八竜山　はちりゅうざん………………… 123
八郎岳　はちろうだけ…………………… 27

〈著者略歴〉

吉川　満（よしかわ・みつる）

一九三七年熊本県玉名郡生まれ。高校時代から山に登り、八代ドッペル登高会入会後、沢登りに興味をもち、全国各地の沢や谷に足跡を残す。海外の山やヤブ山歩きと多彩な登山活動を行なっている。現在八代ドッペル登高会所属、無名山塾所属、日本山岳ガイド、「岳人」初掲載一九七八年八月号、《由布川渓谷完全溯行の記録》以後、記録、案内他一五〇以上の掲載、「山と渓谷」初掲載一九八五年十二月号、《随想屋久島に思う》以後、記録、案内、対談、カラーグラフ等一〇〇以上の掲載を続けている。

一九九七年退職後、海外の山やハイキングに親しみ、スイス渡行一〇回、二〇〇三年は一ヶ月間スイスに滞在し、アルプスの登山とハイキングを楽しんだ。ニュージーランド、カナダ、ハワイ、韓国、台湾、ネパール、チベット、タンザニア、エクアドル等を歩く。二〇〇五年四月一四日にネパールのアイランド・ピーク六一六〇mに登頂する。海外での登山やハイキングのコースは一二〇にも及ぶ。三国川流域五十沢川本流遡行記録（一九八二）、祝子川本流ゴルジュ遡行記録（一九九四）、など山の記録多数。山と渓谷社出版『日本登山史年表』に掲載されている。熊本県八代市在住。

日帰りで登る　九州の山

二〇一五年四月二〇日発行

著　者　吉川《よしかわ》　満《みつる》
発行者　小野静男
発行所　弦　書　房
（〒810・0041）
福岡市中央区大名二―二―四三
ELK大名ビル三〇一
電　話　〇九二・七二六・九八八五
FAX　〇九二・七二六・九八八六

印刷　アロー印刷株式会社
製本　篠原製本株式会社

ISBN 978-4-86329-114-0 C0076

◆弦書房の本

〈山と人〉百話　九州の登山史

松尾良彦　修験の山からヒマラヤまで、近代以前〜現代の山のエピソード集。九州ゆかりの岳人たちが日本・世界各地で繰り広げる壮大な物語を、膨大な文献調査と聞き取りをもとに104編に集成。巻末に《九州の登山史年表》を収録。
〈A5判・268頁〉2200円

阿蘇　森羅万象

大田眞也　全域でジオパーク構想も進む阿蘇をもっと深く知るための阿蘇自然誌の決定版！　世界最大のカルデラが育んだ火山、植物、動物、歴史をわかりやすく紹介。写真・図版200点余収録、自然の不思議と魅力がつまった一冊。
〈A5判・246頁〉2000円

九重山　法華院物語〈山と人〉

松本徰夫・梅木秀徳編　九州の屋根・九重の自然と歴史の魅力を広めることに尽力した加藤数功、立石敏雄、弘藏孟夫、工藤元平、梅本昌雄、福原喜代男ら6人の山男たちの物語。法華院に伝わる『九重山記』全文と現代語訳を初収録。
〈A5判・272頁〉2000円

山と水の画家　吉田博

安永幸一　風景画の巨匠として明治・大正・昭和の洋画壇の頂点を生きぬいた画家・吉田博。その真摯な画業への取組み、山岳への畏敬、そして深い思索と破天荒な行動力を併せ持った生涯を描く。カラー32頁・図版約50点収録。
〈A5判・220頁〉2100円

《決定版》九州の山歩き【増補】

吉川満　九州の山をくまなく歩き続けて50年の山の達人が、初心者は一度、経験者はもう一度歩いてみたくなる35山域、130コースを厳選、圧倒的な情報量で徹底ガイド。写真と地図を多用したオールカラー判。
〈A5判・252頁〉2000円

＊表示価格は税別